Giacomo Leopardi, geboren am 29. Juni 1798 in Recanati, ist am 14. Juni 1837 in Neapel gestorben.
Leopardi zählt in Italien zu den klingendsten Dichternamen. Seine formvollendeten Verse über die Vergänglichkeit alles Irdischen, über die Unerbittlichkeit von Natur und Schicksal, über das verlorene Glück, seine Art der ästhetischen Wahrnehmung des Wirklichen sind in jener literarischen Region des europäischen Pessimismus dem Werk Hölderlins und Schopenhauers beizuordnen.
Schon in seiner Jugend fiel er als hervorragender Kenner des klassischen Altertums auf und verfaßte wissenschaftliche Abhandlungen zur klassischen Philologie. Von 1822 an lebte er in Rom, dann in Mailand, Bologna, Florenz und Pisa und des Klimas wegen schließlich in Neapel. Seine erste Gedichtsammlung erschien 1824, die Auszüge aus dem großen philosophischen Tagebuch wurden ein Jahr vor seinem frühen Tod veröffentlicht. Im Jahre 1836 erschien auch die letzte Ausgabe seiner sprachlich schönen und formvollendeten Gedichte. Als Vertreter der Romantik wurde er als ›neuer Stern des italienischen Parnaß‹ bezeichnet.

insel taschenbuch 104

Leopardi

Gedichte und Prosa

GIACOMO LEOPARDI

GEDICHTE UND PROSA

AUSGEWÄHLTE WERKE

Ausgewählt und übersetzt von
Ludwig Wolde
Mit einem Nachwort
von Ralph-Rainer Wuthenow
Insel Verlag

Umschlagabbildung von der zweiten Auflage (1987) an:
Giacomo Leopardi. Ölgemälde von Ferrazzi.
Biblioteca del Palazzo Leopardi, Recanati.

insel taschenbuch 104
Erste Auflage 1979

Vertrieb durch den Suhrkamp Taschenbuch Verlag
Umschlag nach Entwürfen von Willy Fleckhaus
Druck: Nomos Verlagsgesellschaft, Baden-Baden
Printed in Germany

3 4 5 6 7 – 92 91 90 89 88

Inhalt

Vorwort

Giacomo Leopardi ist in Italien einer der klingendsten Dichternamen. In den Schulen werden seine Verse auswendig gelernt; die 1927 bis 1931 erstmalig erschienene Gesamtausgabe umfaßt sechzehn Bände, das Verzeichnis seiner Werke sowie derer, die über ihn geschrieben wurden, enthält mehrere tausend Bände. Betrachtet man dann aber das Werk selbst, so wundert man sich, von wie wenig Tönen es getragen wird; und die Frage erhebt sich, wie es möglich ist, daß ein Ingenium, dessen Gedankenwelt begrenzt, dessen Ausdrucksmittel eher karg als verschwenderisch sind, es zu einem großen, noch heute lebendigen Ruhm hat bringen können.

Das Werk weniger Poeten ist so sehr ein Spiegel seines Schöpfers, so sehr sein unmittelbarer Wesensausdruck wie das Leopardis. Wenn bei anderen, zumal bei antiken Dichtern, die Person fast völlig verschwindet, redet sie hier fast aus jeder Zeile. Was durchlebt und durchlitten wurde, nimmt unmittelbar Gestalt an. In der Lyrik spricht von der verhaltensten Empfindung bis zur lautesten Invektive immer nur der eine Mensch Giacomo Leopardi; die Briefe und Tagebücher enthalten ihrer Natur nach nur Persönliches; und in den Dialogen hat die zweite Stimme einzig die Aufgabe, die erste, eigentliche, zu verstärken. Und doch üben die Melodien des einsam Klagenden immer noch ihren Zauber aus; sie bestricken noch, wenn sie sich im Jubel erlösen; und noch unsere Zeit beugt sich vor der Tapferkeit, mit der der Unglückliche sein Leid und die Vergeblichkeit seiner Fragen an die ewigen Mächte hingenommen hat.

So wenig üppig das Werk, so wenig reich ist das Leben des Dichters. Geboren wurde er am 29. Juni 1798 in einer Kleinstadt und noch dazu in einer der reizlosesten und abgelegensten. Der Reisende, der Italien besucht, kommt nur dann dorthin, wenn er ein ungewöhnliches Ziel hat, sei es Loreto, das Lourdes des Südens, oder Apulien oder – und das ist der seltenste aller Fälle – die Heimat Leopardis. Er braucht Recanati nur zu betreten, dann begreift er die Abneigung des Dichters; denn abgesehen von der Erinnerung an seinen großen Sohn hat der Ort nichts zu bieten. Geht er aber den Spuren Leopardis nach, wird er sofort entschädigt; denn es ist, als sei in diesem Städtchen die Welt stehengeblieben, und noch unberührter atmet die Vergangenheit im Palazzo der Familie.

Als der Übersetzer erstmalig im Jahre 1923 in Recanati war, lebte die Enkelin des Bruders Carlo, also eine Großnichte Giacomos, noch. Sie konnte sich des Großvaters und aller Geschichten, die er von dem nur um ein Jahr älteren, aufs höchste bewunderten Bruder und besonders aus ihrer beider Kindheit und Jugend erzählt hatte, genau entsinnen; und da gab es denn, wie im Märchen, auf einmal keine Zeit mehr, und was vor einhundertzehn und einhundertzwanzig Jahren geschehen, wurde so wirklich wie die Gegenwart. Da war die Bibliothek, in der der Knabe von seinem elften Lebensjahr an seine Tage und Nächte zugebracht, Wälzer über Wälzer aus den Regalen geholt, sich bei schlechtem Kerzenlicht über sie gebeugt und seinen jungen Körper zerstört hatte; da war das Fenster, von dem aus Carlo und er, arme Gefangene, sehnsüchtige Blicke zu den jenseits der Straße webenden und singenden Mädchen geworfen hatten; und da war der »Saal«, der Salotto und seine bemalten Wände. Hier hatten die Kinder getollt, die beiden Brüder und Paolina, die Schwester. Wilde Spiele waren es gewesen, Heldenkämpfe aus Roms ersten Tagen wurden ausgefochten. Giacomo war immer der Erste und Tapferste. Aus einem anderen Fenster erblickte man den »Turm des Städtchens«, von wo »der Wind das Schlagen der Stunden« brachte, das den wachliegenden Knaben über die Angst der Nacht hinwegtröstete, den Turm, von dessen First herab das Lied der Blauamsel erklang. Alles war, wie es damals gewesen, die unberührte Stille des Ortes hatte es bewahrt. Und wenn man die weißhaarige Dame hörte, wie sie von Giacomo oder gar von »Giacomino« sprach, dann schien sie sich aus der Großnichte in eine Großtante zu verwandeln, und man hätte sich nicht gewundert, wenn plötzlich ein lebhafter, etwas zu lebhafter, von Einfällen und neugierigen Fragen gejagter Knabe oder ein bleicher, gebückter, ein wenig verwachsener, schwermütiger Jüngling eingetreten wäre.

Ja, die Freude an den so liebevoll gehüteten Stätten paarte sich mit Schrecken und Mitleid. Die Forderungen jener Zeit, durch die Bigotterie und die Strenge der Eltern ins Übertriebene gesteigert, hatten die Knaben und Jünglinge zu Gefangenen gemacht. Als der sehnsüchtig erwartete, sehr viel ältere Pietro Giordani, der dem ehrgeizigen, freundschafts- und anlehnungsbedürftigen jungen Mann ein Nonplusultra dichterischer Begabung und wissenschaftlicher Erleuchtung zu sein schien, nach einem lange und intensiv geführten Briefwechsel endlich zu Besuch in Recanati eintraf, und der Zwanzigjährige ihm ohne Begleitung des Hauslehrers einige Schritte entgegengegangen war, zog diese Unbotmäßigkeit eine schwere Rüge des Vaters nach sich. Wer begriffe in Gedanken an eine so unmenschliche Strenge nicht die verzweifelten Briefe mit den Ausfällen gegen die verhaßte Vaterstadt und ihrem sehr provinziellen und dabei vermutlich äußerst dünkelhaften Landadel; wer nicht die bei allem Unmut niemals respektlosen Vorwürfe gegen das Elternhaus? Wer verstünde nicht, daß der von seinem Freiheitsdrang Gepeinigte, als er sich, großjährig geworden, zum eigenen Handeln berechtigt fühlte, seiner Empörung in einem viel zu heftigen und ungerechten Brief Luft machte, bevor er, der völlig Weltunerfahrene, einen äußerst dilettantischen, bei den damaligen Verkehrs- und politischen Verhältnissen von vorneherein zum Scheitern verurteilten Fluchtversuch unternahm; und daß er nicht sah oder nicht sehen wollte, daß der Vater seinerseits ein Gefangener seiner wirtschaftlichen Lage war?

Die Mutter, eine Marchesa degli Antici, hat das Haus gelenkt und beherrscht; und das muß als Segen betrachtet werden und ist von Monaldo, dem Gatten, auch so empfunden worden. Jedenfalls berichtet Giacomos Schwester Paolina, die Familie sei arg verschuldet, und einzig und allein der hartnäckigen Sparsamkeit der Mutter sei es zu verdanken gewesen, wenn das Schlimmste abgewendet wurde. Die Macht dieser für uns undurchsichtigen Frau ging so weit, daß selbst der Vater sich jedes Verfügungsrechtes über sein Vermögen entäußern mußte, und dieser Umstand mag ihn auch später in den Augen des Sohnes entschuldigt haben. Ja, den tragischen Umständen zum Trotz, bestand ein sehr zärtliches Verhältnis zwischen Vater und Sohn. Mit keinem Menschen hat Giacomo auch nur annähernd so viele Briefe gewechselt wie mit Monaldo; er ist der erste, dem er von jedem Ereignis Mitteilung macht, von den Erlebnissen auf der Reise nach Rom bis zum Bericht über die Cholera in Neapel.

In der Regel geben Verhältnisse und Umgebung dem Leben eines Menschen, auch eines jungen, eine Richtung, die mit seiner Anlage im Widerspruch steht; das Entscheidende bleibt vielmehr das Gesetz, nach dem er angetreten. Auch zeigt das Beispiel des oberflächlicheren und weltgewandteren Bruders Carlo, daß weder die finanzielle Not noch die harte Hand der Mutter, noch die

übertriebene Pedanterie der Erziehung imstande waren, den Andersgearteten umzubiegen. Ein Grund für Giacomos Entwicklung könnte eher darin gefunden werden, daß seinem Ehrgeiz die Flügel gestutzt und seine zur Expansion drängende Natur allzu früh auf sich selbst zurückgeworfen wurde. Liest man dann aber die ersten Briefe, die er nach der endlich errungenen Freiheit aus Rom schreibt, und vergegenwärtigt man sich, daß er, der Kerkerhaft kaum entronnen, sich nach ihr zurücksehnt, und wie fremd er sich vom ersten Tage an in der Hauptstadt des damaligen Kirchenstaates und zumal im Umgang mit der großen Welt fühlt; und macht man sich ferner klar, daß sein Verhältnis zum Leben eigentlich nie ungebrochen gewesen ist – dann gewinnen die frühen Jahre ein anderes Aussehen. Vergessen wir auch nicht, daß die Verherrlichung von Kindheit und Jugend Leopardis gesamte Poesie durchzieht! Und sobald wir an die Blauamsel denken, den Hirten im »Nächtlichen Gesang« oder den Ginster, die, in ganz verschiedenen Epochen geschaffen, immer ein Bild abgeben für des Dichters eigenen Seelenzustand, nämlich für ein schmerzliches, gleichzeitig aber auch beglückendes Gefühl des Außenstehens, verlieren die wilden Klagen des Gequälten an Eindringlichkeit und Schrecken. Und erinnert man sich an die Besessenheit, mit der das Kind sich in die Bibliothek des Vaters vergräbt, dann findet man das Gleichnis vom Adler, dem man schon im Käfig die Fittiche stutzt, für den jungen Leopardi nicht durchaus am Platze.
Bis zur Krise des Jahres 1819 glaubt Leopardi sich zur Wissenschaft berufen; seine Liebe und sein Streben richten sich auf die klassische Philologie. Als Sechzehnjähriger schreibt er eine Biographie Plotins, des Begründers der neuplatonischen Schule. Auf der Titelseite des Manuskripts notiert der Vater: »Heute, am 31. August 1814, überreichte mir Giacomo, mein Erstgeborener, diese

Arbeit. Er ist sechzehn Jahre, zwei Monate und zwei Tage alt und hat ohne Lehrer Griechisch gelernt. Monaldo Leopardi.« Im selben Jahre verfaßt er einen Kommentar zu den Bruchstücken des Rhetors Cornelius Fronto, eines Freundes des Kaisers Marc Aurel, und ein Jahr darauf eine Abhandlung über die »verbreitetsten Irrtümer der Alten«. Mit siebzehn übersetzt er den Bukoliker Moschos, einen Gesang der Odyssee, den »Frosch-Mäuse-Krieg«, das Werk eines Homeriden; und als er achtzehn ist, vermag er einen angeblich frühgriechischen Hymnus an Poseidon und zwei anakreontische Oden so gut zu fälschen, daß die gesamte Gelehrtenwelt in Erregung gerät, bis der vorwitzige Jüngling sich dekuvriert, worauf denn das allgemeine Erstaunen noch größer wird. Aber sein Wissensdrang beschränkt sich nicht nur auf die Antike. Schon als Dreizehnjähriger exzerpiert er zwei dicke Wälzer über die Astronomie und bereichert die Arbeit durch eigene Gedanken. Er sieht sich selbst als Gelehrten, und da er schon in jenen Jahren Akribie mit Genialität verbindet und eine selten rasche Gabe der Aneignung und ein ebenso seltenes Gedächtnis besitzt, blicken alle Augen auf ihn als auf einen künftigen Stern am Himmel der Altertumswissenschaft.

Freilich möchte er auch Dichter sein; die großen Vorbilder der Antike feuern ihn zur Nachahmung an. Im Jahre 1818 schreibt er die Kanzonen »An Italien« und »Über ein Dantedenkmal«. Die Form ist vollendet, aber die Verse werden nur durch Belesenheit gespeist. Es ist viel Schwung vorhanden, aber auch viel hohles Pathos. Die Trauer über das geknechtete Vaterland – Italien war damals zum Leidwesen aller Patrioten in viele Staaten aufgeteilt – und die Klage über die versunkene Herrlichkeit des alten Rom stehen der Rhetorik näher als echtem Gefühl.

Die Wendung bringt das Jahr 1819. Wie schlecht es um

seine Gesundheit steht, schreibt schon der jüngere in jedem Brief; und Giordani, der Freund und Berater, spart nicht mit Bitten und Ermahnungen, sich zu schonen. Im Sommer des genannten Jahres erfolgt ein plötzlicher Zusammenbruch; verursacht durch eine totale Nervenzerrüttung als Folge dauernder Überanstrengung; und von da ab bleibt die Krankheit, von wenigen glücklichen Wochen abgesehen, der ständige Lebensbegleiter des Dichters. Der eigentliche Charakter des Leidens ist bisher nicht erschöpfend erkannt worden. Leopardi selbst gibt keine genaue Beschreibung; oft und in zunehmendem Maße klagt er über ein Nachlassen und schließlich über ein Schwinden seiner Sehkraft, und er muß sich oft der Augen anderer bedienen. 1828 berichtet er einer Freundin, die Ärzte hielten seine Leiden nicht für gefährlich; infolge einer außerordentlichen Empfindlichkeit funktioniere jedoch kein Organ, ohne ihm Schmerzen zu bereiten. Unablässige Pein hat sein Äußeres geprägt. Nach den uns überlieferten Schilderungen ging er gebückt, die rechte Schulter überragte die linke, sein leidender Gesichtszug aber war von Güte beseelt und – um mit den Worten seines jungen Freundes Ranieri zu sprechen – durch ein unbeschreibliches, beinahe himmlisches Lächeln verklärt.

Der Ausbruch des Leidens ist die Geburtsstunde des Lyrikers. Erstaunlich, wie reif schon zu Beginn die Früchte sind, die er erntet. Verglichen mit den Erträgen anderer Dichter, sind die seinen freilich nicht üppig. Das gesamte lyrische Werk umfaßt vierzig Gedichte, darunter allerdings etliche mit einigen hundert Versen – auf zwanzig Jahre verteilt ein schmales Ergebnis. Er selbst schreibt (siehe den Brief vom 5. März 1824), daß ihm das Glück einer schöpferischen Stunde nur selten beschieden gewesen sei. Der Kargheit seiner Produktion steht die immer gleiche formale Vollendung jedes Gebildes gegenüber;

nach seiner eigenen Äußerung in dem erwähnten Brief erreicht er diese – nach einer rauschartigen Konzeption – durch die gewissenhafteste Ausarbeitung, die selbst bei wenigen Strophen oft mehrere Wochen dauert.
Vollkommen sind bereits die Gedichte des Jahres 1819, und sie schlagen auch schon das Thema an, das, ein wenig abgewandelt und erweitert, das ganze Werk Leopardis durchzieht, und das uns ermüden würde, wenn uns nicht die leisen, behutsamen, verhaltenen Klänge immer aufs neue bezauberten. Schon in den ersten Gedichten stehen Klagen über die Vergänglichkeit und Hinfälligkeit alles Irdischen, über die unerbittliche Grausamkeit von Natur und Schicksal, die des Menschen nicht achten, ihn mit bewußter und überlegter Bosheit und Tücke kränken, verfolgen und zugrunde richten; über das verlorene Glück, die verlorene Unbefangenheit der Kindheit.
Außerhalb dieses Gedankenzyklus' steht nur das berühmte und in der Tat völlig unvergleichliche »Infinito« (Das Unendliche). In diesen fünfzehn Versen löst der Dichter sich einmal vom empfindenden Ich. Durch Meditation gelangt er zum reinen Anschauen. Das Wesen der Welt enthüllt sich ihm im Bild der Polarität. Hier das Gegenwärtig-Nahe, dort das Zeitlos-Ferne; hier das Raunen der Lüfte, dort unvorstellbares Schweigen; hier unablässiges Vergehen, dort ewige Dauer. Das Unendliche nimmt im Zeitgeschehen, im großen geschichtlichen wie im Abrollen der geringsten Vorgänge Gestalt an. Dem nachzugehen geht über die Kraft menschlichen Denkens hinaus, aber dieses Versagen vor dem Umfaßlichen ist beglückend. »Und Schiffbruch leid' ich gern in solchem Meere.«
Die nächsten Jahre, mit körperlichen Schmerzen und einer tiefen Schwermut belastet, sind wieder ärmer an dichterischen Schöpfungen; ja, es dauert fast ein Jahr-

zehnt, bevor die zarten Töne, die oft nur der Hauch eines viel tieferen Atems sind, sich erneuern. Nur die Kanzonen werden fortgesetzt; sie stehen jedoch, was ihren dichterischen Wert angeht, weit unter der eigentlichen Lyrik.

Die philologischen Arbeiten hören fast ganz auf; dafür erlebt das große philosophische Tagebuch, nach Leopardis eigenem Sprachgebrauch »Zibaldone«, »Sammelsurium« genannt, das in den Jahren 1898 bis 1900 in Gestalt von sieben Bänden unter dem Titel »Pensieri di varia filosofia e di bella letteratura« erschien, jetzt seine reichste Entfaltung. Es sind regelmäßige, fast tägliche Aufzeichnungen, in denen der Dichter zwar nicht in der ihm sonst eigenen vollendeten Prosa, aber doch in einem durchaus flüssigen Stil philosophische, ästhetische und philologische Überlegungen zu Papier bringt, unter denen sich aber auch mancher Entwurf zu einem erst viel später ausgeführten Gedicht findet. Geführt hat Leopardi dieses Diarium, das ihm als Unterlage für ein »System seiner Philosophie« dienen sollte, von 1817 bis 1832; aber die meisten Eintragungen stammen aus den Jahren nach dem physischen Zusammenbruch.

Im November 1822 schlägt endlich die Stunde der Freiheit. Der Jüngling wird von einem Bruder der Mutter eingeladen und darf den Winter in Rom verbringen. Bald zeigt sich, wie der in einer Art von Gefangenschaft Großgewordene, dabei jedoch vermutlich von jeder erdenklichen Fürsorge umgebene junge Mann, der außerdem nach Belieben über seine Stunden disponieren konnte, in die Welt, nach der es ihn so sehnsüchtig verlangt hatte, so ganz und gar nicht gehörte. Rom brachte ihm jedenfalls, von wenigen Begegnungen abgesehen, nur Enttäuschungen. Als echter Romane fühlte er sich zwar auch mit der weitläufigen Verwandtschaft verbunden; und der gesellschaftliche Umgang, soweit er nicht allzu konventionell war, hemmte und beschwerte ihn nicht. Aber das Leben und Treiben der Großstadt, das seinem Wesen nach oberflächlich ist, stieß ihn ab, ja, mehr noch, es langweilte ihn. Der literarische Klüngel und all das fade Getue, das sich um den gerade in Gunst stehenden Dichterling in den Salons breit machte, ärgerte seine Sensibilität und empörte seine Klugheit. Das Dasein, das er führt, ist jedenfalls nicht das eines Dichters. Anstatt sich im Leben umzutun, hockt er in Bibliotheken; auch erfreut er sich weder an den bildenden Künsten noch an Musik, ja nicht einmal an Drama und Theater. Sogar über die Archäologie gießt er die vollen Schalen seines Zornes aus, weil sie – was in Rom doch ganz natürlich ist – den übrigen Wissenschaften den Rang abläuft. So beweist denn schon die erste Begegnung mit dem Draußen, daß Leopardi einen schmalen, allzeit gefährdeten Weg zu gehen hat und immer darauf bedacht sein muß, ihn zu sichern.

In der Zeit, die der junge Dichter nach der Rückkehr aus Rom in Recanati verbrachte – Mai 1823 bis Juli 1825 – wird das Tagebuch fleißig weitergeführt; auch kommt eine neue Gattung von Schriften hinzu: Die »Operette Morali«, zu deutsch »kleinere philosophische Werke«, Satiren in Dialogform. Das einzige Gedicht, das diese Jahre hervorgebracht haben, der Hymnus »An seine Herrin«, ist eine Verherrlichung eines der Urgedanken, der Trugbilder, die nach Leopardis Meinung das Leben erst lebenswert machen und uns im Grunde sogar allein am Leben erhalten, in diesem Falle der Schönheit.

Die philosophischen »Dialoge« sind das umstrittenste Werk Leopardis; und wirklich ist es hier schwerer als bei anderen Arbeiten, zu einem abschließenden Urteil zu gelangen. Der Dichter selbst bezeichnet sie als »ein Buch voller Träumereien, voll schwermütiger Einfälle und Gedanken«; er nennt sie »einen Versuch des Verfassers,

sich von seinem Unglück zu befreien«, und im selben Satz »Poesie im Gewande der Prosa«. An einer anderen Stelle äußert er, man müsse in ihnen eine »systematische Darstellung seiner Lehre« erblicken. Im »Gespräch zwischen Timander und Eleander« verteidigt er eben dieses Werk mit dem Argument, daß ein Schriftsteller besser tue, die Welt durch eine freundliche Brille zu betrachten statt durch eine trübe, zumal er dadurch auch dem Leser mehr Vergnügen bereite. Die Wahl der Dialogpartner und die Schauplätze ihrer Unterhaltungen sind originell, auch wird man sich an den geistvollen Gesprächen erfreuen; andererseits kranken jedoch gerade die phantastischen Geschichten an einer Überladenheit des Wissens. Der Dichter gibt sich alle Mühe, sich und seine Leser zum Lachen zu bringen. Bisweilen gelingt es ihm auch; aber allzu bald verzerrt sich sein Gesicht wieder zu einem bösen Lächeln. Seine Gedanken mit Heiterkeit zu verbrämen, ist wohl auch beim besten Willen nicht möglich. Der Verfasser vermag nur sich selbst auszusprechen, hinter jeder Gestalt, mag sie Herkules oder ein Gnom oder die Mode oder Erde und Mond oder Kopernikus heißen, stets redet allein Giacomo Leopardi. Man hat mitunter den Eindruck, als wäre man zu einem Gartenfest geladen, dessen Wirt versucht, freundlich zu sein, der indes von seinem Temperament immer wieder verleitet wird, seine Gäste zu ärgern.
Die Arbeit an den Dialogen konnte Leopardi über das qualvolle Dasein in der Heimat nicht hinwegtrösten. Die Briefe aus den Jahren nach dem römischen Aufenthalt klingen noch verzweifelter als die früheren. Der Vater würde ihn fortlassen, verweigert aber jeglichen Zuschuß; Giacomo soll für seinen Unterhalt selbst aufkommen. Und so bemüht er sich denn um eine Tätigkeit, die ihm den Aufenthalt in einer größeren Stadt ermöglicht und sich doch mit seinem labilen Gesundheitszu-

stand verträgt. Endlich hilft der Mailänder Verleger Stella. Sein Autor soll eine Petrarca-Ausgabe und zwei italienische Chrestomathien für ihn besorgen. Der jetzt schon vielgenannte Dichter wird mit kargen Beträgen abgefunden. Aber, wie unwürdig die Behandlung auch sein mag, er hat die Freiheit gewonnen und ist entschlossen, sie, soweit seine Kräfte reichen, zu behaupten. Zuerst hält er sich vom Juli 1825 bis zum November 1826 in Bologna, Florenz, Pisa und wieder in Florenz auf. Abgesehen von der frühen Kindheit, sind dies die besten Jahre seines Lebens. Er hat seine Arbeit, hat Menschen, die ihn lieben, verehren und verwöhnen, und mit denen er so gern umgeht, daß er, der Einsame, gesellig wird. Vorurteile kennt er nicht. Nie betont er seinen Adel. Aristokrat ist er nur im Geistigen; sein Patriotismus – in jenen Zeiten der Unterdrückung waren die meisten Italiener Patrioten – hat nichts von Haß und Rachsucht an sich, wiewohl in ihm seit den Napoleonischen Kriegen eine Abneigung, aber auch nicht mehr, gegen Frankreich besteht.

In zunehmendem Maße stellt sich nunmehr der Erfolg ein: 1824 erscheinen in Florenz die gesammelten Kanzonen, 1826 kommt in Bologna die erste lyrische Ernte ans Licht, »Stella« in Mailand bringt die »Operette Morali«, den Petrarca und die Chrestomathie. Die Einnahmen waren gering, aber der Ruhm blühte. Mit dem Ruhm wuchs freilich auch die Gegnerschaft. Man bewunderte die formale Vollendung und eine in Italien bisher nicht gekannte Innigkeit des Gefühls; mit Leopardis pessimistischen Ansichten konnten sich freilich die wenigsten befreunden.

Zwei drückende Sorgen weichen auch in dieser verhältnismäßig glücklichen Zeit nicht: sein physischer Zustand – und die Sorge um einen ausreichenden Verdienst. Wird er die Arbeiten für »Stella« fortsetzen können –

wenn er kränker wird, wenn ihm die Kraft fehlt, Bände über Bände durchzustöbern, Notizen und Auszüge anzufertigen, Texte zusammenzustellen und sie mit Anmerkungen zu versehen? Wir haben Gesuche an Minister und Kardinäle, denen er seine Lage unumwunden schildert und die er bittet, sich für ihn zu verwenden. Kein Zweifel, daß die Adressaten sich eingesetzt haben, um ihm zu helfen; und ebenso gewiß, daß die Freunde miteinander beraten und nach einem Ausweg gesucht haben. In den Korrespondenzen über diese Anliegen ist bald von einem Verwaltungsposten, bald von einem philologischen Katheder die Rede; ja einmal ist dem weltfremden Poeten sogar ein Lehrstuhl für die Naturwissenschaften angeboten worden. Es wirkt halb komisch, halb rührend, wenn er antwortet, es bedürfe doch wohl einer gewissen Vorbereitungszeit, da er von dem Fach, das er unterrichten solle, nicht die geringste Ahnung habe. Ehrenvoller war die Frage Bunsens, ob er bereit sei, in Bonn Vorlesungen zu halten. Zu einem Ergebnis ist es nie gekommen; und wir möchten glauben, das Scheitern aller Pläne war im tiefsten Grunde auf innere Hemmungen Leopardis zurückzuführen. Der Dichter des »Infinito« und der »Erinnerungen«, der »Silvia« und des »Nomadenhirten« paßt weder auf einen Beamtensessel noch auf ein Katheder.

Zu den gesegnetsten Tagen seines Lebens gehört die Zeit vom November 1827 bis zum Juni 1828, die er in Pisa verbrachte. Das milde Klima sagt ihm zu, er fühlt sich wohler als je, die Briefe klingen fast wie die eines Gesunden. Nie hat ein Hymnus von ihm ein solches Maß an innerem Jubel erreicht wie das im Februar 1828 entstandene Gedicht »Wiedergeburt«. Die Themen sind auch hier die alten: Sehnsucht nach dem entschwundenen Glück der Kindheit, nach den »holden Täuschungen«, um deretwillen es sich einzig und allein zu leben verlohnt; die Angriffe auf die erbarmungslose, böse Natur; die Einsicht, daß alles trügerisch, die eigentliche Wirklichkeit nur das Nichts ist. Und dennoch: inmitten der Wüste des Daseins das schlagende Herz, das mehr gilt als die höchsten Werte, die der Mensch vor sich hinstellt, um ihnen zu dienen.

Im November 1828 kehrt er zu seinem letzten, anderthalb Jahre dauernden Aufenthalt ins verhaßte Recanati zurück. Diesmal ist sein Leben noch hoffnungsloser als zuvor; denn wie darf er angesichts einer völlig zerstörten Gesundheit an eine Tätigkeit denken, die auch nur einen geringen Teil von dem einbringt, das er zum Leben benötigt?

Trotzdem bringt das Jahr 1829 vier herrliche Gesänge: die »Erinnerungen«, den »Nächtlichen Gesang des Nomadenhirten«, die »Ruhe nach dem Gewitter« und »Samstag im Dorf«. In den »Erinnerungen« haben wir wieder das ständige Schwinden alles Bestehenden, das Hingehen von allem, was wir halten möchten und die bittere Erkenntnis, daß alle Sicherungen, die wir dem Fließenden gegenüber aufrichten, Selbsttäuschungen sind. Aber der Dichter trägt nicht umsonst die unsichtbare Krone. Ihm ist die Gabe verliehen worden, das Verrinnende zu halten und ihm eine feste Gestalt zu geben; wie es denn das ganze Altertum hindurch heißt, daß die Tat ohne Sinn und Wert bleibt, wenn Dichter ihr nicht im fortklingenden Lied Dauer verleihen. Der »Gesang des Hirten« verläßt die persönliche und zeitliche Sphäre, erhebt sich ins Kosmische und sieht im Leiden ein Urphänomen, von dem kein Seiendes verschont bleibt. Der Hirt – kein anderer als Leopardi selbst – richtet an den stillen Wanderer auf der Himmelsflur die ewige Frage nach dem Sinn des Daseins, die das Gestirn so wenig zu beantworten vermag, wie die Herde ihm darüber Auskunft geben kann, warum das Tier die »Noia« – ein Begriff, der Langeweile, Überdruß, Leere und Schwermut in einem ist – nicht kennt, während sie den Menschen so oft bedrückt und sogar in Verzweiflung stürzt. Die beiden letzten Gedichte behandeln das Thema des »Piacere«, eines Begriffes, der ebenfalls mehrere Vorstellungen, nämlich Lust, Freude, Vergnügen und Frohsinn umfaßt.

Die guten Monate des Sommers 1829 konnten den jetzt Dreißigjährigen über Ärger, Bitternis und Verzweiflung nicht hinwegtrösten. Er beschwört die Freunde in Norditalien, ihm zu den bescheidensten Existenzmitteln zu verhelfen und bietet sich sogar an, Sprachunterricht für Anfänger zu erteilen, falls sich nichts Besseres finden lasse. Und als jene ihn bitten, sich nicht zu sorgen und zunächst einmal ihrer Einladung zu folgen, beugt er sich und ringt seinem Stolz die Zusage ab.

In der Zeit vom Mai 1830 bis zum Oktober 1833, die er in Bologna, Florenz, Rom und wieder in Florenz verbracht hat, scheint sein Leiden sich erheblich verschlimmert zu haben. Jedenfalls dürfte es in der Weltliteratur keine traurigere, durch das Wissen um die Unheilbarkeit des physischen Zustandes ergreifendere Zueignung geben als die Leopardis an die Freunde, wie sie auf der ersten Seite seiner 1831 in Florenz publizierten Lyrik steht. Und doch brachten ihm diese Jahre das Geschenk der Beziehung – sollen wir sie Freundschaft oder Liebe nennen, oder war sie beides in einem – zur Florentinerin Fanny Targioni-Tozzetti, und diese wieder schenkte ihm die Hymnen »Das allmächtige Inbild« und »Liebe und Tod«.

In beiden wird die Liebe als Ideal, ja fast als Gottheit gefeiert, und endlich tritt neben das Inbild auch einmal ein wirklicher Mensch mit seiner leiblichen Gegenwart. Aber nur für einen Augenblick. Dann wird schon wieder ungewiß, ob das irdische Wesen oder eine Himmelserscheinung gemeint ist. – Daß der Liebende den Tod nicht fürchtet und oft sogar sucht, ist eine uralte Erfahrung des Menschen. Daß auch der Dichter sie machte, als er im Banne einer Leidenschaft stand, ist um so weniger zu verwundern, als ihn, den Leidgeplagten, der Tod zeit seines Lebens als Gefährte und Freund begleitet hat. Wie bitter und nicht immer erfreulich seine Klagen über das allen gemeinsame wie über sein persönliches Unglück auch sein mögen, dem Sterben sieht er kühl und gelassen entgegen. Er ist keine weichliche, zu Wehmut und Tränen neigende Natur, was man oft glauben möchte, sondern eine durchaus männliche; und wenn ihn ein Vorwurf zu Recht trifft, dann ist es am ehesten der des Hochmuts.

Noch ein Geschenk brachten ihm diese Jahre. Im Juni 1827 lernte er den jungen Napolitaner Antonio Ranieri kennen, einen von der Regierung seines Heimatlandes verbannten Edelmann, der gleichfalls Schriftsteller war und eine Geschichte des Königreichs Neapel verfaßt hatte. Er war fasziniert von Leopardis Persönlichkeit; Bewunderung und Mitleid kamen hinzu. Er warb um seine Freundschaft und bat ihn, sein geringes Einkommen mit ihm zu teilen. Der Ältere erwiderte die Neigung, und von 1830 ab war der Bund unzertrennlich, anfangs nicht immer zum Segen des Dichters, der den Wegen des jüngeren folgen mußte, weil er von ihm abhängig war. Im Oktober 1833 erhielt Ranieri endlich die Erlaubnis heimzukehren. Die beiden Freunde nahmen außerhalb der Stadt Quartier, und die ständige Fürsorge und das milde südliche Klima taten dem Leidenden wohl. Er schloß sich jetzt ganz von der Welt ab und beschäftigte sich nur mit der Durchsicht seiner Schriften, kämpfte jedoch vergebens mit der starren napoletanischen Zensur um das Recht der Publikation. Er schrieb noch einige Dialoge und stellte unter Benutzung des großen philosophischen Tagebuches einhundertelf Aphorismen zusammen, die er »pensieri« (Gedanken) nannte und mit denen er es den französischen Moralisten gleichzutun hoffte. In diese Zeit fällt auch das »Gespräch zwischen Tristan und einem Freunde« und das große Gedicht »Der Ginster«. Bei beiden stehen wir mehr dem Denker näher als dem Poeten und wollen deshalb, besonders anhand des bisher vernachlässigten »Zibaldone«, versuchen, eine Übersicht zu geben über das, was er seine Philosophie nannte und was er nicht in ein System zu bringen vermochte.

Der junge Leopardi war noch dem Glauben seiner Väter treu. Im Jahre 1812 schreibt er, sich zum leidenschaftlichen Gegner des Materialismus bekennend: »Sie [die Materialisten] halten die Seele des Menschen, die doch nach dem Bilde des höchsten Wesens geschaffen worden ist, und, was die Erlauchtheit des eigenen Wesens angeht, kaum den Engeln nachsteht, für etwas Stoffliches und Vergängliches. Sie wollen dem Menschen sein unvergänglich Teil nicht zubilligen, das uns allein zum Wissen, Hoffen und Wollen befähigt.« Und noch der Aufsatz des Zwanzigjährigen über die »Irrtümer der Alten« ist, wie schon der Titel besagt, aus christlichem Geist geschrieben, denn er verurteilt die heidnische Religion.

Die »Bekehrung« zur Philosophie muß sich etwa um das Jahr 1820 vollzogen haben. Von da ab ändert sich sein Weltbild völlig. Von manchen Schwankungen und Schattierungen abgesehen präsentiert sich folgender Aspekt: Persönlich ausgedrückt: das Unglück, kosmisch gesehen: das Leid oder das Übel (il Male) gehört unabänderlich zum Wesen der Welt und des Menschen. Aber der Mensch hat nicht durch die Ursünde, durch den Abfall sein Heil verwirkt, sondern die Natur, die eher dem Schicksal, wenn nicht gar der Gottheit gleichzusetzen ist, eine ausschließlich böse, heimtückische, verderbliche Macht, legt alles darauf an, ihn zu foltern und zugrunde zu richten. Das entspricht einer genauen Umkehrung des christlichen Glaubens. Dort trifft alle Schuld den Menschen, hier trifft sie die Allmacht (wenn es erlaubt ist, Leopardis Naturbegriff so weit zu steigern). Eine dritte Antwort könnte noch heißen – und so lautete vorübergehend die des Altertums: Es gibt überhaupt keine Schuld, vielmehr kann bei einem blind abrollenden Weltlauf jedem jederzeit Gutes und Schlechtes widerfahren. Seit Golgatha gibt es nur einen geraden Weg und ein rechtschaffenes Für und Wider. Daß unser Dichter aus mancherlei Gründen ein Nein zum Glauben gesprochen hat, beweist daher nur seine Zugehörigkeit zur christlichen Sphäre. Und wer möchte eine bündige Aussage darüber wagen, wohin er, der ein ungemein redlicher, lauterer und sittenstrenger Charakter war, im Falle eines längeren Lebens hätte geführt werden können?

Aber sehen wir uns zunächst seine »Lehre« genauer an! Aus seiner Überzeugung von unserem unwiderruflichen Unglück zieht er folgende Konsequenzen: Der Mensch würde den völlig heillosen Zustand, der ihm aufgebürdet ist, nicht ertragen, wenn er ihm zum Bewußtsein käme, wenn er begriffe, daß die im »Zibaldone« unter Absatz 64 geäußerten Thesen wahr sind. Es heißt dort: »Alles ist vom Übel. Das heißt, alles Sein ist vom Übel. Daß überhaupt etwas vorhanden ist, ist vom Übel. Was da ist, birgt in sich den Zweck des Übels. Das Dasein ist vom Übel und zum Übel erkoren. Zweck des Alls ist das Übel. Die Einrichtung, die Beschaffenheit, die gesetzmäßige und natürliche Bewegung des Universums sind nichts als Übel und dienen nichts anderm als dem Übel. Es gibt kein Glück, als nicht zu sein. Gut ist nur, was nicht ist.« Oder wenn er sich den noch trostloseren Satz zu eigen machen könnte, der zu Beginn des Absatzes 163 steht: »Der Urgrund aller Dinge und Gottes selbst ist das Nichts.« Leben kann er nur, weil das Gorgonenantlitz der Welt ihm verhüllt bleibt, weil die sonst so erbarmungslose Natur ihm das Glück der Illusionen verliehen hat. Die Illusionen sind – das liegt schon in dem Wort selbst – eigentlich etwas Nichtiges, Nichtexistentes; und doch heißt es von ihnen im Absatz 13 des Tagebuches: »Ich sehe die Illusionen als etwas in gewissem Sinne Wirkliches an, da sie wesentliche Bestandteile des Ganzen der menschlichen Natur und von der Natur allen Menschen gegeben worden sind. Sie dürfen also nicht fehlen, und das Gefüge und die Ordnung dieser Welt sind ohne sie nicht denkbar.« Und im Absatz 15: »Da alles Wirkliche nichts ist, gibt es kein Wirkliches und Verläßliches auf der Welt außer den Illusionen.« Die Voraussetzung für unser Dasein sind also Trug und Täuschung. Durch die ganze Lyrik Leopardis klingt der Preis des »holden Wahns«, des »lieblichen Betrugs«, ohne die wir nicht wären. Zu diesen Schemen gehören die höchsten Werte und Tugenden: Glaube, Hoffnung, Liebe, Tapferkeit, Vaterlandsliebe, Heroismus, also alles, worin der gottesfürchtige Mensch sich zu bewähren trachtet. Was das Dasein lebenswert macht, ist Schein und Lüge, wahr ist allein der Abgrund des Nichts. Zu dem schönen Schein kommen dann noch die vielen Selbsttäuschungen des einzelnen: die der Alten, der Kranken, die aller mit körperlichen und sittlichen Mängeln Behafteten, und die Illusionen, deren Netz kaum einer sich ganz zu entwinden vermag: die über die Unentbehrlichkeit der eigenen Person.

Der ans Denken nicht gewöhnte Mensch steht mehr im Bann der Täuschung als einer, der sich um den wissenden und bewußten Zustand bemüht. Aber selbst dieser braucht die Illusion wie die Luft zum Atmen. Was ihn vom andern unterscheidet, ist einzig die – ihm auch nicht immer geschenkte – Möglichkeit, die Welt von einer zwiefachen Warte aus zu betrachten, gewissermaßen mit einem zweiten Ich neben dem natürlichen Ich einherzugehen. So heißt es in einem Brief Giacomos an den Bruder Carlo, in dem er von seiner Liebe zu Teresa Carniani-Malvezzi berichtet: »Daher schafft sie [die Frau] wahre Wunder an Illusionen.« Leopardi liebt und weiß zugleich, daß er sich damit nicht in der Wirklichkeit, sondern im lichten Reich der Träume befindet. Seltsam nur, daß für ihn nicht – wie in Buddhas Welt – alles, was wir sehen und erleben, Schein ist, sondern nur das Glück. Der Schmerz, das Leid sind von höchster Realität. Höchst wirklich ist auch die »Noia«, die mehr bedeutet als Langeweile und Schwermut, ja, die im tiefsten Grunde das Wissen um den Schreckensabgrund des Daseins meint und dazu noch die Erkenntnis, daß dieses Wissen und ein leichtes, unbefangenes Schreiten durch das Leben einander ausschließen.

Zum Wesen der Illusionen gehört ferner, daß der Mensch um so glücklicher ist, je mehr der Wahn ihn beherrscht. Darum ist das Kind glücklicher als der Erwachsene, die Menschheit in ihrer Frühzeit glücklicher als in ihrer späteren Epoche. Aller Glanz ruht für Leopardi auf der Antike, als der Mensch sich einen lichten Götterhimmel erschaffen und im Einklang mit der Umwelt und sich selbst hatte leben können. (Wir stoßen allerdings auch auf Äußerungen, aus denen hervorgeht, daß dem Dichter, der seine Griechen und Römer kannte, das Fehlerhafte dieser Meinung klar ist.) Wie alle Jugend, alle Frühe, alles reine Empfinden von Helligkeit umleuchtet ist, und wie infolgedessen unter allen Äußerungen des Geistes die Poesie unbestreitbar den Vorrang genießt, so gehört das Denken, gehört die Vernunft, gehört vor allem die Philosophie den Epochen schwindenden Lebens an. Und da die Philosophie sich die Erforschung der

Wahrheit zum Ziel setzt, wird diese als die große Unheilbringerin bezeichnet.

Wenn nun aber Vernunft und Philosophie ins Dunkel gerückt werden, dann muß ihr Gegenbild entsprechend viel Licht erhalten; und wenn die Poesie als dieses Gegenbild gepriesen wird, dann ist die Folge, daß auch die Natur als die eigentliche Feindin der Vernunft in der Sphäre des Lichtes steht. Und in der Tat heißt es im Abschnitt 162 des »Zibaldone«: »Die Natur ist groß, die Vernunft ist klein und ist allen großen Handlungen feind, zu denen die Natur uns begeistert.« Die Natur hat also ein zwiefaches Gesicht, ein freundliches und ein feindliches, woraus erhellt: Wenn von ihr als von der ewigen Widersacherin des Menschen die Rede ist, muß eine überirdische, fast persönlich gedachte Macht gemeint sein.

Im »Ginster« finden wir eine neuerliche Abkehr von vielen Vorstellungen, die den Dichter jahrelang beherrscht haben. Die Natur gilt zwar noch als eine böse, Vernichtung, nicht Segen verbreitende Potenz, als Stiefmutter, nicht als Mutter; und noch deutlicher als früher wird die Erbärmlichkeit des Menschen hervorgehoben, der ein winziges, wehrloses Etwas ist, ob er sich nun den ihn umgebenden Gewalten preisgegeben sieht oder sich mit der Unendlichkeit der Sternenhimmels vergleicht. Die These von unserer völligen Ohnmacht und Nichtigkeit wird sowohl der christlichen Lehre wie dem Fortschrittsglauben des 19. Jahrhunderts gegenübergestellt, die beide den Menschen zum Mittelpunkt der Schöpfung machen und ihn ungebührlich verherrlichen. Die heftigsten Anfeindungen richten sich also – wie schon im »Gespräch zwischen Tristan und einem Freund« – gegen die eigene Zeit, die durch ihre Abwendung von der erleuchteten Epoche der Aufklärung und durch die Rückkehr zu »längst verpönten Einbildungen«, zur christli-

chen Frömmigkeit, einen Weg einschlägt, der sie mit sich selbst entzweit, da Fortschritt und Aberglaube nicht vereinbar sind. Aber auch Leopardi verwickelt sich in Widersprüche. Die vielgeschmähte Wahrheit, die den Menschen vernichtet, weil sie den wohltätigen Schleier zerreißt, erscheint plötzlich als der erlauchteste aller Werte, während das Reich der Illusionen, in das man den Glauben der Christen wie den der Antike wohl oder übel verweisen muß, auf einmal so abschätzig behandelt wird wie sonst alles, was geeignet ist, sie zu zerstören. Gründe für diese Änderung seiner Anschauungen vermögen wir nicht anzugeben. Es muß genügen, sie festzustellen.
Fast vier Jahre hat er noch in Neapel oder in der näheren Umgebung der Stadt gelebt, von seinen Leiden gepeinigt, von kleinlichen Behörden geärgert, aber von Freundesliebe behütet und durch den Widerhall aus aller Welt getröstet. Im Jahre 1836 brach in Mittel- und Süditalien die Cholera aus, ein Jahr später forderte die Seuche in der großen Hafenstadt zahlreiche Opfer. Die letzten Briefe an den Vater durchklingen die Sorge um die seinigen und der Wunsch, sie wiederzusehen, gleichzeitig aber auch die völlige Verzweiflung angesichts der immer grausamer werdenden Pein und das aufrichtige Verlangen nach Erlösung. Ab Februar 1837 wohnten die Freunde in Neapel. Als eben die letzten Vorkehrungen getroffen waren, um den Kranken wieder aufs Land zu bringen, verschlechterte sich sein Zustand; die Fahrt mußte verschoben werden. Schließlich erlag er am 14. Juni nicht der Cholera, sondern der Wassersucht. Wieweit diese eine Folge seines Leidens gewesen ist, steht dahin. Wenige Stunden vor seinem Ende hat Leopardi der Schwester Ranieris die letzten Strophen des Gesanges »Monduntergang« diktiert. Der Tod selbst ist auf so leisen Sohlen an sein Lager getreten, daß er ihn nicht bemerkt hat. Dank der Geschicklichkeit des Freundes und

dem Beistande eines Geistlichen wurde der Leichnam den strengen polizeilichen Vorschriften entzogen und in der Kirche von St. Vitale in Pozzuoli beigesetzt.

Wenn üblicherweise die Klassifizierungen in den Literaturgeschichten mißlich sind, so dünken sie uns bei Leopardi besonders irreführend. Ist er ein Romantiker, weil die Erinnerung ihm mehr bedeutet als der Augenblick, weil nur das Gewesene ihm zur Wirklichkeit wird, weil seine Kunst sich mehr im Bilde erfüllt als in der Bewegung, weil er die Nacht liebt und der Mond sein vertrauter Gefährte ist? Dem wäre entgegenzuhalten, daß er keine überschwenglichen Gefühle kennt, daß er nichts so sehr haßt wie Verschwommenheit, daß seine Gedichte allem Fließenden und Schwebenden zum Trotz der genauesten Regeln nicht entraten, daß die Worte bei aller Farbigkeit und Musikalität von kristallener Helligkeit sind und nicht nur als Ton und Farbe Wert haben, sondern daß jedes gleichzeitig rund und klar für sich steht, daher denn vor allem die Verschmelzung von Bild, Klang und Bedeutung die Vollkommenheit seiner Schöpfungen ausmacht. Kein Unbewußtes soll sich aussprechen, noch will er sein Ich verströmen lassen und im Unendlichen aufgehen. Das einzige Gedicht, aus dem man auf solch ein Verlangen schließen könnte, das »Infinito«, ist aus der reinen Anschauung hervorgegangen und nicht aus dem Wunsch, sich zu verlieren. Wohl bleibt Leopardi wie viele Romantiker dem Subjektiven verhaftet, aber seinem Wesen nach ist er Lateiner, und das heißt: Bewahrung der Form und Zucht und abermals Zucht. Wenn man wählen müßte, ob man ihn einen Klassiker oder einen Romantiker nennen sollte, so ist die Entscheidung für die erste Bezeichnung unzweifelhaft.

Was ihn unsterblich macht und was seinen Namen, so lange es ein Abendland gibt, weitertragen wird, ist seine

Lyrik, und auch aus diesem Schatz nur wenige Kostbarkeiten. Was er außerdem hinterlassen hat – und es ist, wie wir gesehen haben, nicht wenig – bedeutet im Grunde Vorarbeit oder Ergänzung. Seine schönsten Schöpfungen hat er im wahrsten Sinne des Wortes erlitten, aber das Leiden allein hätte nicht zu so vollendeten Dichtungen geführt. Die harte philologische Schule der Knabenjahre hat seinen Stil geprägt, die »Operette Morali« sind ein Ausflug in andere Gefilde, von dem er manches zurückbringt, das spätere Gesänge belebt; außerdem werden nur sie einem Ausdrucksverlangen gerecht, das die Poesie allein nicht zu befriedigen vermochte. Im großen philosophischen Tagebuch begibt er sich in alle Richtungen und gelangt zu lehrreichen ästhetischen und philologischen Ergebnissen; aber beim Philosophieren und bei seinen Betrachtungen über Welt und Menschen steht sein Ich ihm im Wege. Seine Poesie wird vorwiegend vom Leben, und das heißt bei ihm vom Leiden genährt. Darüber geben uns die sehr schönen Briefe Auskunft, von denen wir wenigstens eine kleine Auslese gebracht haben.

Es ist kein breites Fruchtland, auf dem Leopardi aus vollen Händen sät und das ihm reiche Gaben einträgt, es sind schmale karge Halden, denen vergleichbar, auf denen sein Ginster gedeiht. Auch diese Halden liegen oft brach, aber wenn sie unvermutet blühen, entfalten sie eine unvergleichliche Pracht.

Ludwig Wolde

GEDICHTE

Der jüngere Brutus[1]

Begraben unter Thrakiens Erde[2] ruht
– O Trümmer ohnegleichen –
Römischer Mut, und schon – ein neues Grauen –
Ersinnt das Schicksal wilder Rosse Stampfen[3]
Für Tibers Strand und für Hesperiens Auen,
Und aus den nackten Wäldern, wo der Bären
Eishauch gebietet[4], ruft's,
Um Roms erlauchte Mauern zu zerschmettern,
Laut nach des Goten Speeren.
Brutus, erhitzt, noch feucht von Bruderblut,
Klagt auf der finstern und verlassnen Walstatt,
Zum Tod entschlossen, an, die ihn nicht hören,
Die Götter und den Hades,
Und seiner Stimme Ringen
Vermag die träge Luft nicht zu durchdringen[5].

O Torenmut, auf Traumesfluren und
Um Larvenunbestand
Hast du gekämpft, drum kriecht dir auch sogleich
Die Reue nach. Zu Hohn und Spott nur dient,
Grausame Götter, wenn ihr wirklich wohnt
Im untren Reich und über dem Gewölk,
Dies trostlose Geschlecht,
Von dem ihr Tempel wollt, und dem zum Lohn
Ihr Unglimpf nur erdachtet.
Treibt unsre Frömmigkeit zu solchem Haß
Die Himmlischen? Thront Jupiter zum Schutz
Der Schnöden nur? Wann's auch am Himmel nachtet,
Und Güsse stürzen, jähe
Blitze die Luft durchjagen,
Das Recht nur will die heilige Flamme schlagen[6].
Wie beuget uns, des Todes schwache Knechte,
Die ehrne Not des Schicksals,

Des nie bezwungnen! Der Unedle, der
Die Kraft nicht hat, dem Griff sich zu entziehen,
Tröstet sich leicht. Lastet sie weniger schwer
Auf dem, der so nicht flüchtet? Leidet nicht,
Wen keine Hoffnung trägt?
Ihr bösen Mächte, allzeit steht mit euch
In todbedrohtem Ringen
Der Kühne, der zu weichen nicht gewohnt ist.
Er trotzt der Faust, die mächtig auf ihn drückt,
Sucht sie zu meistern, läßt sich nicht bezwingen;
Und eh das steile Schwert sich
Dem weichen Leib verbunden,
Lächelt er höhnisch allen Todeswunden.

Die Götter lieben den nicht, der gewaltsam
Eindringt ins untre Reich;
Zu schwach für solchen Mut sind ihre Herzen[7].
Vielleicht hat auch der Himmel unsre Plagen
Und alles bittre Weh und alle Schmerzen
Erdacht als Spiel für seine Mußestunden.
Natur, Königin ehmals
Und Göttin, hat uns ihre Flur zu freiem
Und reinem Sinn gegeben
Und nicht zu Schuld und Tränen. Schlimmes Trachten
Vernichtete jedoch das selige Reich;
Mit strengrer Satzung kam ein karges Leben.
Darf jetzt Natur den Starken,
Kann er die Not nicht tragen,
Weil er nicht ihres Pfeiles harrt, verklagen?[8]

Die nicht von Fehl und nichts von Unheil wissen,
Glückliche Tiere, ruft
Zum letzten Schritt, vor dem ihr Blick verschlossen,
Ihr heitrer Abend. Und wär so die Not,
Daß sie die Stirn am harten Stamm zerstoßen

Oder vom Berggestein den jähen Winden
Hinwerfen ihre Glieder:
Kein heimliches Gesetz, kein dumpfes Bangen
Würd solches Tun verbieten
Den Überwältigten. Uns nur von allen,
Denen der Himmel Leben einblies, uns,
Prometheus' Söhnen, ist kein Glück beschieden.
Und uns allein, wenn wir
Das strenge Joch nicht tragen,
Will Jupiter des Todes Trost versagen[9].

Ich sehe, reiner Mond, wie du dem Meer
Unseres Bluts entsteigst;
Die ungewisse Nacht durchbricht dein Licht
Und fahndet nach ausonischem[10] Mannestum.
Selbst Bruderleichen schont der Sieger nicht;
Die Hügel beben, gipfelabwärts sinkt
Das alte Rom in Trümmer.
Bewegt dich's nicht? Sahst du nicht ehemals
Lavinias[11] Kinder blühn,
Ruhmvolle Zeit und vielen Lorbeers Prahlen?
Ich weiß, du gehst noch immer unverwandelt
Und stumm über die Alpengipfel hin,
Ward längst zum Knecht der Römer;
Und öde Fluren stöhnen,
Weil der Barbaren Hufe sie verhöhnen.

Im Felsgeklüft das Raubtier und der Vogel
Im grünen Zweigicht, beide
Gefangen in Unwissenheit und Traum,
Gewahren nicht den tiefen Sturz, nicht wie
Sich das Gesicht der Welt verdunkelt. Kaum,
Daß sich das Dach des regen Landmanns rötet,
Weckt Frühgesang die Täler,
Und wieder in den Schluchten wird das Großwild

Die angsterfüllte Herde
Des kleineren Getiers in Aufruhr bringen.
Welch ein Verhängnis über uns Verstoßenen!
Wir können nicht die blutgetränkte Erde,
Nicht schreidurchhallte Grotten
Mit unsrem Weh erreichen;
Auch wird für uns der Sterne Glanz nicht bleichen.

Olympos' und Kokytos' tauben Herren[12],
Der schnöden Erd, der Nacht
Geht mein, des Sterbenden, Gebet nicht nach,
Noch dir, des schlimmen Todes letzter Hoffnung,
Dem künft'gen Wissen um mein Los[13]. Die Schmach
Tilgt Seufzer nicht noch Spruch und Schmuck des Pöbels[14].
Es stürzt die Zeit ins Schlechtere.
Auf keinem festen Grund ruhn in der Enkel
Böser Verworfenheit
Des Eitlen Ehre und die letzte Rache
Des Elenden[15]. So schlage denn um mich
Der schwarze Vogel[16] seiner Habgier Kleid!
Den unbekannten Leib
Mag Tier, mag Spieß zerstören,
Und Name mag und Schall dem Wind gehören!

Sapphos letzter Gesang

O milde Nacht, o bleichendes Gesicht
Des untergehenden Monds, und du, der mitten
Im stillen Haine aufglänzt überm Felsen,
Bote des Tags[17], wie gut, wie lieblich schien
Der Anblick meinen Augen, eh der Fluch
Des Schicksals mich getroffen! Heute lacht
Kein holdes Schauspiel der Verzweifelten.
Uns reißt nur ungewohnte Lust empor,
Wenn Südwind durch den blanken Äther und
Das bebende Gefild den Wolkenguß
Staubwirbelnd vor sich herwälzt, und der Wagen,
Zeus' schwerer Wagen über unserm Haupt
Donnernd die Düsternis der Luft zerreißt.
Uns freut's, im Schloßenfall durchs Felsgeschlüft
Zu waten; uns entzückt die breite Flucht
Erschreckter Herden, trösten jähe Wellen,
Die, siegreich hergetragen,
Mit mächtigem Zorn die schwanken Ufer schlagen.

Schön ist dein Kleid, göttlicher Himmel, schön
Bist, taubenetzte Erd, auch du. Doch ach,
Von all dem Schönen gaben nichts, gar nichts
Die Götter und das ruchlose Geschick
Der armen Sappho. Deinem stolzen Reich
Gelt ich als niedriger und lästiger Gast,
Natur; ich, die verschmähte Liebende[18],
Hebe zu deiner Anmut[19] Herz und Augen
Umsonst flehend empor. Mir lächelt kein
Besonnter Strand, an Äthers Pforten, nicht
Der morgendliche Glanz. Mich grüßt der Sang
Der bunten Vögel nicht, das Raunen nicht
Des Buchenhains. Und wo der klare Bach
Im dichten Schatten der gebückten Weiden

Sich rein vergeudet, weiß er meinem Fuß,
Dem strauchelnden, das zärtliche Gewässer
Verächtlich zu entziehen
Und läßt auch noch des Ufers Duft mich fliehen[20].

O welche Schuld, welch arger Fehl[20] befleckte
Mich vor dem ersten Tage, daß so grausam
Der Himmel und des Schicksals Blick mich schlugen?
Worin hab' ich als Kind gesündigt, als
Fern aller Untat noch mein Leben war,
Daß mir so karg die Jugend zugemessen,
Und mir der nie erweichten Parze Kunkel[21]
So schlechten Faden spann? Unlautres Wort
Spricht deine Lippe. Was bestimmt ist, fügt
Geheimer Ratschluß. Alles ist Geheimnis,
Nur unser Schmerz nicht. Denn wir sind Verstoßne,
Zum Leid Geborne, und es ruht der Grund
Im Schoß der Götter. O des Traumes und
Der frühsten Hoffnungen! Es macht' der Vater
Den Schein, den holden Schein zum ewigen Herren
Der Menschen. Edlem Mannestum, Gesang
Und aller Geistesfülle
Erstrahlt kein Ruhm in ungestalter Hülle.

Ich sterbe. Ward der Erd dies schlechte Kleid
Geopfert, flüchtet der befreite Geist
Zum Hades, um des blinden Losverteilers
Grausamen Fehl zu sühnen. Aber du,
An den mich lange Lieb und lange Treu
Umsonst gekettet und die leere Wut
Der unversöhnten Wünsche, lebe glücklich,
Wenn je auf Erden glücklich war ein Leben.
Mich hat Zeus mit des sparsamen Gefäßes
Huldreichen Tropfen nicht besprengt, als Irren
Und Träumen meiner Kindheit fortgegangen.

Der frohste Tag des Lebens fliegt zuerst davon.
Herein schlüpft Krankheit, Alter und der Schatten
Eisigen Todes. Ach, was bleibt von allen
Erhofften Palmen, allem schönen Wahn?
Der Tartaros. Bald ist der dunklen Göttin
Mein kühner Geist zu eigen;
Das Düster wird, der stille Strom ihn beugen.

Die Blauamsel

Droben, vom First herab des alten Turmes,
Blauamsel, klingt dein Lied ins Land hinaus;
Und immer singst du, bis der Tag verblaßt,
Und läßt den Wohllaut durch die Fluren schweben.
Frühling mit holdem Glast
Schwingt in der Luft und jubelt im Gefilde.
Muß bei dem Anblick nicht das Herz erglühen?
Ich höre Lämmer blöken, Rinder brüllen;
Mit tausend Flügeln füllen andre Vögel
In frohem Spielen weite Himmelskreise,
Jauchzend, indes die besten Stunden fliehen.
Du hältst dich fern und sinnst nach deiner Weise,
Suchst keine Fluggesellen,
Suchst keinen Raum, wo Freud und Lärmen ist;
Du singst und du vergißt,
Daß nie so schön mehr deine Tage blühen.

Seltsam, wie deine Art
Der meinen gleicht! Denn Kurzweil und Gelächter,
Sonst mit den frühen Jahren hold gepaart,
Und du, der Jugend nächster Bruder, Liebe,
Der bittre Seufzer aller späten Tage,
Ihr, warum, weiß ich nicht, verlockt mich nicht.
Ich flieh euch, dünkt mich fast;
Einsiedler fast, nur Gast
In meinem Heimatort,
So laß ich meine Frühlingszeit verschweben.
Der Tag, der jetzt dem Abend nachgegeben,
Ist in der Stadt von altersher ein Fest.
Ich hör im hellen Blau den Glockenhall,
Hör', wie von manchem Schuß aus manchem Rohr
Nachdröhnt von Haus zu Haus der Freudenschall.
Und alle Jungen prangen

Im Festkleid; meines bleibt
Daheim; sie wandeln draußen, schauen, lassen
Sich anschaun, und die Herzen werden weit.
Nur ich bin fortgegangen,
Der einzige, aus aller Menschen Nähe.
Ich spare Scherz und Tand
Für andre Zeit; und wie sich nun mein Blick
Aufschwingt zu lichten Bahnen,
Trifft mich die Sonne, die in fernen Bergen[22],
Aus heitren Tagesgründen
Sinkend, hinabtaucht; und sie scheint zu mahnen,
Bald werd die selige Jugend so entschwinden.

Wenn, einsam Vögelchen, dein Abend kommt,
Wann immer ihn die Sterne schicken, dich
Wird deine Art zu leben
Gewiß nicht reun; was ihr auch tut und treibt,
Natur wirkt euer Wesen.
Doch ich? Muß ich die bösen
Wege des Alters gehen?
Bleib ich in seinen Händen?
Spricht dann dies Aug nicht mehr zu nahen Herzen,
Spricht ihm nicht mehr die Welt? Will Künftiges
Noch öder als das Jetzt, noch trüber enden?
Wie werd ich dann bestehen?
Wie wird das Heut, wie ich mir selbst erscheinen?
Ach, Klagen werd ich, oft auch weinen
Und ohne Trost die Blicke rückwärts senden.

Das Unendliche

Allzeit war lieb mir der verlaßne Hügel[23],
Das Dorngesträuch auch, das von vielen Seiten
Die letzten Fernen meinem Blick verwehrt.
Doch wie ich sitz und staune, tun im Geist
Sich Räume ohne Grenzen jenseit auf,
Voll solchen Schweigens, wie's der Mensch nicht faßt,
Und tiefster Stille, daß beinah mein Herz
Im Schrecken sich verliert. Und wie ich jetzt
Des Windes Raunen in den Blättern höre
Und jenen Schweigensabgrund dieser Stimme
Vergleiche, wend ich mich dem Ewigen zu
Und dem Gewesenen und der heutigen Zeit,
Die lebt und mich umlärmt. Und so inmitten
Des Unermeßlichen ertrinkt mein Denken,
Und Schiffbruch leid ich gern in solchem Meere.

Mild ist und klar die Nacht und ohne Wind,
Und auf den Dächern, auf der Gärten Mitte
Ruht still der Mond, und jeder ferne Berg
Wird hell in seinem Glanz. O meine Herrin[24],
Es schweigt nun jeder Pfad; kaum noch ein Fenster,
Durch das der Schein der späten Lampe fällt.
Du schläfst; ein sanfter Schlummer nahm dich auf
Im friedlichen Gemach. Ist ja kein Schmerz,
Der an dir nagt; du weißt nicht, ahnest nicht,
Mit wieviel Wunden du mein Herz zerrissen.
Du schläfst, indes ich an die Scheiben trete,
Den Himmel, der so gütig scheint, zu grüßen
Und die Natur, die alte, allgewalt'ge,
Die mich zum Leid erschuf. »Dir weigr' ich auch
Die Hoffnung«, sprach sie, »ja die Hoffnung; anders
Soll nicht dein Auge glänzen denn von Tränen.«
Dies war ein Festtag, und von mancher Lust
Ruhest du aus. Vielleicht gedenkt dein Traum,
Wie vielen du gefallen, wer heut dir
Gefiel. Nicht ich, nicht, daß ich's je erhoffe,
Bin deinem Herzen nah. Frag nur, wieviel
Vom Leben mir noch bleibt, und wirf mich mit
Empörtem Schrei zu Boden. O des Grauens
Der noch so jungen Tage! Ach, jetzt klingt
Durch nahe Straßen des Gesellen Lied,
Der zu so später Stunde vom Vergnügen
Heimkehrt in sein erbärmliches Gelaß.
Und heftig zieht sich mir das Herz zusammen,
Denk' ich, wie alles in der Welt vergeht
Und läßt kaum eine Spur. Entwichen ist
Der Feiertag, dem Feiertage folgt
Der Werktag, und so trägt die Zeit davon,
Was je dem Menschen zufiel. Ach, wo blieb

Der Schall der alten Völker, wo der Ruhm
Unsrer erlauchten Ahnen, wo das Reich
Der stolzen Roma, wo der Waffenlärm,
Der über Länder ging und ferne Meere?
Alles ist still heut; tot ist heut die Welt,
Und selbst die Rede schweigt von alle dem.
In meiner Kindheit, als ich noch des Festtags
Mit Sehnsucht harrte, und schon war er hin:
Wie drückt' ich schlaflos und mit welchem Schmerz
Mich in den Pfühl; und wenn in später Nacht
Ein Singen sich die Pfad' entlang bewegte,
Und, langsam schwindend, Ton nach Ton erstarb,
So zog's wie jetzt mir schon das Herz zusammen.

An den Mond

O holder Mond, ich denke dran, daß heut
Ein Jahr verstrichen ist, seit ich voll Bangen
Auf diesen Hügel kam, dich zu betrachten.
Du hingest damals über jenem Hain
Wie jetzt, wo du dein volles Licht ihm spendest.
Doch trübe schien und zitternd ob der Träne,
Die aus der Wimper quoll, vor meinen Augen
Dein Antlitz; voller Qual war ja mein Leben
Und qualvoll ist's und ändert nicht die Art,
O mein geliebter Mond. Doch tut mir's wohl,
Mich zu erinnern und die Leidenstage
Mir vorzuzählen. O wie tröstlich ist's
In jungen Jahren, wenn noch lang der Hoffnung
Und kurz der Weg ist des Gedächtnisses,
Die Blicke zum Gewesenen zu wenden,
Ist's traurig gleich, und ob der Schmerz auch dauert.

Sacht klopfend auf mein ländlich Dach, weckt mich
Der Morgenregen; seiner Flügelschläge
Freut sich das Huhn auf noch verschlossner Tenne,
Ans Fenster tritt der Landmann, und nun geht
Die Sonne auf, und ihre Strahlen zittern
Im Tropfenfall. Und gleich erheb ich mich,
Preise die leichten Wölkchen und das erste
Flattern der Vögel und den Morgenwind
Und preise all die lachenden Gefilde.
Denn euch, der Städte unglücksel'ge Mauern,
Hab ich genug gesehen, genug gekannt.
Bei euch folgt immer Haß dem Leidenden;
Mein Leben aber ist voll Leid, und anders
Wird auch mein Tod nicht sein. Käm er nur bald!
Hier zeigt mir doch Natur ein wenig Mitleid,
Die ehdem freilich freundlicher gewesen.
Ja, denn auch du, Natur, wendest den Blick
Vom Elenden, siehst über Mißgeschick
Und Pein hinweg und beugst dich vor dem Glück,
Dem allgebietenden. Im Himmel wie
Auf Erden hat das Unglück keinen Freund,
Und keine Zuflucht bleibt ihm als das Schwert.

Oft setz ich mich an abgelegne Stätten,
Wo leis ansteigt des Weihers Ranft, und wo
Schilfdunkel schweigt in weitgezognem Kranz.
Wenn dann der Mittag sich am Himmel wendet,
Spiegelt die Sonne dort ihr stilles Bild;
Nicht Halm noch Blätter biegen sich im Winde,
Kein Wellenkräuseln, keiner Grille Zirpen,
Der Vogel im Gesträuch rührt keinen Fittich,
Kein Falter flügelt, keinen Laut vernimmst du,
Siehst nichts sich regen, nahe nicht noch fern.

Vollkommne Stille waltet am Gestade,
So daß ich, unbeweglich ruhend, fast
Mein selbst vergesse und der Welt. Mich dünkt,
Die Glieder würden schlaff, Geist und Empfinden
Belebten sie nicht mehr; die alte Dumpfheit
Scheint eins geworden mit der stummen Flur.

O Liebe, Liebe, lange schon entflogst
Du meiner Brust, die einmal voller Wärme,
Ja, voller Glut war. Leid mit kalter Hand
Hat sie gepackt, daß sie im schönsten Blühen
Zu Eis erstarrte. Ich gedenk der Zeit,
Als du dich mir ins Herz gesenkt, der holden,
Unwiederbringlichen. Auftut sich da
Vorm jugendlichen Blick der Welten Bühne,
Die grausame, durch Paradieseslächeln
Ihn bitter täuschend. Reine Hoffnungen
Und Wünsche pochen in der Brust des Knaben;
Und gleich als ging's zu Tänzen oder Spiel,
Schickt sich der arme Erdgeborene
Zum Werken an. Doch ich? Als ich noch kaum
Der Liebe Hauch verspürt, hatte das Schicksal
Mich schon zerbrochen; meine Augen taugten
Zu anderm nicht mehr als zu steten Tränen.
Nur manches Mal, wenn auf der hellen Flur
Im milden Frührot und im lichten Tag
Die Dächer blitzten, Au und Höhen schimmern,
Und meinem Aug' ein schönes Aug' begegnet;
Und manchmal auch, wenn ich im lauen Frieden
Der Sommernacht die Willkür meiner Schritte
Beruhige vor des Weilers stillen Häusern
Und die verlassne Scholle seh, und aus
Einsamer Kammer klingt das leichte Lied
Des Mädchens, das zu seiner Hände Werk
Die Nacht sich borgt, dann, ja, dann klopft mein

Versteinert Herz. Doch ach, es kehrt sogleich
Zurück zur ehrnen Starrheit; fremd geworden
Ist jede sanfte Regung meiner Brust.

O holder Mond, in dessen mildem Schimmer
Hasen im Wald sich tummeln, und den Jäger
Kränkt's in der Frühe, findet er die Spuren
Irrführend, trügerisch, und manche Täuschung
Entfernt ihn von den Lagern. Gruß dir, gütger
König der Nächte! Freilich fällt dein Licht
Als Freund ins Dickicht nicht noch in die Schlucht
Und in kein leer Gemäuer auf den Stahl
Des fahlen Räubers, der mit seinem Ohr
Dem Lärm von Roß und Rädern nachgeht und
Der Schritte Klopfen auf den leisen Pfaden
Und unversehens dann mit Degenrasseln
Und heiserem Ruf und drohenden Gebärden
Das Herz des Wandrers zum Gefrieren bringt,
Bis er zuletzt den kaum noch Atmenden,
Der Kleider Ledigen am Wege läßt.
Auch in der Städte breiten Straßen ist
Dein blasser Schein kein Trost dem feigen Buhlen,
Der gern sich an die Häuser drückt und sucht
Des Schattens Schutz und steht bestürzt, wenn kaum
Am offnen Fenster Kerzen sich entzünden.
Wie dich auch jedes böse Trachten meidet,
Mir wird, auf diesen Fluren dich zu sehn,
Allzeit willkommen sein, schenkst du mir doch
Nur heitre Höhn und unbegrenzte Weiten.
Auch ich hab freilich, war ich gleich nicht schuldig,
Dein lieblich Leuchten ehemals verklagt,
Wenn es an vielbewohnten Stätten mich
Der Menschen Blicken ausgeliefert oder
Mir nicht der Menschen Angesicht entzog.
Jetzt allzeit Preis dir, ob du im Gewölk

Dahintreibst oder ob du, heiter schwebend,
Gebieter aller himmlischen Gefilde,
Herniederschaust auf unser Tränental!
Mich wirst du ungesellig oft und stumm
Durch Wälder schweifen sehn, an bunten Ufern,
Wohl auch im Anger rasten, schon zufrieden,
Wenn mir zum Seufzen Herz und Odem bleibt.

An seine Herrin[24]

Holde Schönheit, du weckst
Nur ferne Liebe; bleibest ja verhüllt,
Wenn du nicht, Himmelsbild,
Mein Herz im Traum erschreckst,
Nicht in verzückter Pracht,
Im hellsten Lichte das Gefilde lacht.
Hast du die goldne Zeit,
Du schuldlose, beglückt und schwebst noch heut,
Ein Schemen, unter uns?
Oder will dich der Geiz des Schicksals sparen,
Dich uns entziehn und künft'gem Tag bewahren?

Dich leibhaft je zu schaun,
Darf ich mir nicht erträumen;
Nur dann, wenn einsam, ohne Leibesjoch,
Auf unbekanntem Pfad zu fernen Räumen
Mein Geist gelangt. Wohl, als mein Tag begann,
Noch ungewiß und ohne Trost des Lichts,
Glaubt' ich als mit mir Wandernde dich noch
Auf dieser Erdenbahn. Doch ist hier nichts
Dir Ähnliches; und wollte auch ein Ding
An Blick, Gebärd und Wort dir völlig gleichen,
An Schönheit könnt es nimmer dich erreichen.

Wenn bei dem vielen Leid,
Das Schicksal unserem Dasein mitgegeben,
So wahr, wie du vor meinem Denken stehst,
Dich einer liebte, ja für diesen wäre
Das Leben Seligkeit.
Ich weiß auch, liebt' ich dich, würd ich der Ehre
Und allem Edlen nachgehn wie einmal
In meiner frühsten Zeit. Doch hat der Himmel
Mit keinem Trost gelindert unsere Qual;

Und wär mit dir das Sein ja so erlesen,
Wie's die nur haben, die Gott nahe wesen.

Wenn durch das Tal hin weht
Das Lied des Landmanns, der sich plagt, und ich
Sitz ruhig und ich klage
Um meiner Jugend Traum, der von mir geht;
Wenn's auf den Höhn singt, und ich denk der Tage,
Denk der verlornen Wünsche, der verlornen
Hoffnung, und geh dann deinem Bilde nach,
Beginnt mein Herz zu schlagen. Könnt ich doch
Bei so viel Düstrem, so viel Ungemach
Bewahren dein Gesicht! Nun muß der Schein
An Wahrheits Stelle mir willkommen sein.

Ob von den Urgedanken
Du einer bist, und ewige Weisheit wollte
Dir Sichtbarkeit und dir Gestalt nicht geben,
Solltest der Not entrückt,
Frei vom Hinfälligen sein, vom nichtigen Leben;
Ob eine andre Erd in Ätherhöhn,
Wo Welten ohne Zahl sind, dich beglückt,
Und dir ein naher Stern und schöner als die Sonne
Licht spendet und dir sanftere Winde wehn:
Von hier, wo kurz das Jahr ist, Elend lang,
Vernimm geheimer Liebe Preisgesang!

An Silvia[25]

O Silvia, gedenkst
Du noch der Tage deines Erdenwandels,
Als heller Hoffnung Glanz
Im lachenden, im keuschen Blick dir stand;
Und gingest unbeschwert und traumbefangen
In deiner Jugend Land?

Im stillen Haus und auf
Den Gassen her und hin
Wiegt' sich dein Lied, Du sangst,
Wenn du dem Frauenwerk dich zugewandt,
Und saßest gern gebannt;
Fandst ja von süßen Träumen dich getragen.
Rings duftete der Mai, und Tag nach Tagen
Gingen dir so dahin.

Da ließ ich manches Mal
Die leichten Bücher und die schmerzbeschwerten,
Die meiner frühen Zeit
Und meiner Kräfte besten Teil verzehrten,
Und vom Altan des väterlichen Hauses
Hab ich mein Ohr dem Klange nachgesandt
Der Stimme und der Hand,
Die flink das mühevolle Tuch durchlief.
Die Heiterkeit des Blaus,
Goldene Pfad' und Gärten,
Das ferne Meer, die Berge: wieviel Wunder!
Zu sagen, was ich fühlte,
Reicht Menschenmund nicht aus.

Wie voller Ahnung war,
Wie weitet' sich mein Herz, o Silvia!
Wie herrlich schien mir da

Mein Los, wie schön die Welt!
Doch denk ich heut der Träume jener Zeit,
Beschleicht mich Bitterkeit;
Trostlosigkeit befällt
Ob meiner Leiden mich. Natur, Natur,
O warum hast du nur
Verheißen all das Schöne
Und hieltest nicht dein Wort? Um welche Gabe
Betrogst du deine Söhne!

Eh denn das Gras im Winterwind verdarb,
Schlug dich ein heimlich Weh, entraffte dich,
Und du verblichst. Betratst, Liebliche, nie
Die Morgenaun des Lebens.
Dich hat zu keiner Stund'
Erquickt das scheue Lob der schwarzen Locken
Und des verstohlnen Blicks, des keuschen, zagen,
Liebesgespräch flog nie an Feiertagen
Dir zu aus Mädchenmund.

Bald, allzu bald erstarb
Auch mir der holde Traum. Auch meinem Leben
Verwüstete das Schicksal
Der Jugend schönen Garten
Und ließ auch dich entschweben,
Die holde Freundin meiner frühen Jahre,
Dich, Hoffnung, vielbeweinte.
Ist dies die Welt, sind dies
Zauber der Liebe, Tatendrang und -glück,
Sie, die so gerne unser Plaudern meinte;
Sind sie's, die uns bestimmt sind vom Geschick?
Als Wahrheit einzog, gingst du;
Doch winkte noch und wies mir deine Hand
Die Todesnacht im unbekränzten Grab,
Eh sie im Fernen schwand.

Wiedergeburt

Ach, ganz erloschen glaubte ich
In meiner Jahre Blühen
Das süße Weh der frühen,
Der ersten frohen Zeit;

Das süße Weh, die Regungen,
Die sanft das Herz betören;
Ja, was in Jubelchören
Die Welt an Freuden beut.

Wie klagte ich, wie weinte ich,
Daß ich nun ganz verloren,
Und so mein Herz erfroren,
Daß auch der Schmerz verblich!

Schwand, was mich sonst beflügelte,
Die Liebe wollt verblassen;
Und meiner Brust Gelassen
Entwand kein Seufzer sich.

Ich weint um die vergeudeten,
Die ungelebten Stunden;
Ich sah die Flur gebunden,
Weil ew'ger Frost gebot.

Öde der Tag, die heimliche
Nacht ruht allzeit im Dunkeln;
Tot war der Sterne Funkeln,
Des Mondes Schimmer tot.

Doch daß ich noch so weinen durft,
Bewirkt' das alte Leben;

Noch war in mir ein Beben,
Noch schlug in mir das Herz.

Vertraute Bilder suchten sich
Der Träume müde Flüge;
Und meiner Schwermut Züge
Zeichnete noch der Schmerz.

Doch bald ward auch der letzte noch
Der Schmerzen fortgetragen;
Nach Jammer selbst und Klagen
Stand mir nicht mehr der Sinn.

Lag fühllos, ein Versteinerter,
Trost konnt' mich nicht erreichen;
Stand schon im Todeszeichen,
Denn alles Licht war hin.

Wer war ich? Wie unähnlich dem,
Der eh sich selbst entflogen,
Vom schönen Wahn gezogen,
Nur seinen Schmerz genährt!

Die Schwalben, die mit hurtigen
Pfeilen vor meinen Scheiben
Den Gruß der Frühe schreiben,
Hielt ich des Blicks nicht wert;

Auch auf entlegnen Weilern nicht
Des Herbstes bleiches Schimmern,
Nicht letztes Sonnenflimmern,
Nicht späten Glockenhall.

Umsonst sah ich den Abendglanz
Auf stillen Pfaden weben,

Hört' ich das Tal hin schweben
Das Lied der Nachtigall.

Ihr Augen auch, ihr zärtlichen,
Mit raschen, glühnden Blicken,
Ja, und selbst du, Entzücken
Der edlen Liebesglut;

Und meiner Hand gebotene,
Blendende, bleiche Hände,
Ihr brachtet keine Wende
Dem abgestumpften Mut.

Ich wußt um nichts Holdseliges,
Dumpfheit hatt mich geschlagen;
Kannt Trauern nicht noch Klagen,
Kein Schmerz im Auge glüht'.

Daß solch ein Leben endete,
Mußt' ich gewiß ersehnen;
Doch wohnten keine Tränen
Im welkenden Gemüt.

Elend wie die gebrechlichen
Jahre sonst nur verrinnen,
So mußte ich beginnen,
So sollt mein Frühling sein.

Ja, Herz, die unaussprechlichen
Tage, die rasch verblühen,
Brachten dir nur Bemühen,
Brachten dir nichts als Pein.

Wer will mich aus der Bangnis jetzt,
Der schweren Starrheit wecken?

Was will sich mir entdecken,
Was ist die neue Kraft?

Ihr Bilder, holde Täuschungen,
O leichtes Flügelschlagen,
Willst du dich nicht versagen,
Entreißest mich der Haft?

Ja, seid ihr's denn, die einzige
Leuchte der Lebenspfade,
Die früh mir, ohne Gnade
Geraubte Seligkeit?

In Himmelshöhn, im Grünenden,
Wohin die Blicke tauchen,
Will alles Schmerzen hauchen,
Ist alles lustgeweiht.

Mit mir aufs neue regen sich
Der Hain, der Berg, die Auen,
Mir will der Quell vertrauen,
Mir spricht der Wogenschwall.

Wer schenkt mir diese Tränengunst
Nach soviel Mißgeschicken?
Wie kommt's, daß vor den Blicken
Verwandelt steht das All?

Ob Hoffnung, Herz, armseliges,
Ein Lachen dir gespendet?
Hoffnung ließ, abgewendet,
Mich längst in meiner Nacht.

Es hat Natur, die eigene,
Den holden Wahn geboren;

Ob Leid sich auch verschworen,
Nicht beugt's des Herzens Macht.

Nicht beugten, nicht besiegten sie
Des Schicksals böses Walten,
Nicht Wahrheit mit dem kalten,
Dem grausamen Gesicht.

Von ihr zum schönen Traumgefild
Gehn Pfade nicht noch Brücken;
Auch kehrt Natur den Rücken
Und kennt Erbarmen nicht.

Es kümmert sie kein Wohlergehn,
Sie braucht das bloße Leben;
Sie meint, ihr sei's gegeben
Zu Pein und Ungemach.

Ich weiß, auch in der Menschenwelt
Hat Elend keine Stätte;
Sie jagen's um die Wette,
Spott geht und Hohn ihm nach.

Weiß, daß die Zeiten trübe sind,
Weil Geist und Tat nicht blühen,
Und selbstlosem Bemühen
Der Lohn des Ruhms gebricht.

Ihr Augen auch, ihr blendenden,
Ihr, mächtiger Blicke Strahlen,
Vergeblich euer Prahlen,
Euch fehlt der Liebe Licht.

Kein Tiefes und kein Heimliches
Will sich in euch entbinden,

Kein Funke sich entzünden
Im Kühlen eurer Brust.

Und doch spür ich den Wahn in mir,
Den Atem frühen Lebens;
Und ob des eignen Bebens
Erstaunet mein Gemüt.

Ich weiß, daß nur durch dich, mein Herz,
Die Sinne neu sich regen,
Und daß des Trostes Segen
Allein aus dir erblüht.

Ich weiß, daß sich zum Streit mit dir,
Dem edlen, hohen, reinen
Natur und Schicksal einen,
Das Schöne und die Welt;

Doch wenn du, oft geprüftes, schlägst,
Nicht weichst den bösen Mächten,
Will ich mit dem nicht rechten,
Der mich am Licht erhält.

Schönes Gestirn des Bären, nie hätt ich
Geglaubt, es würde einmal noch mein Brauch,
Dein Funkeln überm väterlichen Garten
Mir anzuschaun, Zwiesprach mit dir zu halten
Aus meiner Kindheit Fenstern, hier im Hause,
Wo ich's erlitt, daß alle Freud entwich.
Wie viele Bilder, wie viel Träume hat
Ehmals mein Geist gesponnen, wenn er dich
Und die Gefährten deiner Bahn betrachtet.
Schweigend saß ich dann wohl auf blühndem Anger,
Und lange Abendstunden gingen hin;
Zum Himmel sah ich auf und lauscht den Fröschen,
Die fern im grünen Land einander riefen.
Dann taumelte der Glühwurm durch die Hecken
Und auf den Beeten, Winde flüsterten
Auf duftbetäubten Pfaden und im nahen
Zypressenhain; vom Vaterhause kamen
Stimmen von Redenden und die Geräusche
Emsiger Diener. Und Gedanken schweiften,
Und süße Träume zogen durch mein Herz,
Schaut ich das ferne Meer, die blauen Berge,
Die heut noch winken, die ich dazumal
Zu überqueren hoffte, Wunderwelten,
Wunder des Glücks ausmalend meinem Leben.
Ich kannt mein Los nicht, wußte nicht, wie oft,
Wie gern ich dieses peinvolle, verlorne
Dasein hingeben würde für den Tod.

Noch gab mein Herz nicht zu, ich sei verdammt,
In der Barbarenstadt, die mich geboren[26],
Die Jugend hinzubringen, unter niedren
Und groben Menschen, denen Geist und Wissen
Nur ungewohnte Klänge sind, ja oft

Nur Grund zum Lachen oder Spott; die mich
Verächtlich meiden nicht aus Neid, als hielten
Sie für den Höhern mich, doch weil sie glauben,
Ich selbst leb insgeheim in solchem Denken,
Ob ich gleich keinem je mich also zeige.
Hier treib ich's nun, verfemt und wie vergraben,
Ohn' Lieb und ohne Licht; und wider Willen
Verhärt ich mich bei soviel Übelwollen,
Verlerne Mitleid und verlern das Edle.
Mich lehrt die Stumpfheit um mich her, die Menschen
Gering zu achten; und indes entfliegt
Die schöne Zeit der Jugend, schöner noch
Als Ruhm und Lorbeer, als der lautre Glanz
Des Tags, ja als des Atmens Lust. Freudlos
Und sinnlos gehst du hin und leidbeschwert,
Du meines armen Daseins einzige Blüte.

Nun kommt der Wind und bringt den Schlag der Stunde
Vom Turm des Städtchens. Trost, o nie vergeß ich's,
War immer dieses Schlagen meiner Nacht,
Wenn ich, ein Kind, in finstrer Kammer lag,
Und Angst mich ständig wachhielt, und ich wünscht'
Den Tag herbei. Ich seh' und höre nichts,
Das nicht ein Bild weckt, nicht ein süß Erinnern
Heraufruft. Süß, gewiß! Doch peinvoll schleicht
Zugleich das Jetzt sich ein, ein nichtiges Sehnen
Nach dem Gewesnen, ob's gleich traurig war,
Und, ach, die Worte: »Dies ist nun vergangen!«
Die Laube, zugewandt den letzten Strahlen
Des Tages, die bemalten Wände mit
Den Herden und dem Licht, aufgehend über
Vergessener Scholle, tausend Wonnen brachten
Sie meiner Muse, als der mächtige Wahn,
Mich überredend, mir zur Seite ging
Allüberall. Beim bleichen Schein des Schnees,

Und wenn die breiten Fenster rings der Wind
Umpfiff, wie tönten die vertrauten Räume
Vom Lärm des Spiels, vom lauten Jubel wider!
Es war die Zeit, da sich das Grausam-Bittre
Der Welt in vieler Lieblichkeit verbirgt,
Und, unerfahrnem Liebenden vergleichbar,
Der ungebrochne Zauber heilen Lebens
Den Knaben blendet, daß er staunend schaut
Und aller Himmel Schönheit ihm verleiht.

O Hoffnung, Hoffnung, freundlicher Betrug
Der ersten Jahre! Immer wieder treibt mich's,
Mit dir zu reden. Ob die Jahre schwinden,
Ob sich mein Fühlen wandelt und mein Denken,
Dich kann ich nicht vergessen. Schemen sind,
Ich weiß es, Ruhm und Ehre; leere Wünsche,
Wohlstand und Glück; Leben kennt keinen Segen,
Elend und sinnlos ist's. Doch ob auch arm
Die Jugend mir verläuft, ob öd und finster
Mein Erdensein ist, wenig, wohl erkenn ich's,
Raubt mir das Schicksal. Dennoch, ach, wie oft
Gedenk ich meiner trauten Hoffnungen
Und jener holden Träume früher Tage;
Und seh ich dann mein Leben, das so nichtig
Und so voll Leid ist, und daß heut der Tod
Als einz'ger Wunsch von allen Wünschen bleibt,
Fühl ich, wie sich mein Herz verkrampft, fühl ich,
Daß nichts ob meines Mißgeschicks mich tröstet.
Ja, wann sich auch der oft erflehte Tod
Zu mir gesellt, wann auch das Ende kommt
All meines Unglücks, und die Erd erscheint
Nur noch als ferner Stern, und vor dem Blick
Besteht nichts Künftiges mehr: mit euch bleib ich
Dennoch verbunden; euer Bild wird mich
Noch seufzen, mich noch grausam fühlen lassen,

Daß ich umsonst gelebt, und noch mit Bittrem
Den süßen Trunk der letzten Stunde mischen.

Ja, schon im ersten, jugendlichen Wirbel
Von Freuden, Kümmernissen und Verlangen
Rief ich den Tod wohl manches Mal; und lange
Erging ich dort mich an des Brunnens Rand,
Zu enden willens in den Wassern meine
Hoffnung und meinen Schmerz. Als dann das Übel,
Das heimliche, mich schlug, das Leben schwankte,
Weint ich der schönen Jugend nach, der Blüte
Meiner armseligen Tage, die so früh
Verblich. Und wenn ich oft, zu später Stunde,
Auf meinem Bett saß, das so gut mich kennt,
Sann ich beim schwachen Licht auf Trauerklänge,
Beklagt die Nacht hindurch, die schweigende,
Das Fliehn der Lebenskraft und sang mir selbst,
Dem langsam Welkenden, den Grabgesang.

Wer könnte eurer ohne Seufzer denken,
Du früh'ster Schritt der Jugend, unaussprechlich
Liebliche Tage, wenn zuerst dem Menschen,
Dem ganz verzauberten, die Mädchen lächeln,
Ja, alle Dinge um die Wette lächeln,
Und Mißgunst schweigt, weil sie noch nicht erwacht
Oder noch im Gewand der Güte wohnt,
Und – Wunder unerhört – die Welt dem Menschen
Die Rechte, gleichsam hilfebietend, reicht
Und seinen Fehlern nachsieht, seinen Eintritt
Ins Leben feiert und ihm dient und zeigt,
Daß sie zum Herrn ihn will und nennt ihn Herr?
Flüchtige Tage! Bösen Wettern gleich
Sind sie zerstoben. Ist ein Mensch, der nicht
Vom Unglück weiß, wenn einmal jener Glanz

Verblichen ist, wenn jene holde Zeit,
Wenn Jugend, wenn der Jugend Licht erlosch?

Nerina[27], du, hör ich denn diese Stätten
Von dir nicht reden? Bist du meinem Denken
Denn schon entrückt? Ach, wohin gingest du,
Daß ich, Geliebte, die Erinnerung
Nur finde? Diese Erde, unsre Heimat
Sieht dich nicht mehr; das Fenster dort, aus dem
Du oft mit mir geplaudert, dunkel ist's
Und leer und spiegelt nur der Sterne Licht.
Wo bist du, daß ich deiner Stimme Klang
Nicht mehr vernehme, so wie ehemals,
Als jeder ferne Ton von deinen Lippen,
Drang er zu mir, das Antlitz mir entfärbte?
Vorüber ist's. Vorbei sind deine Tage,
Geliebtes Herz. Du bist entwichen. Andre
Sind für die Erd heut ausersehen, sind
Bestimmt, in dieser Hügel Duft zu wohnen.
Wie rasch gingst du dahin! Es war dein Tag
Dem Traume gleich, ja und dem Tanz. Denn Freude
Strahlt an der Stirn dir, und im Auge strahlt
Der holde Selbstbetrug, der Jugend Leuchte,
Bis sie das Schicksal löschte, und du hinsankst.
Nerina, mir im Herzen wohnet noch
Die gleiche Liebe. Geh ich wohl einmal
Zu Fest und Lustbarkeit, sprech' ich zu mir:
Du schmückst, Nerina, dich zu keinem Fest,
Zu keiner Lust, und nichts bewegt dich mehr.
Und kommt der Mai, und Blütenzweig und Lieder
Haben die Liebenden für ihre Mädchen,
Sag ich: für dich, Nerina, wird der Frühling
Und wird die Liebe niemals wiederkehren.
Bei jedem Sonnenglanz, der mir begegnet,
Bei jedem Blütenhang, ja jeder Freude

Sprech ich: »Nerina freuet sich nicht mehr,
Sieht Flur nicht mehr noch Himmel. Du vergingst,
Mein ewiger Seufzer, gingst dahin. Mich wird
Von jedem Traum, von jedem zarten Fühlen,
Vom Bitter-Süßen, das mein Herz bewegte,
Die schmerzliche Erinnerung begleiten.

Scherz

Als ich, ein Knabe, kaum,
Wollt' bei den Musen in die Lehre gehn,
Da nahm mich ihrer eine bei der Hand
Von früh bis spät. Sie wies
Mir dies und das und ließ
Die ganze Werkstatt sehn.
Es galt, genau zu merken,
Womit die Künstler werken:
Wie Stück für Stück verschieden,
Wann eins, wann's andre taugt,
Wie man's zu Prosa braucht
Und wie zum Verseschmieden.
Ich gab wohl acht und fragte:
»Muse – die Feile?« Und die Göttin sagte:
»Ist längst dahin, bei uns geht's ohne Feile.« –
»Und habt ihr keine Sorgen«,
Sprach ich, »wie ihr das arme Ding erneut?«
Sie drauf: »Wir sollten wohl, doch fehlt's an Zeit.«

Nächtlicher Gesang eines Nomadenhirten in Asien[28]

Was tust du, Mond, am Himmel? Sag mir's an!
Erhebst dich, stiller Mond,
Und wandelst deine Bahn,
Blickst auf dies stumme Land und gehst zur Ruhe.
Bist immer noch erpicht,
Den nie vergehenden Pfaden zu vertraun?
Ermüdet dich's, verdrießt es dich denn nicht,
Auf dies Gefild zu schaun?
Wie ähnlich ist dein Wandel
Dem armen Hirtenleben!

Ihr weckt des Frührots Weben,
Er treibt die Herd hinaus und um sich sieht er
Nur Tiere, Quell und Steppe;
Legt sich zur Ruhe mit dem Abendschimmer
Und andres hofft er nimmer.
Zu was taugt diese Weise
Uns Hirten? Sag' mir's, Mond!
Was euch die eure? Ja, und wohin zielen
Mein kurzes Erdenwallen
Und eure ewige Reise?

Dem Greise gleich, der wankend,
Halb nur bekleidet, barfuß,
Die Schultern mit der schwersten Last beladen,
Im Tal, auf Höhenpfaden,
Durch Spitzgestein und Sandgebirg und Dornen,
In Sturm und Wettern, ob ihn Frost bedrängt,
Ob ihn der Tag verbrennt,
Schwer atmend rennt und rennt,
Wie Strom und Sumpf auch hemmen,
Fällt, wieder steht und mehr und mehr sich schleunt,

Weiter und weiter drängt,
Blutig, zerfetzt, bis er zuletzt, das ihm
Vom Schicksal zugemessen,
Das Ende aller Bitternis erreicht,
Den tiefen Schreckensabgrund,
In den er stürzt, und nichts bleibt als Vergessen:
O keuscher Mond, solch' Leben
Ward uns als Los gegeben.

Geboren wird der Mensch
Zum Leid, und schon die erste Lebensstunde
Bringt eine bittre Kunde
Von Pein und Qual. Und hat er dann begonnen,
Müssen die Eltern gleich
Ihn trösten, daß er zu den ihren zählt;
Und kommt nun Tag zu Tagen,
Ihn halten, tragen und ihn immerfort
Mit Tun und Wort bewegen
Zu freundlichem Vergleich,
Und müssen Trost ihm spenden ob der Welt;
Denn Gütigeres wählt
Kein Elternherz zu seiner Kinder Segen.

Doch welches Zieles wegen
Schenkt und erhält man Leben,
Wenn, um zu leben, man des Trosts bedarf?
Ist Dasein Ungemach,
Warum gehn wir ihm nach?
O reiner Mond, so ist
Das Bild der Erdenfrist.
Doch wenig kümmert dich
Gewiß mein Wort, weil du nicht sterblich bist.

Und doch, einsamer, ewiger Wanderer,
Nachdenklicher, du weißt von uns vielleicht

Und unsern Lebensgründen,
Von Leid und Trauer, ja, vom ganzen Sein;
Du weißt, was unser Sterben meint, dies letzte
Entfärben des Gesichts,
Der Erde fern sein und sich nicht mehr finden
Zu hold vertrautem, liebendem Verein.
Dir ward gewiß gezeigt
Der Grund von allem, weißt, warum der Morgen,
Warum der Abend glüht,
Und stumm, ohn Ende, geht und geht die Zeit;
Du weißt, ja du, was so den Lenz zum Lieben
Bringt, daß er lachend blüht,
Wem Sommer brennt, und ob des Eises Waffen
Dem Winter Lust verschaffen.
Denn vieles weißt du, vieles ist dir nah,
Das eines Hirten Einfalt fern geblieben.
Oft, wenn ich dich betrachte,
Dein lautlos Schweben überm weiten Plan,
Der in der Ferne an den Himmel stößt,
Oder du gehst gemach,
Gemach der Erde nach auf deiner Bahn;
Und seh die Sterne in der hohen Nacht,
Denk' ich und frage mich:
Wozu die viele Pracht?
Was meint der Blick ins Grenzenlose, was
Die klare Tiefe des Unendlichen,
Was das allmächtige Schweigen, und ich, wer bin ich?
Und weiter red ich so: der prahlenden,
Der nie gemessnen Räume
Und aller Atmenden, die keiner zählt,
Und alles Trachtens, alles blinden Schaffens,
So rastlos hier wie auf der Himmelsflur,
Und das doch immer nur
Dorthin zurückkehrt, wo es ausgegangen,
Kann ich nicht Zweck noch Ziel

Erraten. Doch du kennst sie, weil sich dir,
Dem Keuschen, Ewigen, nichts verbergen will.
Mir hat sich dies gezeigt,
Daß von den ewigen Kreisen,
Von meiner Zeitlichkeit
Gewinn und Lust vielleicht
Ein andrer hat; mir bringt die Welt nur Leid.

Du rastest, meine Herde, da du nichts
Von deiner Dumpfheit weißt, scheinst du beglückt.
O wie ich dich beneide!
Und darum nicht allein,
Weil dich kein Schmerz bedrückt,
Weil jede Not und Pein,
Ja, jede Todesfurcht dich gleich verläßt;
Nein, mehr noch, weil kein Überdruß dich kränkt.
Liegst du im Grünen, unterm Schattendach,
Atmet nichts als Behagen
Und Ruh dein ganzes Sein;
Kennst keinen Ekel, wie auch deine Tage
Sich ähnlich sind. Sitz ich im kühlen Hain,
Dringt Unmut auf mich ein
Und raubt, mich peinigend, mir die beste Zeit.
Ob ich gleich raste, waren nie so weit,
So fern mir Ruh und Frieden;
Und doch begehr' ich nichts
Und hab' bis heut auch keinen Grund zum Klagen.
Ich könnte dir nicht sagen,
Was dich erfreut; doch glücklich weiß ich dich.
Mir ist kaum Lust beschieden;
Doch dies, ihr Trauten, plagt mich nicht allein.
Hättst du des Sprechens Gabe, fragte ich:
Wie kommt es, daß dem Tier,
Wenn es behaglich rastet,

Die Muße Segen bringt,
Indes beim Ruh'n mich Unlust gleich bezwingt?

Vielleicht, könnt' ich beschwingt
Ziehn über dem Gewölk,
Hätt Stern an Stern vor meinem Angesicht,
Könnt mit den Wettern ziehn von Berg zu Berg,
Daß ich beglückter wäre, liebe Herde,
Beglückter wäre, keusches Mondenlicht.
Oder mein Geist irrt ganz,
Sieht er des andern Los umstrahlt von Glanz;
Ob Pfuhl, ob dichter Hag,
Wo auch das Leben anbricht, anders nicht
Als voller Dunkel ist der Erdentag.

Die Ruhe nach dem Gewitter

Vorüber das Gewitter!
Die Vögel zwitschern wieder; auch die Henne
Sucht die vertraute Straße
Und gackert ihren Vers. Wie jetzt im Westen
Die Bläue durchbricht an der Berge Wand!
Es lichtet sich das Land,
Und hell im Tale schimmert schon der Fluß.
Es weiten sich die Herzen, allerwegen
Beginnt sich's zu bewegen,
Will jeder Arm sich regen.
Der Meister steht, das Werkzeug in der Hand,
Trällernd im Tor, der Feuchte
Des Himmels zugewendet.
Flink läuft ein Mädchen, Wasser will sie holen,
Das Regen ihr gespendet.
Der Grünzeughändler sendet
Weg hin, Weg her sein Lied,
Wie's Tag für Tag geschieht.
Und sieh nun auf den Höhn der Sonne Gold
Und auf den Weilern! Das Gesinde öffnet
Die Fenster, öffnet Lauben und Altan.
Hör, wie vom Hauptweg fern Schellengeläut
Erklingt! Die Reisekutsche kreischt. Dann rollt
Sie weiter auf der vorgeschriebnen Bahn.

Die Herzen werden weit.
War je so hold, so schön
Das Leben anzusehn?
Mit solcher Emsigkeit
Will sich der Mensch sonst nicht der Arbeit schenken,
Gewohntes tun und neues Werk bedenken;
Wenig kümmert ihn jetzt sein Ungemach.
Lust ist ein Kind der Pein;

O leere Lust, nur Folge
Verflogner Angst! Der eben noch dem Leben
Geflucht, mit einem Mal
Entsetzt er sich vorm Tod.
Wie lang, wie bang die Qual!
Wie kalt und stumm und fahl
Die Menschen, die erregt um Atem ringen,
Sind wieder sie vereint
Blitz, Sturm und Schloßenfall!

Natur, dich nenn ich Freund!
So viel hast du bereitet
An Gaben und Genüssen,
Daß einer winzigen Not entronnen sein,
Uns Seligkeit bedeutet.
Du streust das Leid mit offener Hand, und Weh
Steht willig auf. Lust, wenn sie ja einmal
– O welch ein Wunder! – einer Qual entwächst,
Dünkt uns ein Hochgewinn. O Menschenherz,
Wie lieben dich die Götter! Glücklich schon,
Wenn dir als Leidenslohn
Vergönnt wird aufzuatmen;
Selig, befreit dich Tod von jedem Schmerz.

Samstag im Dorf

Vom Feld kehrt heim die junge Bauerndirne,
Indes die Sonne sinkt,
Mit ihrem Bündel Gras. Wie in der Hand
Der Strauß von Rosen und von Veilchen winkt!
Er ist's, der morgen blinkt
An Busen, Haar und Kleid,
Wenn sie, wie allezeit, zum Fest sich schmückt.
Die Alte sitzt gebückt,
Spinnend, mit Nachbarinnen auf der Schwelle
Und blickt ins Weite, wo der Tag hinabgeht.
Und sie erzählt von ihrer guten Zeit,
Als sie zum Feiertage noch sich schmückte,
Die Schlanke noch und Schnelle,
Wie abends sie getanzt mit dem und diesem,
Der ihren schönen Jahren war Geselle.
Nun ist der Glanz verglommen,
Tiefblau der Äther; doch jetzt schattet's wieder
Auf Hügeln und auf Dächern,
Weil hellen Lichts der junge Mond gekommen.
Der Glocke Ton verkündet
Den nahen Feiertag;
Und dieses Läutens, meinst du,
Getröste sich dein Herz.
Mit frohem Lärmen füllen
Den kleinen Platz die Kinder;
Ein Springen ist's, ein Spielen,
Ein ganzer Jubelchor.
Indes kehrt heim an seinen schmalen Tisch
Pfeifend der Bauersmann;
Verführerisch winkt ihm der Ruhetag.

Und wenn sich sonst das Licht der Nacht ergeben,
Und nirgend sonst ist Leben,

Hörst du den Hammer klopfen, hörst die Säge
Der Schreiners, der in seiner
Verschlossnen Werkstatt bei der Lampe wacht
Und müht sich und beeilt sich,
Sein Werk zu enden, eh das Frührot aufgeht.

Dies ist der sieben Tage schönster Tag.
Hoffnung und Freude schwingen
Im Herzen; morgen bringen
Die Stunden Trübsal und Verdruß. Das Denken
Geht wieder den gewohnten Plagen nach.
O froher, flinker Knabe,
Die Zeit des Blühens gleicht
Dem schönsten Tage, der das Finstre bricht,
Der heiter ist und licht;
Ihr folgt das Fest des Lebens[29], das sie beugt.
Freu dich, mein Kind! Und mög' die Freude währen!
Jetzt ist's wie Traumes Wonnen.
Lang zaudere dein Fest; und hat's begonnen,
– Mehr sag' ich nicht – mög es dich nie beschweren!

Das allmächtige Inbild

Du, die im Höchsten thront
Und mir auch macht- und huldvoll innewohnt,
O Himmelsgabe, furchtbar
Und gut, den dunkelsten
Tagen tröstlich vereint,
O Inbild, das so oft vor mir erscheint!

Wer redet nicht von deinem
Verborgnen Wirken? Und wer wüßte nicht,
Wie du bezwingst! Und doch,
Wenn eignes Fühlen spricht
Und heißt die Zung von deinem Lobe klingen,
Hörst du dich selbst in neuen Tönen singen[30].

O wie ist mein Gemüt
Von allem andren frei[31],
Seit du gewollt, daß es dir Wohnung sei!
Geschwind, geschwind dem Blitze gleich zerfiel
Das Trachten und das Sinnen,
Das sonst in mir gewohnt. Gleichwie ein Turm
In großer Weite steht,
So stehst du einsam, riesig, mitten innen.

Dünkt mich denn alles Erdentun, betracht
Ich dich, noch ein Gewinn,
Und alles Leben? Jeder Zeitvertreib
Will Unlust mir bereiten,
Noch mehr die Muße, wenn
Um leere Lust sich leere Wünsche mühn,
Vergleich ich's deinen Freuden,
Himmlischen Freuden, die mich jetzt durchglühn[32].

Wie von des Apennins
Grausamen Felsenhängen
Zu fernen, lichten, lachenden Gefilden
Die müden Blicke sich des Wanderers drängen,
So von der Welt Getriebe,
Dem harten, kalten kehr ich voller Sehnen
Gleichwie in helle Aun zu dir zurück;
Und wo du atmest, atmet auch mein Glück.
Kaum scheint mir's wahr, daß ich
Des Lebens Unbill und die fade Welt
Seit langem Tag nach Tagen
Ganz ohne dich ertragen;
Kaum kann ich's fassen, seh ich,
Wie andere mit Bangen
Nach anderem, das du nicht bist, verlangen.
Seit ich zum erstenmal,
Wie sehr das Leben Qual ist, durchgekostet,
Hat Todesfurcht mein Herz nicht mehr gekannt.
Heut dünkt mich Spiel und Tand
Die letzte Bitternis,
Ob Unverstand sie auch bald hoch erhebt,
Bald vor ihr schrickt und bebt.
Ich stehe lächelnd, will Gefahr sich regen,
Und trete ihrem Drohen fest entgegen.

Allzeit hab ich die Feigen,
Unedlen und den Schalk
Verachtet. Jetzt reizt jedes schnöde Tun
Mich bis zur Übelkeit;
Und wo ich Niedrigkeit
Erblicke, steht sogleich mein Zorn bereit.
Der Zeit, die groß einhergeht,
Die sich von leeren Wahngebilden nährt,
Dem Edlen feind ist, sich mit Schwatz betört,
Blöd nur auf Nutzen sinnt,

Nicht sieht, daß eben darum
Leben nur immer nutzloser verrinnt,
Fühl ich mich überlegen.
Hohn allem Menschenwitz; und mit dem Pöbel,
Der abhold allem Schönen
Und dich darum verachtet, kein Versöhnen!

Die Kraft, aus der du kommst,
Kann Kraft erlauchter sein?
Ja, wohnt ein wahres Fühlen
Als einzig deines unserem Herzen ein?
Habsucht und Hochmut, Hassen und Sich-Brüsten,
Nach Ruhm und Macht gelüsten,
Sind andres nicht als Triebe,
Mit dir verglichen. Nur ein einzig Fühlen
Lebt wahrhaft: Dieses eine
Hat, der ob allem wacht,
Zu unsres Herzens hohem Herrn gemacht.

Es wird kein Preis, es wird kein Sinn dem Leben,
Wenn nicht durch dich, durch dich, die alles ist[33].
Nur du entlastest das
Geschick, das so viel Leid,
Und gibt nichts andres unserer Erdenfrist;
Durch dich nur scheint bisweilen,
Nicht Feigen, Feilen, aber dem, der rein,
Das Leben freundlicher als Tod zu sein.
Um deiner Freuden willen, holdes Bild,
Die viele Menschenqual
In diesem Erdental
Jahrlang bestehen, war des Lebens wert;
Und wieder kehrt' ich um,
Bin ich ein Kundiger gleich in allem Weh,
Die Bahn in deinem Zeichen zu erneun.
Denn ob auch Sand und Vipernbisse dräun,

Nie kam ich bis zur Stund
Durch diese Menschenwüste
So matt zu dir, daß, solch ein Gut zu haben,
Mich mehr nicht dünkt als alle Leidensgaben[34].

O welche Welt, welch neue
Unendlichkeit! Und welch ein Gottesgarten
Ist's, wo mir nun so mächtige Zauber tönen;
Und wo an eine Zeit,
Die anders mißt, die Tage sich gewöhnen,
Der Erdenstand und alles
Wahre anheimfällt der Vergessenheit!
So, mein ich, sind die Träume
Unsterblicher. Du, holdes Inbild, bist
Ein Traum, der oft die Wahrheit überhaucht;
Wahrlich, du bist erlaucht,
Ein Traum, ein mächt'ger Wahn, ein göttlich Wesen
Inmitten andrer Schemen,
Die leichter flügeln, von so starkem Leben,
Daß Wirklichem du gleichst,
Nicht weichst, bis wir dem Tode preisgegeben.

Gewiß wirst du, mein Inbild, du allein,
Glanz meiner Erdenfrist,
Geliebter Grund von ungemessnem Leid,
Dereinst mit mir zugleich erloschen sein;
Ein helles Zeichen gibt's der Seele ein,
Daß du mir alle Zeit zum Herrn gegeben bist.
Die andern Truggebilde
Hat mir der Wahrheit Blick
Vernichtet. Wenn ich komme, *sie* zu sehn[33],
Die mein Verlangen ist,
Von der, mit dir zu reden, mich erhält,
Blüht herrlicher mein Glück,
Blüht herrlicher mein Wahn, der einzig Licht

Mir heißt. O Himmlische,
Wohin ich schau, das lieblichste Gesicht
Dünkt mich ein Schattenbild,
Ein Abglanz deines Glanzes; Urquell du
Von allem, das sonst schön,
Scheinst du allein als Schönheit zu bestehn.

Ja, seit ich dich gesehn,
Fand meines Herzens Trachten sonst ein Ziel?
Von allen Stunden, die der Tag geschenkt,
Wann dacht ich deiner nicht? Wann in den Nächten
Fehlt je dein hohes Bild?
Was kann ich Größres, Engelsangesicht,
Vergleichbar nur dem Traum,
Im schmalen Erdenraum
Und auf den Bahnen, die das All durchfahren,
Erhoffen und erfahren,
Als daß mein Blick mit deinem Blick sich füllt;
Was Holdres, als dein Bildnis zu bewahren?

Liebe und Tod

In jungen Tagen stirbt, wer Göttern lieb ist.
Menander

Zwillingsgeschwister sind nach dem Gebot
Des Schicksals Lieb und Tod,
Und Schöneres nicht erlernen
Die Erde hier und alle Himmelsfernen.
Sie ist ein Quell des Segens,
Der Quell der größten Freuden,
Die in dem weiten Meer des Seins sich finden;
Er schwichtigt alle Leiden,
Macht alle Pein gelind,
Ein wundersames Kind,
Hold, und nicht wie die Trägen
Ihn immer vor sich sehen und die Feigen;
Liebt's ja, an Amors Seiten,
Des Kindes, sich zu zeigen.
Sie beide wachen über unsern Wegen
Und sind's, die unsern Herzen Trost bereiten.
Kein weiseres Herz als das
Die Lieb erschüttert; keins blickt so gelassen
Auf dieses Lebens Trübsal,
Keins war je so bereit,
Für eine andre Macht sich zu gefährden.
Wo du die Hände reichst,
Liebe, wird Mut geboren
Oder erwacht aufs neue; und der Mensch
Will nicht nur leerem Denken sich ergeben,
Auch kühn in Taten leben.

Wenn Lieb mit leisen Tönen
Beginnt, den festen Grund
Des Herzens zu erweichen,

Will dennoch zehrend durch die Brust hinschleichen
Zugleich ein Todessehnen.
Weiß nicht, warum; doch ist's
Der echten, mächt'gen Liebe erstes Zeichen.
Die Erdenwüste kündet
Vielleicht Entsetzen, und der Liebende
Meint, keine Stätte sei sie mehr für ihn,
Säh er sich erst des neuen,
Einzigen, ungemessnen
Glückes beraubt, das all sein Denken bindet.
Es spürt sein Herz, daß schwere Stürme dräuen,
Fleht drum um Ruhe, um Geborgenheit
Des Hafens vor dem Wüten
Der wilden Wünsche. Doch
Schon grollt's, und alle Helligkeit erblindet.

Und wenn die Macht der Nacht
Alles verschlingt, und nur
Des Herzens Angst in Blitzen sich entzündet,
Wie oft mit heißen Tränen,
Wie oft, o Tod, ruft dann
Der Liebende zu dir in seinen Qualen!
Abends zu wieviel Malen
Und früh legt er den müden Körper hin,
Und nimmermehr ihn aufzuheben brauchen,
Wie dünkt es ihm Gewinn,
Nie mehr die Rückkehr zum verhaßten Tage!
Und manchmal, wenn die Sterbeglocken jammern,
Und den Verblichnen Klage
Zur Stätte ewigen Vergessens leitet,
Wie viele glühende Seufzer
Schickt er aus seiner tiefsten Brust dem nach,
Der zu der Toten Wohnung fortgegangen?
Das Volk, das keiner achtet,
Der Bauer, dem die Früchte

Fremd sind, zu denen Wissende gelangen,
Das Edelfräulein, scheu und so voll Bangen,
Daß sich sein Haar empört,
Wenn es vom Tod nur hört,
Wagen zur Gruft und zu den Grabeskränzen
Den festen und entschlossnen Blick zu lenken,
An Stahl und Gift zu denken;
Und selbst, wer ungelehrt,
Der arme Geist, erfährt
Des Trostes Strahlen, die den Tod umglänzen.
So will der Liebe Pein
In ihm beschwichtigt sein. Ja, oftmals zehrt
Das innre Toben solcherart am Leben,
Daß, dies zu tragen, Menschenkraft nicht reicht,
Der schwache Körper weicht
Dem Schreckenssturm, und an der Liebe Statt
Wird nun der Sieg dem Zwillingsbruder leicht.
Es wütet Amor so im Herzen, daß
Der plumpe Bauer und das zarte Fräulein
Die Hand nicht mehr bezwingen
Und nur das *eine* denken:
Wie sie den jungen Leib dem Staub vermählen.
Wer lächelt, nun, dem mag
Schicksal getrost des Alters Ruhe schenken.

Doch da, wo Herzen brennen,
Glücklich, erlaucht und kühn,
Ihnen mög von den huldreichen Geschwistern
Eines der Himmel gönnen.
Wie weit das Leben reicht,
Ist Macht nicht, die sich ihrer Macht vergleicht
Im ungemessnen All; ihre Gewalt
Wird nur von der des Schicksals überstrahlt.

Und du, den ich seit meinem ersten Blühn
Huldigend angefleht,
O schöner Tod, du einz'ger,
Der sich erbarmet unsrer Erdenmühn:
Wenn ich dich je gepriesen
Und ließ, dich mit des Undanks schnödem Höhnen,
Gottgleicher[35], zu versöhnen,
Mich keine Stund verdrießen,
Säum nicht und sei bereit
Für ungewohnte Bitten;
Woll vor dem Tag verschließen
Dies müde Aug, Herr der Vergänglichkeit!
Mich findest, wenn du sagst, es sei die Stunde,
Daß du den Fittich meinem Wunsch entfaltest,
Mit stolzem Haupt, aufrecht,
Nicht als des Schicksals Knecht;
Geißelnde Hand, die rot ist von der Wunde,
Von meiner Unschuld Blut,
In keinem Preislied feiernd,
Nicht benedeiend, wie's
Von altersher die feige Menschheit tut;
Die eitlen Hoffnungen, mit denen sich
Kindsgleich die Welt getröstet,
Und albernes Sich-Täuschen
Weit von mir weisend, heut wie jeder Zeit,
Auf einen hoffend, dich;
Still harrend, ungebeugt
Bis mein erkaltend Angesicht im keuschen,
In deinem Schoße schweigt.

An sich selbst

Nun bist du, müdes Herz,
Für immer still. Es wich der letzte Traum,
Den ich doch ewig glaubte. Er entwich.
Ich fühl's, daß nicht nur Hoffen,
Der Wunsch selbst nach dem holden Wahn verblich.
Sei still für immer! Hast
Genug geklopft. Kein Ding belohnt dein Schlagen,
Und keinen Seufzer ist die Erde wert.
Leben ist Pein und Unlust,
Nichts andres; nichts als Unflat ist die Welt.
Getrost! Ein einzig Mal
Verzweifle noch! *Eins* gönnt' uns das Geschick:
Den Tod. Für klein nimm dich und die Natur,
Und sie[36], die keinen schont,
Die Macht, die heimlich herrscht zu aller Qual,
Und alles Nichtige, das in allem wohnt!

Monduntergang

Wie in der Nächte Schweigen,
Im Silberglanz der Fluren und Gewässer,
Wo Westwind leise flügelt,
Nichts ist gefügt, gefaltet,
Trug ist nur, ungestaltet,
Denn auf verschlafnen Wogen
Hinschwebt der Schatten Spiel
Zu Halmen und Gesträuch, zu Dorf und Bühl,
Bis an des Himmels Rand,
Hinterm Gebirg, und wo sich Meeresbreiten
Ins Ungemessne weiten,
Der Mond hinabgeht, und die Welt wird dunkel;
Wie dann die Schatten schwinden,
Und Höhn und Tiefen nun mit eins erblinden,
Verwaist steht rings die Nacht,
Und langen, schweren Tones hallt das Lied
Des Kärrners, der das Licht, das ihn begleitet,
Eh es verblaßt und scheidet,
Grüßt, wie er einsam seine Straße zieht.

Also geht auch dahin
Des Lebens Hochgewinn,
Die Jugend. Es entfliehn
Schemen und Truggesicht
Lieblicher Träume, es verschwebt der Hoffnung
Ach, allzu fernes Licht,
Und das uns dennoch einzig Halt gewährt.
Verlassen, ausgeleert
Bleibt nun das Leben, und wie er's betrachtet,
Sucht der verwirrte Wanderer vergebens
Des langen Weges, der noch vor ihm ist,
Nutzen und Ziel; sieht nur,

Daß ihm die Erdenflur,
Und fremd er selbst ward dem Gefild des Lebens.

Den Mächten droben schiene
Zu heiter und beglückt
Das arme Erdendasein, währte Jugend,
Wo *eine* Wonne tausend Schmerzen aufwiegt,
So lange wie des Lebens voller Lauf.
Zu mild wär ein Gesetz,
Das jeden Atmenden ins Sterben schickt,
Gäb's ihm vorm End der Fahrt
Kein Weh von solcher Art,
Das bittrer ist als selbst der grause Tod.
Wahrlich ein würdiger Fund
Göttlichen Witzes, daß
Die Ewigen als ärgstes aller Übel
Das Alter sich erdachten,
Wo heiß der Wunsch und Hoffnung schon erloschen,
Der Quell der Lust versiegt, indes das Leid
Nur wächst, und nie der Segen sich erneut.

Ihr, Hügel am Gestade,
Wenn auch der Glanz verblaßte, der im Westen
Den Saum der Nacht in zartes Silber taucht,
Bleibt darum doch nicht lange
Verwaist; ihr seht die andern Himmelszonen
Alsbald schon überhaucht
Von neuer Dämmerung, seht das Frührot aufgehn.
Und dieses ist der Sonne Wegbereiter,
Die aus dem Glutenball Flamme nach Flamme schießt
Und Ströme Lichts ergießt,
Die Himmelsflur samt euch zu überfluten.
Allein das Erdendasein, ist einmal
Die schöne Jugend hin, erblühet nicht

In neuer Tage, neuer Frühe Licht.
Kein Trost! Über die andren Jahre haben
Die Götter Nacht verhängt
Und ihr als einziges Ziel das Grab geschenkt.

Der Ginster
oder Die Blume der Wildnis

Und die Menschen liebten die Finsternis mehr als das Licht.
Johannes III, 19

Hier an des Berges Flanke,
Den dürren Halden des Vesuvs,
Des grimmigen Zerstörers,
Wo Baum und Blume sonst nicht froh gedeiht,
Legst du weithin der stillen Zweige Teppich,
Duftender Ginster, aus;
Denn auch die wüste Stätte schreckt dich nicht.
Durch dich sah ich das karge Land verschönt,
Das vor der Stadt sich dehnt[37],
Die ehemals die Herrin war der Menschen;
Es trauert und es schweigt,
Indes sein Anblick allen Wandernden
Mahnend des Reichs verblichnen Glanz bezeugt.
Jetzt seh ich hier dich wieder, denn du liebst
Trostlose, weltverlassene Gefilde,
Und gern gesellst du allzeit dich dem Leid.
Auf dieser Flur, gedüngt
Mit unfruchtbarer Asche und bedeckt
Mit längst versteinten Laven,
Die unterm Schritt des Wandrers widerhallen,
Wo Schlangen heimisch sind und in der Glut
Sich ringeln, wo der Hase
Den Weg sucht zum vertrauten Höhlenlager,
Leuchteten lichte Häuser,
Und blonde Ähren rauschten auf den Äckern;
Hier war Gebrüll von Herden;
Hier dienten des Reichen
Muße: Palast und Gärten;
Und Städte waren hier, die jeder nannte.

Da aus dem Schlunde spie der stolze Berg
Gießbäche Feuers und vernichtet sie
Und alles Lebende, das sie beherbergt.
Jetzt ist's ein einzig Grab,
Wo, stille Blüte, du dich angesiedelt,
Und gleich als wolltst du andrer Trübsal lindern,
Die Lüfte tränkst mit süßem Wohlgeruch,
Das Ödgefild zu trösten! Hierher komme,
Wer Menschenlos zu preisen sich vermißt,
Und seh sich das Bemühen an, mit dem
Die liebende Natur
Uns segnet. Dann begreift er wohl die Macht,
Mißt er mit rechter Schnur,
Die diesem armen Menschenvolk gehört,
Da sie, die grausame, die uns ernährt,
Nur leicht die Hand rührt, uns in einem Nu
Vielfach zu Fall zu bringen,
Und da's gewiß nicht größrer Kraft bedarf,
Das Ganze zu vernichten.
Hier steht es, seht doch, seht,
Mit Lettern hell und scharf,
Wie's immer herrlich mit uns aufwärts geht!

Hier schau, hier spiegle dich,
Vermeßne, blöde Zeit!
Du hast den Weg verlassen[38],
Den uns das Denken, seit es neu erwacht,
Gewiesen, hast das Rad zurückgedreht
Und rühmst dich noch der Nacht
Und nennst das Dunkel Fortschritt.
Es schmeicheln deiner Narrheit alle Geister,
Die Mißgeschick zu deinen Kindern machte;
Doch kennen sie den Brauch,
Heimlich zu spotten, auch[39].
Mich wird man so nicht finden,

Auch nicht am Tag, da mich der Tod entläßt;
Verachtung, die so oft die Brust mir preßt,
Soll eher mich entbinden
Zu lautem, offnen Hohn, ob ich gleich weiß:
Von dem wird keiner künden,
Der allzu sehr der eignen Zeit mißfiel.
Und wiedrum lach ich, denn
Vergessenheit ist dein Geschick wie meines[40].
Freiheit erträumst du und zugleich aufs neue
Verknechtest du die Klarheit,
Die einzig uns zum Teil[41]
Der Nacht entrissen hat, durch die allein
Das Blühen zunimmt, die allein das Ganze
Zum Heile führen kann.
So kränkte dich die Wahrheit
Von unsrer Nichtigkeit und Kleinheit, die
Natur für uns bestimmt[42]. Drum wandtest du
Ängstlich vom Licht dich ab, das dies begriff;
Und fliehend schiltst du feig den, der ihm folgt
Und edel einzig ihn –
Höhnt er sich selber, höhnt er
Die andern? Ist er tückisch oder blöd? –
Der über die Gestirne uns erhöht[43].

Ein Mann aus niedrem Stand und schwachen Leibes,
Der adligen Gemüts und stolz ist, nimmt
Für mächtig nicht noch groß sich,
Will auch sein Lob nicht hören.
Er setzt sich auf kein herrliches Gestühl
Und spielt kein Gaukelspiel
Von falscher Pracht und Hoheit;
Nein, ohne Scheu bekennt er, daß er arm
An Kraft und Schätzen ist, und kündet's gern.
Was er auch von sich redet,
Steht in der Wahrheit Licht.

Den heiß ich edel nicht,
Nein, einen Narren, der,
Dem Tod geweiht, von Not genährt, laut prahlt,
Er sei zur Lust geschaffen[44].
Und wenn er schreibt, so stinkt's
Nach Dünkel. Ein erlesnes Schicksal, ja
Ein nie gekränktes Glück, wie's nicht der Erdkreis
Und nicht einmal der Himmel kennt, verheißt er
Den Völkern, die *ein* Wogen
Bebenden Meers, *ein* Wehen
Giftiger Luft, *ein* unterirdisch Grollen
So trifft und *so* zerschlägt,
Daß kaum ein Hauch sich des Erinnerns regt.
Adlig ist einer, der
Den Blick aufs Los, dem keiner
Entgeht, zu richten, nicht
Zu feig ist; nichts vom Wahren streichend, frei
Zum Unheil sich bekennt,
Das unser Teil, zu allem Nichtigen,
Allem Hinfälligen;
Der streng und stark sich zeigt
Im Leid; durch Bruderhaß und Brudergrimm,
Die ärger sind als jedes
Sonst Drohende, die Pein
Nicht noch vermehrt und wider allen Grund
Den Menschen anklagt[45], statt *sie*[46] zu befehden,
Die einzig Schuldige, die uns das Licht gab,
Doch ihrem Tun nach keine Mutter ist.
Sie heißt er Feindin, und er hält dafür,
Die Menschheit sei ein Bund[47]
Der Abwehr gegen sie, wie's von Beginn
Her unsres Dasein Sinn.
So meint er denn, die Menschen seien Brüder,
Und pflegt die echte Liebe,
Die willig ist und stark,

Und da wir Seit an Seite streiten, und
Gefahr und Not bald hier, bald dort sind, selbst
Beistand erwartet. Aber daß der Nächste
Wider den Nächsten sich erhebt, ihm Fallen
und Garn legt wie dem Wild,
Dünkt ihn so blöd, als wollt man im Gefild,
Das längst umstellt vom Gegner ist, wenn schon
Die Angriffsstürme toben,
Des Feinds nicht achten, einen Kampf
Von Freund zu Freund entfachen,
Mit blutigem Gemetzel, Stoß und Flucht
Das eigne Feld verheeren.
Vielleicht, wenn solche Lehren
Wie ehemals im Volke mächtig werden,
Der alte Abscheu vor
Der ruchlosen Natur
Uns wiederum an starke Ketten bindet,
Vielleicht, daß wahre Einsicht
Ein wenig dann auch Ehrbarkeit und Sitte
Und lautren Lebenswandel
Erneut; Gerechtigkeit und Mitgefühl
Auf stärkeren Sohlen ruhn als hohle Fabeln;
Und dann mag auch der Menge Redlichkeit
Festeres Erdreich finden
Und nicht wie jetzt allein im Irrtum gründen[48].

Oft sitze ich bei Nacht
In dieser Wüste, die
Die steingewordne, braune Flut bedeckt,
Und sie scheint noch zu schwanken; und dann seh ich
Im reinsten Blau, seh über
Dem, was so trostlos ist, die Sterne flammen,
Und seh im weiten Meer
Ihr Bild, und Funken über Funken brennen
In wolkenloser Runde über mir[49].

Blick ich hinauf zu all der Lichter Blinken,
Die kaum ein Punkt mich dünken
Und sind so groß doch, daß
Vergleich ich ihnen Erd und Meere, diese
Wirklich sind, was sie scheinen,
Daher sie denn den Menschen
Nicht kennen noch den Erdball,
Der wiedrum uns nicht kennt; und schau ich dann
Die übers Fernste noch hinausgerückten
Gewölke von Gestirnen[50],
Die uns wie Nebel ansehn, und für die
Der Mensch, sein Stern und seine Himmelslichter,
Die keiner zählen, keiner messen kann,
Mitsamt der goldnen Sonne nichts sind, gar nichts;
Oder wir sind für sie so winzig wie
Sie selbst für uns, ein Etwas
Aus trübem Licht: Was für ein Bild von dir
Steht, armes Menschenvolk,
Dann vor mir? Und erwäge
Ich dein Geschick hinieden, wie's der Boden,
Auf dem ich geh, bezeugt, und wiedrum, daß
Du für den Herrn dich, ja
Den Sinn von allem hältst, und wie es oft
Zu fabeln dir beliebt, um deinetwillen
Seien auf dieses schmale Sandkorn, das
Sich Erde nennt, die ewigen Bildner selbst
Zu traulichem Gespräch herabgestiegen[51] –
Und daß selbst dies Jahrhundert, das an Einsicht
Und Sitte andern überlegen scheint,
Des Klugen spottet, wenn es längst verpönte
Einbildungen erneut[52]:
Welch ein Gefühl, unseliges Geschlecht,
Wird meine Brust, welch Fragen sie zerreißen?
Kann ich dem Schmerz durch Lachen mich entringen,
Oder soll Mitgefühl mein Herz bezwingen?

Gleich wie ein kleiner Apfel, den vom Zweig
Des Herbstes späte Reife
Und keine andre Macht zu Boden wirft,
Die Wunderbauten eines Volks von Emsen[53],
Die sie mit stetem Fleiß
In weichen Grund gewebt,
Samt aller Kunst und aller Habe, die
Ein langes und beharrliches Bemühn
Zur Sommerszeit vorsorglich aufgespeichert,
In einem Nu begräbt,
Zermalmt, zerstößt: so, aus des Schoßes Toben
Jäh himmelwärts geschnellt
Und jäh auch stürzend, hat
Das Graun aus Asche, Bims und Felsenstücken
Und glühnden Bächen; hat
Die ungeheure Woge
Von aufgelösten Blöcken,
Von Erz und flammendem Sand,
Die an des Berges Rücken
Durch Strauch und Steppe wütend vorgedrungen,
Dort, wo die letzten Zungen
Der See der Küste zarten Saum belecken,
Die Städte umgeworfen,
Zerfetzt und zugedeckt
In wenig Augenblicken. Und es gehn
Nun Ziegen dort, und neue
Städte stehen auf, und die verschütteten
Sind jetzt ihr Schemel, und versunkne Mauern
Tritt unter sich der stolze Berg mit Füßen.
Nicht zeigt Natur für uns
Mehr Achtung und Bemühn
Als für die Emsen; und nur darum sind
Wir minder heimgesucht,
Weil sie bei unserer Saat
Die Hand nicht wie beim Tier geöffnet hat.

Verstrichen sind nun bald
An Jahren achtzehnhundert, seit die Städte
Mit allem Leben in den Grund gerissen
Der Flamme Allgewalt;
Und immer noch, besorgt um seine Rebe,
Die kaum genährt wird von der unfruchtbaren,
Aschengedüngten Scholle,
Schaut voller Furcht der Landmann
Zum Schreckensgipfel, der nie mild geworden;
Nein, heut noch steht er furchtbar, heut noch droht er
Ihm und den Seinen und der geringen Habe
Mit Tod. Und manchmal ruht
Der Arme auf dem Dach
Der elenden Behausung, ruht wohl auch
Schlaflos die ganze Nacht im Wehn der Lüfte;
Springt auf und späht nach dem gefürchteten
Glutwall, der aus dem nie erschöpften Schoß
Über die brachen Halden
Mit solchem Leuchten sich ergießt, daß seine
Zeichen auf Capris Seen,
Auf Napel selbst und Mercellina[54] stehen.
Und merket er sein Nahn und hört er gar,
Wie, siedend schon, die Wasser gurgeln in
Der Tiefe seines Brunns im Hofe, weckt er
Die Knaben, weckt sein Weib geschwind. Sie raffen,
Was sie noch raffen können, und entfliehn.
Von ferne sieht er sein
Geliebtes Dach, das schmale Feld auch, das
Einzig vorm Hunger ihn geschützt, als Raub
Der Purpurflut, die donnernd
Sich vorschiebt und unweigerlich in Stein
Verwandelt, was sie schrecklich überwältigt.
Das Himmelslicht erblickt
Das lang vergessene, lang erloschene
Pompeji; wie Gebein,

Das Habsucht oder Frommheit
Der Erd entriß und gab's dem Tag zurück.
Vom leeren Forum blickt
Geradeaus durch die Reihen
Gebrochner Säulen und betrachtet lange
Das zweigeteilte Joch der Wanderer und
Den Rauch des Gipfels, der
Verlorne Trümmer immer noch bedräut.
Und im verborgnen Grauen der finstren Nächte,
Auf dem verlassnen Schauplatz,
Durch Tempelschemen und in Häuserschächten,
Wo Fledermäuse ihre Brut verstecken,
Läuft, Totenfackeln gleich,
Die über Grüften sich im Tanze schwingen,
Der Lava Schimmer, der vernichtenden,
Steht hell in Finsternissen,
Und rötlich überhaucht er alle Flur.
Es weiß Natur vom Menschen nichts und nichts
Von Zeiten, die er alt nennt, nicht, wie ein
Geschlecht das andre ablöst.
Ihr Blühn ist allzeit gleich, sie scheint zu stehen;
So langsam ist und lang
Ihr Weg. Daß Reiche sinken, merkt sie nicht,
Merkt nicht, daß Völker und ihr Wort vergehen.
Und dennoch spricht der Mensch: »Mein ist das Licht.«

Du, stiller Ginster, der
Mit duftenden Gesträuchen
Die trostlosen Gefilde schmückst, auch du
Wirst bald der grausamen Gewalt erliegen;
Die Feuer kehren, die im Berge brennen,
Zu Stätten, die sie kennen,
Ja gern zurück, und ihre Zungen lechzen
Dann auch nach deinem zarten Blütenwald.
Du wirst dein schuldlos Haupt den Todesstreichen

Beugen und nicht entweichen;
Hast ja bisher auch feig und töricht nicht
Gekniet vor deinem künftgen Überwinder.
Kein irrer Hochmut trug bis zu den Sternen
Dich blind empor, machtest dich selbst auch nicht
Zum Herrn; der bloße Zufall
Und nicht dein Wunsch gab dir
Zu Wieg und Wohnstatt diese Wüstenei.
Weiser als wir und stärker!
Glaubst nicht, durchs Los sei dein vergänglich Wesen,
Und glaubst auch nicht, es sei
Durch eigne Kraft zur Herrlichkeit erlesen.

DIALOGE

HERKULES Vater Atlas, Jupiter schickt mich. Ich soll dich von ihm grüßen, und wenn du von dieser Last müde bist, soll ich sie mir für einige Zeit aufladen, wie ich es vor, ich weiß nicht wievielen Jahrhunderten, getan habe. Du kannst indessen Atem schöpfen und dich ein wenig ausruhen.

ATLAS Ich danke dir, liebes Herkuleschen, und fühle mich auch der Majestät Jupiters verbunden. Aber die Welt ist so leicht geworden, daß der Mantel, den ich zum Schutz gegen den Schnee trage, mir schwerer vorkommt. Und wäre es nicht Jupiters Wille, der mich zwingt, hier zu stehen und dieses Kügelchen auf den Schultern zu tragen, ich steckte es mir einfach unter die Achsel oder in die Tasche oder heftete es an ein Barthaar und ließe es herunterbaumeln und ginge meinen Geschäften nach.

HERKULES Wie ist es denn nur möglich, daß sie so leicht geworden ist? Ich sehe wohl, daß sie ihre Gestalt verändert und daß sie die Form einer Semmel bekommen hat und daß sie nicht mehr so rund ist wie damals, als ich Weltkunde studierte, um die große, große Seefahrt mit den Argonauten[57] zu machen. Aber bei all dem begreife ich nicht, weshalb sie weniger wiegt als vorher.

ATLAS Auch ich kenne die Ursache nicht, aber der Leichtigkeit, von der ich spreche, kannst du dich sofort vergewissern, wenn du sie nur für einen Augenblick in die Hand nimmst und ihr Gewicht prüfst.

HERKULES Beim Herkules, ich würde es nie geglaubt haben, wenn ich es nicht selbst probiert hätte. Aber da gibt es ja noch eine Neuigkeit. Als ich sie zum letztenmal trug, fühlte ich im Rücken ein Klopfen wie von einem Tierherzen; auch hörte man unaufhörlich ein Summen, als wäre ein Wespennest in der Nähe. Jetzt aber gleicht sie dem Schlagen nach einer Uhr, deren Feder zerbrochen ist; und von dem Summen vernehme ich überhaupt nichts mehr.

ATLAS Dir kann ich nur sagen, daß die Welt schon sehr lange aufgehört hat sich zu bewegen und ein hörbares Geräusch von sich zu geben. Ich hegte deshalb den Verdacht, daß sie gestorben sei, und wartete jeden Tag, sie werde mich mit Gestank verpesten, überlegte mir auch, wie und an welchem Ort ich sie beisetzen solle und die Grabschrift, die ich ihr widmen müsse. Als ich dann aber sah, daß sie nicht in Fäulnis überging, kam ich zu der Überzeugung, sie habe sich aus dem Tier, das sie zuerst gewesen ist, in eine Pflanze verwandelt, wie Daphne[58] und manche andere; und das sei der Grund, weshalb sie sich nicht rege und nicht atme. Und ich fürchte immer noch, daß sie mir binnen kurzem Wurzeln durch die Schultern treiben und sich dort festsetzen wird.

HERKULES Ich glaube viel eher, daß sie schläft; und dieser Schlaf gleicht dem des Epimenides[59], der ein halbes Jahrhundert und länger dauerte. Oder es ist wie die Geschichte von Hermothimos, dessen Seele den Leib verließ, so oft er wollte, und viele Jahre draußen blieb, in verschiedenen Ländern herumspazierte und dann wiederkam, bis seine Freunde den Körper verbrannten, um diesem Treiben ein Ende zu machen. Und als nun der Geist zurückkam um einzukehren, fand er, daß sein Haus zerstört war und daß, wenn er ein Dach über sich haben wollte, er ein anderes mieten oder ins Gasthaus gehen mußte. Damit aber die Welt nicht in alle Ewigkeit schläft und nicht ein Freund oder ein Wohltäter kommt und sie anzündet, weil er glaubt, sie sei tot, laß uns auf ein Mittel denken, sie aufzuwecken.

ATLAS Schön, aber welches Mittel?

HERKULES Ich könnte ihr einen ordentlichen Schlag mit der Keule versetzen, aber am Ende zertrümmere ich sie oder ich verwandle sie in eine Waffel; oder ihre Rinde, die schon so leicht und dünn geworden ist, platzt bei dem Hieb wie eine Eierschale. Auch fürchte ich, die Menschen, die zu meiner Zeit Leib an Leib mit Löwen rangen, jetzt aber mit Flöhen, könnten infolge der Erschütterung alle auf einmal in Ohnmacht fallen[60]. Ich glaube, das beste ist, ich lege die Keule weg, und du tust den Mantel ab, und wir spielen mit der armseligen Himmelskugel Fangball. Schade, daß ich die Armhölzer und Schlagnetze nicht mitgebracht habe, die Merkur und ich benutzen, wenn wir uns in Jupiters Haus oder in seinem Garten vergnügen. Aber die Fäuste werden es auch tun.

ATLAS Gewiß, damit dein Vater, wenn er unser Spiel sieht und ihn die Lust ankommt, als Dritter einzutreten, uns mit seiner Brandfackel alle beide, Gott weiß wohin, schleudert, wie den Phaëton[61] in den Po.

HERKULES Aber ich bin nun mal nicht Phaëton, der Sohn eines Dichters, sondern sein eigener Sohn und außerdem ein solcher Kerl, daß ich mich nur ein bißchen anzustrengen brauche, um Himmel und Erde mit meiner Keule völlig zu *ent*völkern, während die Dichter bekanntlich durch den Klang ihrer Leier die Städte *be*völkert haben. Und seinen Ball würde ich mit dem Fußtritt, den ich ihm versetzte, von hier bis in die höchste Dachstube des Empyreums springen lassen. Doch tröste dich! Selbst wenn es mir in den Sinn käme, fünf oder sechs Sterne abzuschrauben und Murmel mit ihnen zu spielen, oder mit einem Kometen nach der Scheibe zu schießen wie mit einer Schleuder, indem ich ihn beim Schweif nähme, oder gar die Sonne als Diskus zu benutzen, mein Vater würde so tun als sähe er nichts. Abgesehen davon, ist es ja unsere Absicht bei diesem Spiel, der Welt Gutes zu tun, während Phaëton sich nur vor den Horen recht gewandt zeigen wollte, die ihm den Tritt hielten, als er den Wagen bestieg; und sich bei Andromeda[62] und Kalisto und anderen schönen Himmelsdamen in den Ruf eines guten Kutschers zu bringen gedachte, wie es denn heißt, daß er ihnen beim Vorüberfahren Sträußchen von Strahlen und Kügelchen von eingemachtem Licht zugeworfen habe; und sich auch vor den Himmelsgöttern aufspielen wollte während des Korsos an dem Tage, der ein Festtag war. Kurz, um den Zorn meines Vaters mach dir weiter keine Gedanken! Ich verpflichte mich, dir in jedem Falle den Schaden zu ersetzen. Leg vielmehr ohne Widerworte deinen Mantel ab und wirf den Ball!

ATLAS Ob gern oder nicht, ich werde mich deinem Wunsche fügen müssen. Denn du bist stark und gewappnet, während ich alt bin und keine Waffen habe. Aber hüte dich wenigstens, daß du sie nicht fallen läßt! Sonst bekommt sie noch mehr Beulen als sie schon hat oder sie wird gequetscht oder sie platzt auf wie damals, als Sizilien sich von Italien, und Afrika von Spanien losriß, oder es springt ein Stück von ihr ab, eine Provinz oder ein Königreich, und es entsteht ein Krieg.

HERKULES Was mich betrifft, sei ohne Sorge!

ATLAS Dir den Ball! Sieh nur, wie sie wackelt! So verdorben ist ihre Figur.

HERKULES Nur Mut und ein bißchen stärker! Deine Würfe sind zu kurz.

ATLAS Hier hilft das Schlagen nichts, da wie gewöhnlich Westwind weht, und der Ball Luft fängt, weil er zu leicht ist.

HERKULES Es ist ein alter Fehler von ihm, dem Winde nachzujagen.

ATLAS Es wäre wahrhaftig nicht übel, wenn wir ihn voll bliesen. Er tanzt nicht besser auf der Faust als eine Melone.

HERKULES Wieder ein neuer Mangel, denn früher hüpfte und sprang er wie ein Böckchen.

ATLAS Lauf geschwind! Dorthin, dorthin! Schnell, sage

ich! Bei Gott, gib acht, daß sie nicht fällt! Verflucht sei der Augenblick, an dem du gekommen bist!

HERKULES Du hast sie mir so verkehrt und so flach über dem Boden zugeworfen, daß ich nicht flink genug sein konnte, ich hätte mir denn den Hals brechen müssen. O je, du Ärmste, wie geht es dir? Tut es dir irgendwo weh? Man spürt keinen Hauch, und es regt sich gar nichts. Ein Zeichen, daß alles noch genau so fest schläft wie vorher.

ATLAS Überlaß sie mir, bei allen Hörnern des Styx, daß ich sie mir wieder auf die Schultern lade! Und du nimm deine Keule wieder, begib dich sofort in den Himmel und entschuldige mich bei Jupiter wegen dieses Unglückes, das durch dein Versehen entstanden ist.

HERKULES Das werde ich tun. Seit vielen Jahrhunderten wohnt im Hause meines Vaters ein gewisser Dichter mit Namen Horaz. Er ist dort oben als Hofpoet zugelassen worden, auf Drängen des Augustus, den Jupiter aus Rücksichten, die man der Macht der Römer schuldig war, unter die Götter aufgenommen hat. Dieser Dichter singt manchmal dies oder jenes Lied vor sich hin, unter anderm eins, in dem er sagt, daß ein Gerechter sich auch dann nicht rührt, wenn die Welt zugrunde geht. Man möchte glauben, daß heute sämtliche Menschen gerecht sind; denn die Welt ist gefallen, und keiner hat sich gerührt.

ATLAS Wer zweifelt an der Gerechtigkeit der Menschen! Doch jetzt verliere keine Zeit mehr, lauf so rasch du kannst und entschuldige mich bei deinem Vater! Denn ich erwarte jeden Augenblick einen Blitz, der mich aus dem Atlas in den Ätna verwandelt.

MODE Herr Tod, Herr Tod!

TOD Warte, bis es soweit ist. Ich komme, auch wenn du mich nicht rufst.

MODE Herr Tod!

TOD Geh zum Teufel! Ich komme dann, wenn es dir nicht paßt.

MODE Als wäre ich nicht unsterblich.

TOD Unsterblich? »Vergangen sind schon mehr denn tausend Jahre«, daß die Zeiten der Unsterblichen vorbei sind.

MODE Auch der Herr petrarkisiert, als wäre er ein italienischer Lyriker des sechzehnten oder neunzehnten Jahrhunderts.

TOD Ich habe die Gedichte Petrarcas gerne, weil ich in ihnen meinen »Triumph«[63] finde und sie fast immer von mir sprechen, aber kurz und gut, schaff dich mir vom Halse!

MODE Nicht doch! Bei der Liebe, die du für die sieben Todsünden hast, bleib ein Weilchen stehen und sieh mich an!

TOD Ich sehe dich an.

MODE Erkennst du mich nicht?

TOD Du solltest wissen, daß ich schlechte Augen habe und keine Brille benutzen kann. Die Engländer machen nämlich keine, die mir paßt; und wenn sie welche machten, hätte ich nichts zum Aufsetzen.

MODE Ich bin die Mode, deine Schwester.

TOD Meine Schwester?

MODE Ja. Weißt du denn nicht, daß wir beide Kinder der Vergänglichkeit sind?

TOD Wie sollte ich mich entsinnen, da ich ein Erzfeind des Gedächtnisses bin?

MODE Aber ich besinne mich noch gut und ich weiß, daß

uns beiden der Sinn darnach steht, die Dinge hienieden unablässig zu verwandeln und aufzulösen. Freilich folgst du dabei anderen Wegen als ich.

TOD Falls du dich nicht mit deinen Gedanken unterhältst oder mit einer Person, die in deiner Kehle sitzt, so rede etwas lauter und sprich die Worte deutlicher aus! Denn wenn du weiter mit deinem spinnedünnen Stimmchen zwischen den Zähnen murmelst, werde ich dich erst morgen verstehen, da mein Gehör, was du wissen solltest, mir nicht besser dient als mein Gesicht.

MODE Wenn es auch den Gesetzen der Wohlerzogenheit nicht entspricht und man in Frankreich gewöhnlich nicht redet, um Gehör zu finden, so will ich doch deinem Wunsche folgen, weil wir Geschwister sind, und weil es zwischen uns keiner besonderen Umstände bedarf.

Ich sage, daß wir unserer Natur nach und dem uns gemeinsamen Brauch entsprechend die Welt unablässig erneuern. Während du dich aber von Anfang an mit Körper und Blut befaßt hast, begnüge ich mich meistens mit Bärten, Haaren, Anzügen, Geräten, Häusern und dergleichen Dingen. Freilich habe ich es mir nicht entgehen lassen und lasse es mir auch jetzt nicht entgehen, mancherlei Späße auf deine Art zu treiben. So durchbohre ich beispielsweise bald Ohren, bald Lippen und Nasen und peinige die Menschen mit dem Zeug, das ich ihnen durch die Löcher treibe; oder ich verbrenne den Menschen ihr Fleisch mit glühenden Stempeln, die sie sich um der Schönheit willen aufdrücken; oder ich forme die Köpfe der Säuglinge mit Reifen und allerlei anderen Mitteln, indem ich die Sitte einführe, daß alle Menschen im Lande den gleichen Kopf zu tragen haben, wie das in Amerika und Asien bereits geschehen ist[64]; oder ich mache die Leute durch zu enges Schuhwerk zu Krüppeln und gebe ihnen so knappe Mieder, daß sie kurzatmig werden und ihre Augen herausquellen; und was solcher Dinge mehr sind. Allgemein gesprochen, nötige ich alle Menschen von Welt, täglich und stündlich tausend Mühen und Entbehrungen auf sich zu nehmen, auch Schmerzen und Qualen; und ich bringe es sogar dahin, daß sie aus Liebe zu mir einen glorreichen Tod sterben. Gar nicht erwähnen will ich die Migränen, Erkältungen, alle möglichen Rheumatismen, die gewöhnlichen Fieber, die Tertian- und Quartanfieber, die der Mensch auf sich zu nehmen hat, weil er so artig ist, daß er je nach meinem Wunsche vor Kälte bebt oder vor Hitze halb erstickt, kurz, daß er sich ganz meinen Vorschriften beugt, wie sehr es ihm auch schaden mag.

TOD Ja, jetzt bin ich überzeugt, daß du meine Schwester bist; und wenn dir daran liegt, will ich dir bestätigen, daß es mir so gewiß ist wie der Tod, auch ohne daß du ein Zeugnis vom Pfarrer dafür beibringst. Wenn wir aber noch länger so stehen bleiben, werde ich ohnmächtig. Hab' also Mut und lauf' neben mir! Gib aber acht, daß du dabei nicht krepierst, denn ich habe es sehr eilig! Und erzähle mir dann während des Laufens, was du auf dem Herzen hast! Wenn du nicht draufgehst, soll dir in Anbetracht unserer Verwandtschaft bei meinem Tode meine ganze Habe zufallen. Und damit Gott befohlen!

MODE Hätten wir ein Rennen zusammen zu bestehen, ich weiß nicht, wer von uns beiden den Preis gewinnen würde. Denn wenn du trabst, so ist meine Gangart schneller als Galopp; und wenn das Stillstehen bei dir zur Ohnmacht führt, so bedeutet es bei mir den Tod. Laufen wir also weiter und sprechen wir, deinem Wunsche folgend, inzwischen von unseren Angelegenheiten!

TOD Gut denn! Da dich derselbe Mutterleib ans Licht gebracht hat wie mich, ist es deine Pflicht, mir ein bißchen bei meinen Geschäften zu helfen.

MODE Das habe ich schon früher getan, und viel mehr, als du denkst. Zunächst habe ich, obwohl ich alle Sitten dauernd verändere oder vernichte, nie und nirgends den Brauch des Sterbens abgeschafft; und du findest ihn deshalb von Anbeginn der Welt bis heute allgemein verbreitet.
TOD Höchst seltsam, daß du etwas nicht getan hast, was du gar nicht hast tun können.
MODE Wieso nicht tun können? Was du jetzt sagst, beweist, daß du die Macht der Mode gewaltig unterschätzst.
TOD Schon gut, schon gut! Darüber sich zu unterhalten ist noch Zeit, wenn das Sterben einmal nicht mehr Brauch sein wird. Inzwischen hilf mir lieber als gute Schwester und bewirke das Gegenteil noch leichter und rascher, als es mir bisher gelungen ist.
MODE Von einigen meiner Leistungen, die für dich von erheblichen Vorteil sind, habe ich dir schon erzählt. Aber das sind nur Lappalien im Vergleich zu dem, was du jetzt hören sollst. Mit der Zeit, besonders aber in unseren Tagen, habe ich dir zuliebe alle Arbeiten und Übungen in Abnahme und Vergessenheit gebracht, die dem leiblichen Wohlbefinden dienen, und dafür viele andere eingeführt und zu Ansehen erhoben, die den Körper schwächen und das Leben verkürzen. Auch habe ich der Welt solche Gesetze und Sitten auferlegt, daß das Leben selbst, körperlich wie geistig gesprochen, dem Tode ähnlicher ist als sich selbst und man unser Jahrhundert infolgedessen mit Recht das Jahrhundert des Todes nennen könnte. Wenn du vor alters keine anderen Liegenschaften besaßest als Gräber und Höhlen; wo du im Finstern Staub und Knochen sätest, eine Saat, die keine Früchte trägt – so bist du jetzt Besitzer von schönen Ländereien an der Sonne. Und Leute, auch wenn sie sich noch bewegen und auf ihren Füßen herumgehen, sind gewissermaßen schon deine Leibeigenen, magst du sie auch noch nicht

mit der Sense getroffen haben; ja, sie sind es schon von der Stunde ihrer Geburt an.
Mehr noch! Während man dich früher zu hassen und zu beschimpfen pflegte, habe ich es heute soweit gebracht, daß sogar verständige Leute dich preisen, dich höher schätzen als das Leben und dich so lieben, daß sie dauernd nach dir rufen und die Augen nach dir verdrehen wie nach dem Schönsten, das sie sich vorstellen können. Und als ich schließlich noch sah, daß manche sich aufspielten und behaupteten, sie könnten unsterblich werden, das heißt, nicht ganz sterben (denn ein Teil von ihnen sollte dir nicht in die Hände fallen), habe ich, obschon ich genau wußte, daß das reines Geschwätz war und, mochte der eine oder andere auch im Gedächtnis der Menschen fortdauern, er doch nur wie zum Spaß lebte und der Genuß seines Ruhmes nicht größer war als sein Leiden unten im Grabe –, habe ich dennoch, als ich merkte, daß diese Unsterblichkeitsgeschichten dir unangenehm waren, weil sie deine Ehre und deinen Ruf beeinträchtigten, die Sitte, sich um Unsterblichkeit zu bemühen, aufgehoben, und ich gebe sie selbst für den Fall nicht zu, daß einer die Unsterblichkeit verdient. Heute kannst du also sicher sein: Mag sterben, der da will, es bleibt nicht ein Atom von ihm übrig, das nicht tot ist, und er muß sofort mit Haut und Haaren unter die Erde, wie ein Fischlein, das man auf einmal mit Kopf und Gräten verschluckt. Das alles – und es ist gewiß nicht wenig und nichts Geringes – habe ich dir zuliebe getan, um deine Macht auf Erden zu vermehren, was dann ja auch eingetreten ist. Und um dieses Zieles willen bin ich bereit, Tag für Tag dasselbe und noch mehr zu tun, und deshalb habe ich dich jetzt aufgesucht; denn es erscheint mir zweckmäßig, daß wir uns hinfort nicht mehr voneinander trennen. Wenn wir nämlich dauernd beisammen sind, können wir uns über jeden einzelnen Fall bera-

ten, genauere Entschlüsse fassen als sonst und sie auch besser ausführen.

TOD Du hast recht, und ich bin einverstanden. Handeln wir also, wie du es vorschlägst!

Gespräch zwischen einem Kobold und einem Gnom

KOBOLD Ah, bist du es, Sohn des Sabazius? Wohin des Weges?

GNOM Mein Vater hat mich geschickt. Ich soll herauszubringen suchen, was die verfluchten Menschen im Sinne haben. Er ist nämlich sehr besorgt, weil wir schon seit längerer Zeit gar nichts mehr von ihnen merken und sich in seinem ganzen Reich kein einziger mehr sehen läßt. Er fürchtet, daß sie etwas Besonderes gegen ihn im Schilde führen, es sei denn, daß es wieder Brauch geworden ist, mittels Vieh zu kaufen und zu verkaufen statt mit Gold und Silber. Vielleicht benützen die zivilisierten Völker jetzt auch Papierfetzen anstelle von Geld, wie es ja schon mehrmals geschehen ist, oder sie haben Rosenkränze aus Glas wie die Barbaren. Es könnte auch sein, daß Lykurgs Gesetze wieder in Kraft getreten sind; das dünkt ihn jedoch am wenigsten glaublich.

KOBOLD »Ihr harrt umsonst; denn sie sind alle tot«, hieß es am Schluß einer Tragödie, wo alle starben.

GNOM Was willst du daraus folgern?

KOBOLD Ich will daraus folgern, daß alle Menschen tot sind und ihre Gattung dahin ist.

GNOM Oh, das ist ein Fall für die Zeitungen. Aber ich habe noch keine gesehen, in der etwas davon stünde.

KOBOLD Dummkopf! Wie können denn noch Zeitungen gedruckt werden, wenn die Menschen tot sind?

GNOM Da hast du recht. Wie werden wir aber nun die Neuigkeiten der Welt erfahren?

KOBOLD Was für Neuigkeiten? Daß die Sonne auf- oder untergegangen, daß es warm oder kalt ist, daß es hier oder dort geregnet oder geschneit oder gestürmt hat? Denn seitdem die Menschen fehlen, hat Fortuna ihre Binde abgenommen, sich eine Brille aufgesetzt und ihr

Rad an den Nagel gehängt; nun sitzt sie mit gekreuzten Armen da und besieht sich die Dinge dieser Welt, ohne weiter Hand anzulegen. Es gibt keine Königreiche und keine Kaiserreiche mehr, die aufgehen und zerplatzen wie Seifenblasen, weil sie samt und sonders verflogen sind. Es gibt auch keine Kriege mehr, und die Jahre gleichen sich wie ein Ei dem andern.

GNOM Da werden wir ja nicht mehr wissen können, welchen Tag im Monat wir haben, weil keine Kalender mehr gedruckt werden.

KOBOLD Das wird kein großes Unglück sein. Der Mond wird seine Straße deshalb nicht verfehlen.

GNOM Und die Wochentage werden keine Namen mehr haben.

KOBOLD Fürchtest du etwa, daß sie nicht kommen, wenn du sie nicht beim Namen nennst? Oder bildest du dir ein, die einmal vorbei sind, kämen wieder, wenn du sie rufst?

GNOM Man wird auch die Jahre nicht mehr berechnen können.

KOBOLD So dürfen wir uns noch für junge Leute ausgeben, auch wenn die Zeit vorbei ist, und brauchen uns weniger um das Vergangene zu grämen, weil es nicht gemessen wird. Und wenn wir Greise sind, brauchen wir nicht Tag für Tag auf den Tod zu warten.

GNOM Aber wie sind die Spitzbuben nur auf den Gedanken gekommen, so mir nichts, dir nichts auszusterben?

KOBOLD Sie haben Kriege geführt, sie haben lange Seefahrten gemacht, sie haben sich gegenseitig aufgefressen; manch einer hat Hand an sich selbst gelegt, andere sind im Müßiggang verkommen, wieder andere haben sich über Büchern den Kopf zerbrochen und noch andere haben sich durch Schlemmen und Ausschweifungen aller Art zugrunde gerichtet; kurz und gut, sie haben sich die erdenklichste Mühe gegeben, ein schlechtes Ende zu nehmen.

GNOM Trotz alledem kann ich nicht begreifen, wie es möglich sein soll, daß eine ganze Gattung von Lebewesen vollständig verschwindet.

KOBOLD Als Meister der Geologie solltest du wissen, daß der Fall nicht neu ist und es ehemals eine ganze Reihe von Tieren gegeben hat, die heute bis auf wenige versteinerte Knochen nicht mehr vorhanden sind. Und dabei war all den armen Kreaturen ganz bestimmt keines von den künstlichen Mitteln bekannt, die die Menschen angewandt haben, um sich zu vernichten.

GNOM Du magst recht haben. Ich wünschte nur, der eine oder andere käme wieder und teilte uns mit, wie ihnen zumute ist, wenn sie begreifen, daß trotz des Verschwindens der Menschen alles übrige weitergeht und sich entwickelt wie vorher, während sie doch glaubten, die Welt sei nur für sie erschaffen worden und bliebe nur um ihretwillen erhalten.

KOBOLD Ja, sie wollten nicht begreifen, daß sie für die Kobolde gemacht wurde und erhalten wird.

GNOM Du schießest wirklich Kobolde, wenn du im Ernst redest.

KOBOLD Wieso? Selbstverständlich rede ich im Ernst.

GNOM Geh doch, alter Kindskopf! Wer wüßte nicht, daß die Welt für die Gnome geschaffen ist!

KOBOLD Für die Gnome? Die ewig unter der Erde hausen? Das ist ja zum Totlachen. Was haben denn Sonne, Mond, Luft, Meer und Felder mit den Gnomen zu tun?

GNOM Und was nützen den Kobolden die Gold- und Silberminen, und was nützt ihnen, abgesehen von der obersten Haut, der ganze Leib der Erde?

KOBOLD Schon gut! Mag dem sein wie ihm wolle, wir tun besser, diesen Streit zu beenden. Denn ich bin überzeugt, daß auch die Eidechsen und die Mücken glauben, die Welt sei eigens für sie erschaffen worden. Mag also jedes bei seiner Meinung bleiben, die ihm ja doch keiner entreißen kann. Ich für meine Person sage dir nur so viel, daß ich verzweifeln würde, wäre ich nicht als Kobold geboren.

GNOM Ebenso würde es mir ergehen, wenn ich nicht als Gnom auf die Welt gekommen wäre. Jetzt möchte ich aber wahrhaftig wissen, was die Menschen heute zu ihrer Anmaßung sagen würden. Man braucht nur daran zu denken, daß sie tausend Klafter in die Erde gedrungen sind, um mit Gewalt unser Hab und Gut zu rauben, mit der Begründung, es gehöre ihnen, und die Natur habe es nur zum Spaß versteckt und da unten vergraben, um zu probieren, ob sie es finden würden und ob sie imstande wären, es auszugraben!

KOBOLD Sie waren sogar überzeugt, alles in der Welt hätte nur den einen Zweck, ihnen zu dienen und es wäre nichts als eine völlige Kleinigkeit im Vergleich zu dem, was sie bedeuten. Darum nannten sie ihre eigenen Veränderungen *Welt*-Revolutionen und die Geschichte ihrer Völker *Welt*-Geschichte, obschon es – und zwar allein innerhalb der Grenzen der Erde – so viele Arten, nicht von Kreaturen überhaupt, sondern nur von Tieren gibt wie Menschen. Und dabei haben diese angeblich nur um der Menschen willen geschaffenen Tiere niemals gemerkt, wenn die Welt in Aufruhr kam.

GNOM Ob auch die Mücken und Flöhe nur den Menschen zuliebe geschaffen worden sind?

KOBOLD Selbstverständlich; nämlich, um sie in der Geduld zu üben.

GNOM Es hätte ihnen auch wahrlich nicht an Gelegenheit gefehlt, Geduld zu üben, wären keine Flöhe dagewesen.

KOBOLD Und die Schweine waren nach der Meinung des Chrysippos von der Natur ausdrücklich für die Küchen und Speisekammern der Menschen zubereitet, und damit sie nicht faulten, mit Seelen statt mit Salz gewürzte Fleischstücke.

GNOM Hätte Chrysippos statt der Seele ein bißchen Salz im Hirn gehabt, hätte er sich einen solchen Unsinn nicht ausgedacht.

KOBOLD Lustig ist ferner, daß unzählige Arten von Tieren von den Menschen, die angeblich ihre Gebieter waren, nie gesehen worden sind, ja diese nicht einmal eine Ahnung von ihrem Vorhandensein hatten, weil diese Tiere entweder in Gegenden lebten, wo die Menschen niemals hinkamen, oder weil sie so winzig waren, daß sie gar nicht die Möglichkeit hatten, sie zu entdecken. Es gibt auch sehr viele Arten von Tieren, die die Menschen erst in jüngster Zeit gefunden haben; und das gleiche läßt sich von den Pflanzen und von tausend anderen Dingen sagen. Ebenso haben sie erst nach und nach, nämlich mit Hilfe ihrer Fernrohre, manche Sterne und Planeten entdeckt, von deren Existenz sie vorher Tausende und Abertausende von Jahren hindurch nichts gewußt haben. Diese wurden dann sofort zum Hausrat geschrieben. Die Menschen meinten nämlich, die Fixsterne und Planeten seien so etwas wie Laternenkerzchen und seien da oben in der Höhe angebracht, um den Herrschaften zu leuchten, die ja nachts so sehr beschäftigt waren.

GNOM Wenn sie dann im Sommer die Fünkchen fallen sahen, die manchmal im Finstern durch die Luft herabschießen, werden sie wohl gesagt haben, es sei ein Geist tätig, um die Sterne im Dienst der Menschen zu putzen.

KOBOLD Und doch merkt die Erde nach dem völligen Verschwinden der Menschen nicht, daß ihr auch nur irgend etwas fehlt. Die Flüsse sind ihres Laufes nicht müde, und das Meer trocknet nicht aus, obschon es weder der Schiffahrt noch dem Handel zu dienen hat.

GNOM Die Fixsterne und Planeten gehen weiter auf und unter und haben keine Trauerkleider angelegt.

KOBOLD Und die Sonne hat ihr Gesicht nicht mit Rost bestrichen, wie sie laut Vergil tat, als Cäsar starb. Vermutlich hat sie sich das aber damals auch nicht mehr zu Herzen genommen als die Bildsäule des Pompeius[65].

ERDE Ich weiß, lieber Mond, daß du Rede stehen und Antwort geben kannst; denn ich habe oft genug von Dichtern gehört, daß du ein lebendes Wesen bist. Auch behaupten unsere Kinder, du habest Mund, Nase und Augen wie sie selbst, das könnten sie mit ihren eigenen Augen deutlich sehen, und die müssen bei ihrer Jugend doch scharf genug sein. Was mich angeht, so weißt du ohne Zweifel, daß auch ich ein lebendes Wesen bin; denn ich habe, als ich jünger war, bekanntlich viele Kinder zur Welt gebracht. Und darum wirst du dich auch nicht wundern, wenn du mich sprechen hörst.
Also, mein schöner Mond, bin ich gleich so viele Jahrhunderte lang dein Nachbar gewesen, daß ich mich auf ihre Zahl nicht besinnen kann, so habe ich dich doch bis heute niemals angeredet, weil ich derart in Anspruch genommen war, daß mir keine Zeit zum Schwatzen blieb. Aber heute, wo sich meine Geschäfte auf einen geringen Umfang beschränkt haben, ja, wo sie, wenn ich mich so ausdrücken darf, auf eigenen Füßen stehen, weiß ich nicht, was ich anfangen soll und platze vor Langeweile. Deshalb möchte ich in Zukunft gerne ab und zu mit dir plaudern und mich, wofern es dir nicht lästig ist, ein bißchen mit deinen Sorgen beschäftigen.
MOND Mach dir deswegen keine Gedanken! Bewahre mich das Schicksal so vor jeder Störung, wie ich gewiß bin, daß du mir keine bereiten wirst! Hast du Lust zum Schwatzen, schwatze mit mir nach Belieben. Denn obschon ich, wie dir bekannt sein wird, ein Freund des Schweigens bin, will ich dir zu Gefallen doch gerne zuhören und antworten.
ERDE Vernimmst du den lieblichen Klang, den die Himmelskörper durch ihre Bewegung hervorbringen?

MOND Wenn ich ehrlich sein soll, muß ich sagen, daß ich nichts höre.

ERDE Auch ich höre nichts, außer dem Brausen des Windes, der von meinen Polen zum Äquator jagt und vom Äquator wieder zurück zu den Polen und mit Musik nichts zu tun hat. Aber Pythagoras behauptet bekanntlich, die Himmelskörper erzeugten eine Art von Klingen, höchst lieblich und wunderbar. Auch du habest in diesem Konzert eine Stimme, und zwar seiest du die achte Saite der Weltleier; ich werde jedoch durch den Klang selbst betäubt und höre ihn infolgedessen nicht.

MOND So bin ich wohl auch betäubt worden; denn, wie ich schon sagte, ich höre nichts und wüßte auch nicht, wieso ich eine Saite sein soll.

ERDE Wechseln wir den Gesprächsstoff! Sage mir: Bist du wirklich bewohnt, wie tausend antike und moderne Philosophen eidlich versichern, von Orpheus[66] bis de Lalande[67]? Ich vermag nämlich, wie sehr ich mich auch bemühe, diese meine Hörner auszustrecken, die von den Menschen Berggipfel genannt werden und mit deren Spitzen ich dich eben jetzt betrachte wie eine Schnecke, keinen einzigen Bewohner auf dir zu entdecken. Dennoch höre ich, daß ein gewisser David Fabricius[68], der bessere Augen gehabt haben soll als Lynkeus[69], einmal welche gesehen hat, als sie gerade dabei waren, ihre Wäsche in der Sonne zu trocknen.

MOND Ich weiß nicht, was du mit deinen Hörnern meinst. Tatsache ist, daß ich bewohnt bin.

ERDE Was für eine Farbe haben deine Menschen?

MOND Was für Menschen?

ERDE Nun, die auf dir leben. Sagtest du nicht eben, du seiest bewohnt?

MOND Ja, und was folgerst du daraus?

ERDE Ich folgere daraus, daß deine Bewohner doch ganz gewiß nicht nur aus Tieren bestehen.

MOND Sie bestehen weder aus Tieren noch aus Menschen. Ich weiß überhaupt nicht, von was für Geschöpfen du redest. Schon von anderen Dingen, die du angedeutet hast – ich glaube es handelte sich um die Menschen – habe ich nicht ein Jota verstanden.
ERDE Was für eine Art von Bewohnern ist es denn?
MOND Es sind sehr viele und sehr verschiedene, die dir unbekannt sind, wie es mir die deinen sind.
ERDE Das kommt mir äußerst sonderbar vor; und wenn du es mir nicht selbst erzähltest, würde man es mir um nichts in der Welt weis machen können. Wurdest du nie von einem der deinen erobert?
MOND Nicht daß ich wüßte. Und auf welche Weise und aus welchen Gründen?
ERDE Aus Ehrgeiz, aus Habsucht, durch politische Manöver, mit Hilfe von Waffen.
MOND Ich weiß weder, was Waffen noch Ehrgeiz noch politische Manöver sind; weiß überhaupt nicht, wovon du sprichst.
ERDE Aber wenn du auch das alles nicht kennst, den Krieg mußt du kennen. Denn es ist noch nicht lange her, daß ein Physiker von hier unten mit Fernrohren – das sind Instrumente, mit denen man sehr weit sehen kann – eine schöne Festung mit steilen Bastionen auf dir entdeckt hat; und das scheint mir ein sicherer Beweis zu sein, daß bei deinen Völkern zum mindesten Belagerungen und Mauerschlachten üblich sind.
MOND Verzeih, Frau Erde, wenn ich dir ein bißchen freimütiger erwidere, als es sich für deinen Untertanen oder Trabanten, wie du mich nun nennen willst, geziemen mag. Aber du kommst mir wirklich außerordentlich eitel vor, wenn du glaubst, alle Dinge, wo immer in der Welt sie sich befinden, müßten denen gleichen, die es bei dir gibt, als habe die Natur kein anderes Ziel gehabt, als dich immer und überall genau zu kopieren. Wenn ich

dir sage, ich sei bewohnt, so schließt du daraus, meine Bewohner müßten Menschen sein. Wenn ich dich belehre, daß sie keine sind, gestehst du zwar zu, es mögen andere Geschöpfe sein, zweifelst jedoch nicht daran, daß sie dieselben Eigenschaften und dieselben Schicksale haben wie deine Völker und bringst zum Beweis die Fernrohre von Gott weiß welchem Physiker bei. Aber wenn diese Fernrohre bei anderen Gelegenheiten nicht deutlicher sehen, so glaube ich, daß sie den Scharfblick deiner Kinder besitzen, die Augen, Mund und Nase an mir entdekken, von denen ich auch nicht weiß, wo ich sie habe.

ERDE So ist es denn wohl gleichfalls nicht wahr, daß deine Provinzen mit schönen, breiten und sauberen Straßen ausgestattet sind, und daß du bebaut bist? Das alles sieht man nämlich von Deutschland aus mit einem Fernrohr ganz deutlich.

MOND Ob ich bebaut bin oder nicht, weiß ich nicht. Jedenfalls merke ich nichts davon und sehe auch nichts von den von dir erwähnten Straßen.

ERDE Du mußt wissen, daß ich aus grobem Teig bin, lieber Mond, und ich ein dickflüssiges Gehirn habe; weshalb es denn auch kein Wunder ist, daß die Menschen mich so leicht betrügen. Aber eins will ich dir sagen: Wenn deine Bewohner auch nicht daran denken, dich zu erobern, so bist du doch nicht immer außer Gefahr gewesen. Denn schon manchmal, und zwar zu ganz verschiedenen Zeiten, haben sich die Leute hier unten in den Kopf gesetzt, dich zu unterwerfen, und haben zu diesem Zweck auch schon große Vorbereitungen getroffen. Freilich konnten sie dich bisher nicht erreichen, obschon sie auf die höchsten Punkte gestiegen sind und sich auf die Fußspitzen gestellt und die Arme ausgestreckt haben. Nun bemerke ich aber seit einer Reihe von Jahren, daß sie dich genau auskundschaften, Karten von deinen Ländern ausarbeiten und die Höhen deiner Berge messen,

deren Namen wir sogar wissen. Bei meiner Freundschaft für dich meinte ich, es dir sagen zu müssen, damit du für alle Fälle auf der Hut bist.
Um jetzt aber auf etwas anderes zu kommen: Ist es für dich eine große Plage, daß dich die Hunde anbellen? Was hältst du von den Leuten, die dich einander im Brunnen zeigen? Bist du weiblich oder männlich? Im Altertum war man in diesem Punkte nämlich verschiedener Meinung[70]. Ist es wahr oder nicht, daß die Arkadier[71] vor dir zur Welt gekommen sind; daß deine Frauen – oder wie ich sie sonst nennen soll – Eier legen und eins von diesen Eiern irgendwann einmal zu uns heruntergefallen ist; daß du durchlöchert bist wie die Rosenkränze, was ein moderner Naturforscher glaubt; daß du, wie einige Engländer versichern, aus frischem Käse[72] bestehst; daß Mohammed[73] dich eines Tages – es kann auch nachts gewesen sein – mitten durchgeschnitten hat wie eine Melone und ihm dabei ein gutes Stück von dir in den Ärmel gerutscht ist? Stehst du gerne auf den Spitzen der Minarette? Und was hältst du vom Beiramfest[74]?

MOND Sprich nur immer weiter! Denn wenn du so fortfährst, habe ich keine Veranlassung, dir zu erwidern und meiner gewohnten Schweigsamkeit untreu zu werden. Hast du es gerne, dich mit deinem eigenen Geschwätz zu unterhalten, und findest du keinen anderen Stoff als den bisherigen, so tust du freilich besser, dir, anstatt dich an mich zu wenden, der ich dich doch nicht verstehen kann, von den Menschen einen neuen Trabanten fabrizieren zu lassen, der dich ebenfalls umkreist, aber so bebaut und bewohnt ist, wie du es dir wünschest. Denn du sprichst von nichts anderem als von Menschen und Hunden und dergleichen Dingen, die ich ebenso wenig kenne wie die große, große Sonne, um die, nach dem, was ich höre, unsere Sonne sich bewegt.

ERDE Du hast recht. Aber je mehr ich mir vornehme,

beim Reden mit dir meinen eigenen Angelegenheiten aus dem Wege zu gehen, um so weniger gelingt es mir. Doch von nun an will ich besser achtgeben. Erzähl mir also, ob deine Bewohner im allgemeinen glücklich oder unglücklich sind.

MOND So unglücklich, daß ich mit dem Glücklichsten nicht tauschen möchte.

ERDE Genau so ist es hier, und ich wundere mich, daß du in anderen Dingen verschieden, mir aber in diesem Punkte völlig gleich bist.

MOND Auch was meine Gestalt, die kreisende Bewegung, die ich vollführe und das Licht angeht, das ich von der Sonne erhalte, gleiche ich dir völlig, und das eine ist nicht wunderbarer als das andere. Denn das Übel ist sämtlichen Planeten des Universums, jedenfalls aber denen unseres Sonnensystems gemeinsam, genau so wie die runde Form und die übrigen von mir genannten Eigenschaften. Und könntest du deine Stimme so verstärken, daß sie von Uranus oder Saturn oder irgendeinem anderen Planeten unseres Systems gehört würde und fragtest du sie, ob das Unglück bei ihnen eine Stätte habe und ob der Güter mehr wären oder der Übel – jeder würde dir antworten wie ich. Dies kann ich versichern, weil ich dieselben Fragen an Venus und Merkur gestellt habe, an die Planeten, die mir ab und zu näher sind als dir. Auch habe ich manchen Kometen um Auskunft ersucht, wenn er nahe genug an mir vorüberschoß; und auch sie haben in meinem Sinne geantwortet. Ja, ich glaube, selbst die Sonne und alle Sterne des Weltalls würden nichts anderes erwidern.

ERDE Und trotzdem erhoffe ich Gutes, denn eben jetzt sind die Menschen dabei, mir für die Zukunft das größte Glück zu verheißen.

MOND Hoffe, soviel du magst, und ich versichere dich, du wirst in alle Ewigkeit hoffen.

ERDE Weißt du, was eben jetzt geschieht? Die Menschen und Tiere, die auf mir leben, werden unruhig. Denn auf der Seite, von der ich mit dir spreche, herrscht Nacht, wie du siehst, oder vielmehr nicht siehst. Sie haben alle geschlafen und nun haben wir sie durch den Lärm unseres Gesprächs aufgeschreckt.

MOND Aber hier, von wo ich mit dir rede, ist Tag.

ERDE Jedenfalls möchte ich nicht der Grund sein, daß meine Bewohner sich beunruhigen und im Schlafe gestört werden, der das größte Gut ist, das sie besitzen. Deshalb wollen wir ein andermal weitersprechen. Leb also wohl! Guten Tag!

MOND Leb wohl! Gute Nacht!

Gespräch zwischen Timander und Eleander[75]

TIMANDER Ich will, ja, ich muß Euch offen sagen, daß Gehalt und Tendenz Eurer Schriften und Reden mir in höchstem Maße tadelnswert erscheinen.

ELEANDER Solange Ihr über mein Handeln nicht ebenso denkt, soll mich das nicht allzu sehr bedrücken. Denn was einer schreibt und redet, hat heute nicht viel zu bedeuten.

TIMANDER An Eueren Handlungen finde ich nichts auszusetzen. Ich weiß, daß Ihr anderen nichts Gutes tut, weil Ihr nicht könnt, und sehe, daß Ihr nichts Böses tut, weil Ihr nicht wollt. Aber was Ihr redet und schreibt, halte ich für äußerst rügenswert, und ich gebe Euch nicht zu, daß das wenig Bedeutung hat, da im gegenwärtigen Leben Reden und Schreiben eine besonders große Rolle spielen. Lassen wir nun ersteres zunächst beiseite und sprechen wir von den Schriften! Daß Ihr die Menschen ständig scheltet und verlacht, ist zunächst einmal völlig aus der Mode.

ELEANDER Auch mein Denken entspricht nicht der Mode.

TIMANDER Dann ist es aber auch nicht verwunderlich, wenn Euere Bücher keinen Erfolg haben; denn sie schwimmen wider den Strom.

ELEANDER Schadet nichts. Sie werden darum ihr Brot nicht an den Türen erbetteln.

TIMANDER Vor vierzig oder fünfzig Jahren hatten die Philosophen die Gewohnheit, auf die Menschen zu schimpfen, aber heute tun sie das genaue Gegenteil.

ELEANDER Glaubt Ihr, daß die Philosophen, die vor vierzig oder fünfzig Jahren die Menschen mit Spott behandelt haben, recht hatten oder nicht?

TIMANDER Eher und häufiger recht als unrecht.

ELEANDER Und meint Ihr, daß die Menschen in diesen

vierzig oder fünfzig Jahren zum Gegenteil von dem geworden sind, was sie damals waren?

TIMANDER Ich glaube nicht, aber das hat mit unserem Thema nichts zu tun.

ELEANDER Wieso nicht? Sind die Menschen etwa so stark geworden oder haben sie derart an Würde zugenommen, daß die heutigen Schriftsteller keine andere Aufgabe mehr kennen als ihnen zu schmeicheln und zu huldigen?

TIMANDER In einer so ernsten Sache wie dieser soll man nicht scherzen.

ELEANDER Um also zum früheren Ton zurückzukehren: Ich weiß, daß unser Jahrhundert, obschon man dem Nächsten nach alter Sitte Böses antut, sich nun einmal in den Kopf gesetzt hat, den Menschen als solchen in den Himmel zu heben[76]. Ich tue dem anderen nichts zuleide, halte mich indes auch nicht für verpflichtet, auf die Welt Loblieder zu singen.

TIMANDER Aber Ihr liebt auch niemanden.

ELEANDER Hört mich an, lieber Freund! Ich bin zum Lieben geboren, ich habe geliebt, und vielleicht leidenschaftlicher, als es selbst den stärksten Herzen zuträglich ist. Heute, wo ich kühler empfinde, ohne jedoch schon völlig lau geworden zu sein, schäme ich mich nicht zu gestehen, daß ich mich selbst mehr liebe als früher, weil die Natur es nun einmal so will. Indes liebe ich mich so wenig wie möglich und bin, wenn die Wahl gegeben wäre, gewohnt und allzeit bereit, lieber selbst zu leiden als die Ursache für die Leiden anderer zu sein. Ich glaube, das könnt Ihr mir nicht abstreiten.

TIMANDER Nein, das kann ich wirklich nicht.

ELEANDER Darum versuche ich auch nach besten Kräften und unter Hintansetzung eigener Vorteile den Menschen zu dem größten, ja dem einzigen Gut zu verhelfen, das ich mir selber auch wünsche, nämlich zur Linderung ihrer Leiden.

TIMANDER Ich will Euch glauben. Aber was veranlaßt Euch denn, so zu schreiben, wie Ihr's nun mal tut?

ELEANDER Mancherlei. Einmal ist mir jede Heuchelei zuwider. Im Gespräch kann ich ihr nicht aus dem Wege gehen; aber wenn ich schreibe, brauche ich mich ihr nicht zu beugen. Im täglichen Umgang mit Menschen werde ich genötigt, mich zu äußern; aber zum Schreiben zwingt mich keiner, und etwas zu sagen, was meiner Überzeugung widerspricht, bereitet mir so wenig Vergnügen, daß ich mir den Kopf deswegen nicht zerbreche.

Wer gescheit ist, lacht über einen, der lateinisch schreibt, weil es auf der ganzen Erde kaum noch jemanden gibt, der diese Sprache versteht. Genau so lächerlich kommt es mir vor, wenn man bei den Menschen heute noch Eigenschaften voraussetzt, von denen jedermann weiß, daß sie längst verschwunden sind, und noch lächerlicher, wenn man sich immer noch an manche vor langer Zeit von der Vernunft wie von der Phantasie geschaffene und damals aufs höchste verehrte Wesenheiten klammert, die in unserer Epoche für niemanden Wirklichkeit besitzen. Daß man sich eine Maske aufsetzt und sich verkleidet, scheint mir an sich nicht merkwürdig, aber wenn jeder dieselbe Maske und dieselbe Verkleidung trägt, so kommt mir das kindisch vor, weil es dann ja unmöglich wird, sich gegenseitig irre zu führen. Da ist es doch besser, die Masken abzunehmen und in den eigenen Kleidern zu bleiben; man wird keine schlechtere Figur machen und es überdies bequemer haben.

Zweitens liegt mir in meinen Schriften weniger am Spott als an der Klage über unser Schicksal. Nichts scheint mir handgreiflicher als das unentrinnbare Elend aller Lebenden. Ist das Unglück nicht wahr, so ist nichts wahr; und wir können unser Gespräch abbrechen. Wenn es aber wahr ist, dann muß mir auch erlaubt werden, daß ich klage und ich mein Leiden nicht zu verleugnen brauche. Ginge mein Klagen jedoch unter Tränen vor sich – und jetzt komme ich zur dritten Rechtfertigung meiner Art zu schreiben –, dann würde ich die andern und mich selbst nur langweilen, ohne jemandem zu nützen. Die leichte Art, über unser Elend zu plaudern, gewährt mir Trost; und ich hoffe, auch anderen auf diese Art wohl zu tun. Aber selbst, wenn mir das nicht gelingt, bin ich immer noch überzeugt, daß wir nichts Besseres und Vernünftigeres tun können, als der Notlage ins Antlitz zu blicken. Haben nicht viele Dichter gesagt, auf den Lippen der Verzweifelten blühe das Lächeln? Ihr sollt nun aber auch nicht denken, ich wüßte nicht, was Mitleid ist. Da es jedoch keine Macht, keine Kunst, keinen Fleiß, keinen Pakt gibt, um dem Elend abzuhelfen, meine ich, daß der Mensch in einer echten Trübsal besser tut, das allgemeine Unglück mit heiterem Auge zu betrachten als zu jammern und zu seufzen und die andern aufzufordern, dasselbe zu tun.

Schließlich muß ich noch sagen, daß ich wie Ihr und andere Menschen meinesgleichen Gutes wünsche, daß ich mich aber keinen falschen Hoffnungen hingeben kann wie viele Denker unserer Zeit. Mein düsterer Aspekt ist endgültig und unaufhebbar und erlaubt mir keine schönen Träume und keine angenehmen Einbildungen, was die Zukunft angeht; und er nimmt mir auch den Mut, zu ihrer Belebung beizutragen. Ihr wißt selbst, daß der Mensch nicht gerne etwas unternimmt, wenn er von vorneherein überzeugt ist, es kann nicht gelingen; entschließt er sich dennoch, so tut er es widerwillig und ohne sich wirklich zu bemühen. Und wenn man gar etwas schreiben soll, das man nicht für wahr hält, so wird niemals Gutes entstehen.

TIMANDER Man sollte aber doch versuchen, sein Urteil

zu revidieren, wenn es so weit von der Wahrheit abweicht wie das Eure.

ELEANDER Ich habe nur von mir gesprochen und gesagt, daß ich unglücklich bin; und ich weiß, ich täusche mich in diesem Punkte nicht. Wenn die andern es nicht sind, so beglückwünsche ich sie von ganzem Herzen. Ebenso fest bin ich davon überzeugt, daß mein Elend vor dem Tode kein Ende nimmt. Wenn die übrigen für sich etwas anderes erwarten, so freue ich mich auch darüber.

TIMANDER Wir sind alle unglücklich, und die Menschen sind immer unglücklich gewesen. Und Ihr werdet Euch nicht rühmen wollen, daß Eure Ansicht Neues enthält. Aber die Lage des Menschen kann besser werden, als sie heute ist, wie sie sich ja auch im Vergleich zu dem, was sie war, erheblich gebessert hat. Euch kommt indes scheinbar gar nicht der Gedanke, daß der Mensch vervollkommnungsfähig ist.

ELEANDER Daß er vervollkommnungsfähig ist, will ich Euch auf Euer Wort hin glauben. Daß er jemals vollkommen werden könnte – und das ist wichtiger: wann und wem ich *das* glauben soll –, weiß ich wirklich nicht.

TIMANDER Er ist noch nicht zur Vollkommenheit gelangt, weil es ihm an Zeit gefehlt hat, aber zweifellos wird es ihm gelingen.

ELEANDER Auch ich zweifle nicht daran. Die wenigen Jahre, die seit dem Weltbeginn bis heute verstrichen sind, haben nicht genügt und gewähren keinen ausreichenden Einblick in die Anlage, die Bestimmung und die Möglichkeiten des Menschen. Auch hatte man bisher mit anderen Dingen zu tun, während heute ausschließlich an der Vervollkommnung unseres Geschlechtes gearbeitet wird.

TIMANDER Ja, man verfolgt dieses Ziel in der ganzen gebildeten Welt mit äußerstem Eifer; und wenn ich bedenke, wieviele und durchschlagende Mittel man dabei anwendet, so darf man wirklich nicht daran zweifeln, daß der Erfolg früher oder später eintreten wird. Und diese Zuversicht ist wiederum von Bedeutung, weil sie für manches Tun und manche Unternehmung anregend und fördernd wirkt. Wenn es also zu allen Zeiten schädlich und tadelnswert war, so ist es heute geradezu schlecht, so düstere Anschauungen wie die Euren zu verbreiten: dem Menschen vorzuhalten, sein bejammernswerter Zustand werde sich niemals ändern, weil er auf einem Gesetz beruhe, und er werde selbst allzeit schwach, kümmerlich und böse bleiben. Denn mit solchen Vorhaltungen nehmt Ihr ihm die Selbstachtung, die erste Grundlage eines ehrlichen, nützlichen und rühmlichen Daseins und hindert ihn zudem an der Sorge für sein eigenes Wohl.

ELEANDER Erklärt mir doch einmal kurz und bündig, ob Ihr das, was ich vom Unglück des Menschen sage und schreibe, für wahr oder für falsch haltet!

TIMANDER Ihr greift wieder zu Euern alten Waffen; und wenn ich Euch zugebe, daß Ihr die Wahrheit sprecht, meint Ihr gewonnenes Spiel zu haben. Im Augenblick muß ich Euch erwidern, daß man nicht jede Wahrheit allen und zu jeder Zeit predigen darf.

ELEANDER Bitte wollt mir auch noch auf eine andere Frage anderer Art Bescheid geben! Sind die Wahrheiten, die ich ausspreche und nicht etwa predige, philosophische Grundwahrheiten oder nur Akzidenzien?

TIMANDER Ich meinerseits halte sie für den Kern aller Philosophie.

ELEANDER Dann täuschen sich also diejenigen gewaltig, die da sagen und verkünden, der Mensch könne es nur durch die Erkenntnis der Wahrheit zur Vollkommenheit bringen; Ursache seines Unglückes sei fehlerhaftes Denken und Unwissenheit, und er könne erst dann glücklich werden, wenn die meisten Menschen wüßten, was Wahrheit ist, und wenn sie ihr Dasein der Führung der Wahrheit anvertrauten. Aber eben das behaupten doch fast alle antiken und modernen Philosophen. Ihr dagegen seid der Meinung, man müsse alles tun, um die Wahrheiten, die Euren eigenen Worten nach den Kern der Philosophie bilden, den Menschen zu verheimlichen; vermutlich würdet Ihr sogar am liebsten sehen, wenn sie ganz verschwänden und vergessen würden, da sie ja jedem, der sie im Kopf hat, nur schaden. Damit erklärt Ihr aber im Grunde, daß man am besten täte, die Philosophen auszurotten, oder daß eine echte und richtige Philosophie selbst die Folgerung ziehen sollte, sich aufzugeben. Jedenfalls ergibt sich, daß die Philosophie wertlos ist; denn, wenn es besser ist nicht zu philosophieren, braucht man kein Philosoph zu werden. Und wahrhaft verhängnisvolle Folgen hat die Philosophie für den, der sich einmal mit ihr eingelassen hat; denn der Mensch besitzt nicht die Fähigkeit, erkannte Wahrheiten zu vergessen. Auch legt sich jede andere Gewohnheit leichter ab als die des Philosophierens. Und die Philosophie selbst, die anfangs hofft und verspricht, endet bei dem vergeblichen Wunsch, sich selber zu heilen. So komme ich denn noch einmal zu der Frage, weshalb gerade unser Zeitalter der Vollkommenheit näher stehen und besser für sie vorbereitet sein soll als frühere Epochen. Daß man klare Einsichten gewonnen hat, ist kein Schritt zur Vollkommenheit, da eben diese Einsichten dem Glück des Menschen entgegenstehen; nicht förderlicher ist es, wenn ein paar kluge Köpfe zwar begreifen, daß man besser täte, nicht zu philosophieren, aber sie noch nicht darauf verzichten können. Da lobe ich mir die ersten Menschen, die nichts von Philosophie wußten und die Primitiven, die mit Freuden auf sie verzichten. Was für Mittel – unerprobte und kräftigere als die unserer Vorfahren –, um zur Vollkommenheit zu gelangen, gibt es nun Eurer Meinung nach?

TIMANDER Es sind ihrer viele und äußerst wirksame; und es würde viel zu weit führen sie aufzuzählen.

ELEANDER Lassen wir sie also beiseite! Um nun noch einmal auf meine Person zurückzukommen, so möchte ich folgendes sagen: Wenn ich in meinen Schriften manche Härte und traurige Wahrheit ausspreche, so geschieht es, weil ich im Lachen mein Herz am ehesten erleichtern und Trost finden kann. In denselben Büchern unterlasse ich jedoch nie, das Trachten nach der elenden und kalten Wahrheit zu bedauern, zu widerraten und zu tadeln, weil, sie erkannt zu haben, nur zu Gleichgültigkeit und Trägheit, wenn nicht gar zu niedriger Gesinnung und noch Schlimmerem führt[77]. Vielmehr lobe und preise ich den Glauben, der, und wenn er noch so falsch ist, ein edles, tapferes, hochherziges, männliches Handeln und Denken zur Folge hat. Auch rühme ich all die schönen und glücklichen Begriffe und Vorstellungen, mögen sie auch auf trügerischen Einbildungen beruhen, weil sie dem Dasein Glanz verleihen, rühme all die lieblichen Selbsttäuschungen des Herzens und nicht zuletzt die Irrtümer der Alten. Ja, was diese betrifft, so neige ich zu der Ansicht, daß sie für das Gedeihen unserer Zivilisation ebenso nötig sind, wie es leider unmöglich ist und täglich unmöglicher werden muß, sie wieder ins Leben zu rufen. Was aber die Vollkommenheit des Menschen angeht, so schwöre ich Euch, daß ich längst mindestens einen ganzen Band zum Preise der Menschheit geschrieben hätte, wenn sie Wirklichkeit geworden wäre. Da es mir jedoch bisher nicht vergönnt war, ihrer gewahr zu werden und da mir dieses Glück, solange ich lebe, auch nicht blühen wird, will ich in meinem Testament eine beträchtliche Summe aussondern. Sie soll dazu beitragen, daß für das Menschengeschlecht, wenn es einmal vollkommen sein wird, alljährlich eine Lobrede gedichtet und öffentlich vorgetragen wird. Auch soll man ihm nach antiker Sitte einen Tempel oder eine Statue errichten und ihm sonst auf jede Art helfen, die man für angebracht hält.

KOLUMBUS Eine schöne Nacht, lieber Freund.
GUTIERREZ Schön, in der Tat; aber ich glaube, vom Lande aus gesehen würde sie noch schöner sein.
KOLUMBUS Ich merke, daß auch du des Seefahrens müde bist.
GUTIERREZ Nicht des Seefahrens überhaupt. Aber diese Fahrt dauert länger, als ich geglaubt habe, und fängt an, mir Unbehagen zu bereiten. Darum mußt du aber nicht denken, ich sei ebenso böse auf dich wie die andern. Im Gegenteil: Du darfst fest davon überzeugt sein, daß ich immer zu dir halten werde, soweit meine Kräfte reichen, zu welchem Entschluß, was diese Reise angeht, du auch gelangen mögest. Beiläufig gesagt, wünsche ich mir jedoch eine bündige, aufrichtige Erklärung, der ich entnehmen kann, ob du noch so sicher bist wie am Anfang, daß wir hier in dieser Weltgegend Land finden oder ob dir nach der langen Zeit und nach so mancher ungünstigen Erfahrung nicht doch Zweifel gekommen sind.
KOLUMBUS Ich will offen sein, wie es sich einem befreundeten und verschwiegenen Menschen gegenüber gehört, und will gestehen, daß mir Bedenken aufgestiegen sind, zumal manche Zeichen, auf die ich große Hoffnung gesetzt hatte, sich als trügerisch erwiesen haben. Auch entsprechen etliche Tatsachen nicht den Mutmaßungen und Voraussagen, auf die wir gepocht hatten; so fürchte ich bisweilen, auch die wichtigste Annahme, die nämlich, daß wir jenseits des großen Wassers auf Land stoßen, könnte sich als Irrtum entpuppen. Allerdings hat sie so viel für sich, daß ich, sollte sie trotzdem falsch sein, keinem Urteil mehr trauen würde, das sich nicht auf Greifbares und auf den Augenschein stützt.
Dann überlege ich jedoch wieder, daß Theorie und

Wirklichkeit oft auseinandergehen und frage mich: Woher willst du wissen, ob der unbekannte Weltteil den übrigen gleicht und ob er ebenfalls halb aus Erde und halb aus Meer besteht? Wäre es nicht möglich, daß ein einziger ungeheurer Ozean ihn ganz ausfüllt oder er statt aus Land oder aus Land und Wasser aus einem dritten Element gebildet wird? Und gesetzt, es gäbe Festes und Flüssiges wie bei uns, ist das Land vielleicht unbewohnt, wenn nicht gar unbewohnbar?
Bedenken solcher Art gehen mir hin und wieder durch den Kopf; und sie sind nicht unbegründet, da die Natur so viel Macht besitzt und ihre Schöpfungen so zahlreich und so mannigfaltig sind, daß wir uns keine richtige Vorstellung davon machen können, wie sie in fernen, uns unbekannten Gegenden gearbeitet hat. Vielleicht ist es eine gewaltige Täuschung, von unseren Zonen auf die andere Erdhälfte zu schließen; es wäre sogar durchaus nicht unwahrscheinlich, wenn jene Welt im einzelnen oder im Ganzen von der unseren völlig verschieden wäre. Meine Antwort auf deine Frage lautet also: meine Vermutungen, auch wenn sie sich auf die sichersten Argumente stützen, und zwar nicht nur meinem eigenen Urteil nach, sondern auch dem vieler Geographen, Astronomen und hervorragender Seefahrer, mit denen ich in Spanien, Italien und Portugal gesprochen habe – diese meine Vermutungen sind möglicherweise dennoch falsch. Denn, um es noch einmal zu sagen: Gerade den Schlüssen, für die die besten Voraussetzungen gegeben waren, haben die Erfahrungen nicht standgehalten, und dies ist um so mehr der Fall, je unbekannter die Tatsachen sind, auf die sie sich beziehen.

GUTIERREZ Demnach hättest du dein Leben und das deiner Gefährten eigentlich um einer bloßen Spekulation willen aufs Spiel gesetzt.

KOLUMBUS Es ist so; ich will es nicht leugnen. Bedenke

indes, daß die Menschen ihr Leben täglich mit viel schwächeren Begründungen und um erheblich geringfügigerer Dinge willen und oft sogar völlig gedankenlos wagen. Und überlege ferner: Wären du und ich und wir alle nicht auf diesen Schiffen, inmitten der unerforschten Wüste dieses Meeres in einem Zustand, wie man ihn sich unsicherer und gefährlicher nicht vorstellen kann, wie würden wir dann leben? Womit wären wir beschäftigt, wie brächten wir unsere Tage hin? Glaubst du, daß wir fröhlicher wären? Bedrängt uns dann nicht vielleicht noch größere Mühsal und Sorge oder langweilten wir uns nicht am Ende gar? Was ist überhaupt ein Zustand, der keine Unsicherheit und keine Gefahr kennt? Sind wir zufrieden und glücklich, muß er jedem anderen vorgezogen werden; sind wir mit Elend und Schwermut beladen, gibt es keinen, dem er nachzusetzen wäre.
Ich will nicht den Ruhm und nicht den klingenden Lohn bedenken, der uns blühen würde, wenn das Unternehmen so glückt, wie wir's zuversichtlich hoffen. Aber selbst wenn uns keines von beiden zufiele, *ein* Gewinn bleibt uns unter allen Umständen: Wir sind unberührt von Verdruß und Langerweile, wir lieben das Leben, und manches erscheint uns wünschenswert, dem wir sonst keine Beachtung schenken würden. Vom Lesen oder Hörensagen kennst du die Geschichte der Alten von den unglücklich Liebenden, die sich vom Felsen von Santa Maura, der damals der Leukadische[78] hieß, ins Meer stürzten. Wenn sie davonkamen, waren sie durch die Gnade Apollos von jeder Liebesnot erlöst. Ich weiß nicht, ob man an solche Heilungen glauben soll, aber ich bin fest davon überzeugt, daß jene Liebenden, wenn sie der Gefahr entronnen waren, das Leben, das sie vorher gehaßt hatten, auch ohne Apollos Gnade mindestens für kurze Zeit und auf alle Fälle mehr geliebt und geschätzt haben müssen als vorher. Nun ist jede Seefahrt nach

meinem Dafürhalten so etwas wie ein Sprung vom Leukadischen Felsen; der Gewinn, den sie bringt, ist der gleiche, und, insofern er dauerhafter ist, sogar noch ein schönerer.
Man glaubt in der Regel, für Seeleute und Kriegsvolk, die jeden Augenblick in Todesgefahr schweben, besäße das Leben einen geringeren Wert als für andere. Ich meine im Gegenteil: wenige wissen ihr Leben so zu lieben und zu schätzen wie Soldaten und Matrosen. Wie manches Gut, das man nicht beachtet, wenn man es hat, ist für sie der kostbarste Schatz, weil sie es entbehren! Können andere begreifen, daß ein bißchen Erde, die sie trägt, ein Gegenstand höchsten Sehnens ist? Das können nur Seefahrer, und zumal wir, deren Reiseziel so völlig im ungewissen schwebt. Es ist das Bild, mit dem wir erwachen und das Bild, mit dem wir einschlafen. Und kommt wirklich einmal der Tag, an dem ein Berggipfel oder ein Waldwipfel oder etwas Ähnliches vor uns erscheinen, werden wir uns vor Freude nicht zu halten wissen. Und sind wir dann gelandet und haben Grund unter den Füßen und können uns bewegen, wie und wohin wir wollen, werden wir uns sicherlich tagelang für glückliche Menschen halten.

GUTIERREZ Du hast vollkommen recht. Wenn sich deine Mutmaßungen als begründet erweisen und von den Tatsachen bestätigt werden, muß uns dieses Glück also früher oder später zufallen.

KOLUMBUS Ich wage nicht mehr, bestimmte Versprechungen zu machen, habe jedoch die feste Zuversicht, daß es sogar schon bald geschehen wird. Du weißt, das Senkblei stößt seit einigen Tagen auf Grund, die Pflanzenteilchen, die es ans Licht bringt, haben eine andere Bildung und eine andere Farbe als früher, die Luft ist weicher und milder geworden; der Wind geht nicht mehr so voll, so bestimmt und so ununterbrochen wie sonst, sondern unsicher und unbeständiger, als stünde ihm ein Hindernis entgegen. Nimm dazu das Rohr, das auf der Meeresoberfläche trieb, und den Baumzweig mit den frischen, roten Beeren! Und die Vogelschwärme, wie oft sie mich auch getäuscht haben, kommen jetzt in so großen Mengen und mehren sich derart, daß ich sie nicht übersehen möchte, zumal ich etliche Arten zu entdecken meine, von denen ich glaube, sie gehören nicht zu den Seevögeln. Fasse ich dies alles zusammen, so bin ich meinen Bedenken zum Trotz durchaus zuversichtlich.

GUTIERREZ Wolle Gott, daß du diesmal recht hast!

Kopernikus
Ein Gespräch

ERSTER AUFTRITT

Die Erste Stunde und die Sonne

ERSTE STUNDE Guten Morgen, Exzellenz!
SONNE Jawohl! Besser noch, gute Nacht!
ERSTE STUNDE Die Pferde stehen bereit.
SONNE Schön.
ERSTE STUNDE Der Morgenstern ist schon vor einer Weile zum Vorschein gekommen.
SONNE Schön. Er mag nach Belieben kommen oder gehen.
ERSTE STUNDE Was wollen Eure Exzellenz damit sagen?
SONNE Ich will damit sagen, daß du mich zufrieden lassen sollst.
ERSTE STUNDE Aber, Euer Gnaden, die Nacht hat schon so lange gedauert, daß sie nicht noch länger dauern kann; und wenn wir uns verspäten, mögen Euer Gnaden zusehen, daß keine Unordnung daraus entstehe.
SONNE Mag daraus entstehen, was da will. Ich rühre mich nicht.
ERSTE STUNDE Oh, Euer Gnaden, was hat das zu bedeuten? Sollten Sie sich schlecht fühlen?
SONNE Nein, nein, ich fühle nichts; aber ich will mich nicht rühren. Und deshalb sollst du an deine Arbeit gehen.
ERSTE STUNDE Wie soll ich gehen, wenn Sie nicht kommen, da ich die erste Stunde des Tages bin; und wie soll es Tag werden, wenn Sie nicht Ihrer Gewohnheit nach zu erscheinen geruhen?
SONNE Wenn du nicht zum Tag gehörst, so gehörst du eben zur Nacht, oder die Stunden der Nacht machen

doppelten Dienst, und du und deine Freundinnen, ihr legt euch schlafen. Ich will dir etwas sagen: Ich habe keine Lust mehr, dauernd im Kreise herumzulaufen, um ein paar elenden Geschöpfen zu leuchten, die auf einer Handvoll Dreck leben und so klein sind, daß ich sie trotz meiner guten Augen nicht sehen kann; und deshalb habe ich diese Nacht den Entschluß gefaßt, mich nicht länger zu plagen. Brauchen die Menschen Licht, so dürfen sie ihre Feuer nicht ausgehen lassen oder sie müssen sich auf andere Weise versorgen.

ERSTE STUNDE An was für Mittel und Wege denken Euer Gnaden dabei? Von heute ab ständig sämtliche Lampen brennen zu lassen oder so viel Kerzen halten zu müssen, daß keine Finsternis eintritt, würde eine übermäßige Ausgabe bedeuten. Wäre man schon so weit, daß man eine gewisse Art von Luft herstellen könnte, die brennt und Straßen und Häuser, Kammern und Keller erleuchtet, würde ich sagen, der Fall sei weniger schlimm. Aber es ist nun mal Tatsache, daß noch rund dreihundert Jahre verstreichen müssen, bevor die Menschen diese Entdekkung machen; und bis dahin gehen Öl, Wachs, Pech und Talg unweigerlich aus, und dann haben sie keine Möglichkeit mehr, sich Licht zu schaffen.

SONNE So sollen sie nach Johanniswürmern und Leuchtkäfern auf die Jagd gehen.

ERSTE STUNDE Aber wie können sie sich vor Kälte schützen? Ohne die Hilfe, die sie von Euer Gnaden hatten, werden sämtliche Wälder der Erde zu ihrer Erwärmung nicht ausreichen. Außerdem müßten sie verhungern, weil die Erde keine Früchte mehr trägt; und so werden die armseligen Geschöpfe bereits nach wenigen Jahren dahin sein. Mag sein, daß sie sich noch eine Zeitlang auf der Erde herumtasten, um nach Nahrung und Wärme zu fahnden; wenn aber alles Verschluckbare verzehrt, und der letzte Feuerfunken erloschen ist, werden sie samt und sonders im Finstern sterben, und dabei werden sie so hart gefroren sein, als wären sie Stücke von Bergkristall.

SONNE Was geht das mich an? Bin ich die Amme des Menschengeschlechts oder etwa gar ihr Koch, der ihr Essen zu wärmen oder zu bereiten hat? Und was kümmert's mich, ob ein lächerlicher Haufe von unsichtbaren Geschöpfchen, Millionen Meilen von mir entfernt, ohne mein Licht zu sehen, der Kälte nicht zu trotzen vermögen? Und schließlich, wenn ich schon der Menschenfamilie gewissermaßen als Ofen oder als Herd dienen soll, so wäre es doch wohl in der Ordnung, daß die Familie, wofern sie sich wärmen will, an den Herd komme, und nicht, daß der Herd sich um das Haus bewege. Wenn die Erde also meiner bedarf, mag sie sich aufmachen und zusehen, wie sie meiner habhaft wird. Denn ich für mein Teil brauche nichts von der Erde, weshalb ich ihr nachlaufen sollte.

ERSTE STUNDE Wenn ich recht verstehe, wollen Euer Gnaden sagen, daß das, was Sie bisher getan haben, jetzt die Erde tun soll.

SONNE Ja – und zwar für alle Zukunft.

ERSTE STUNDE Euer Gnaden haben durchaus recht, abgesehen davon, daß Sie nach Belieben über sich verfügen können. Aber wollen Sie doch bitte nicht vergessen zu bedenken, wie vielem Schönen in der Welt es schlecht ergehen müßte, wenn Sie diese neue Ordnung einführen wollten. Der Tag würde den prächtigen vergoldeten Wagen nicht mehr haben mit den herrlichen Pferden, die an der Meeresküste baden, und, um manches andere zu übergehen, wir armen Stunden würden unsern Platz im Himmel verlieren und zu Kindern der Erde werden, wofern wir uns nicht in Rauch auflösen, was ich befürchte. Doch sei dem wie ihm wolle, das Wichtigste ist, die Erde davon zu überzeugen, daß sie sich zu drehen hat, und das wird keineswegs leicht sein, da sie's nicht gewohnt ist und es ihr außerordentlich merkwürdig vorkommen wird, plötzlich in einem fort laufen und sich furchtbar abquälen zu müssen, während sie sich bisher nicht vom Fleck gerührt hat. Und wenn Euer Gnaden jetzt anfangen sich aufs Faulbett zu legen, so dürfte die Erde deshalb keineswegs arbeitsfreudiger sein als bisher.

SONNE Die Not wird ihr schon auf den Fersen sein und zusehen, daß sie springt und läuft wie sich's gehört. Trotzdem wäre es die schnellste und sicherste Methode, man fände einen Dichter oder einen Philosophen, der die Erde dazu brächte, sich in Bewegung zu setzen und sie, wenn es nicht anders ginge, mit Gewalt antriebe. Denn bei solchen Angelegenheiten finden Philosophen und Dichter bekanntlich am ehesten Gehör, ja, sie bringen eigentlich alles zuwege. Dichter waren es, die in früheren Zeiten, als ich ihnen lauschte, mir so lange vorgesungen haben, bis ich mich entschloß und mich gutwillig, als sei es ein Vergnügen oder eine ehrenvolle Beschäftigung, der albernen Mühe unterzog und, groß und dick wie ich bin, wie verzweifelt um ein Sandkörnchen rannte.

Aber jetzt, in meinen reifen Jahren, habe ich mich der Philosophie zugewandt und gehe immer und überall dem Praktischen nach und nicht dem Schönen, und das Gesäusel der Dichter bringt mich zum Lachen, sofern es mir nicht den Magen umdreht. Wenn ich etwas tue, will ich meine guten und ausreichenden Gründe haben. Ich sehe nicht den geringsten Anlaß, weshalb mir die Plage lieber sein sollte als Muße und Behagen, zumal ich bei der Arbeit nichts gewinnen kann, das der Mühe oder auch der Mühe eines Gedankens wert wäre, weil es auf der Welt überhaupt nichts gibt, das auch nur zwei Heller wert ist. So habe ich mir denn vorgenommen, alle Unbequemlichkeiten und Plackereien anderen zu überlassen und ruhig und ohne Beschäftigung daheim zu bleiben. Diese innere Wandlung haben, abgesehen von mei-

nen Jahren, die Philosophen zustande gebracht, Leute, die heute zu großem Einfluß gelangt sind, und deren Ansehen täglich größer wird.
Will man die Erde also dahin bringen, daß sie sich in Bewegung setzt und statt meiner im Kreise läuft, so wäre zu diesem Zweck freilich einerseits ein Dichter besser am Platz als ein Philosoph; denn die Dichter verstehen es, die Menschen zu benebeln und ihnen weis zu machen, auf dieser Welt sei alles sinnvoll und bedeutend und schön und erfreulich, und auf die Art beleben sie zu tausend Hoffnungen und beflügeln sie zu tausend Unternehmungen, während die Philosophen in der Regel jeden Tatendrang untergraben. Da aber anderseits die Philosophie heute nun mal die erste Flöte spielt, so weiß ich nicht, ob ein Dichter von der Erde mehr gehört würde, als ich geneigt wäre auf ihn zu hören, oder wenn man ihn hörte, ob er Einfluß haben würde. Deshalb tun wir am besten, uns an einen Philosophen zu wenden. Mögen diese Leute im allgemeinen auch ungeschickt und nicht gerade die Richtigen sein, um anderen Leuten das Arbeiten beizubringen, so schaffen sie in diesem ungewöhnlichen Falle vielleicht doch mehr als sonst; es sei denn, daß die Erde lieber zugrunde geht als sich abzuquälen, was ich durchaus verstehen würde. Nun, wir werden ja sehen, was geschieht. Tu jetzt folgendes: Begib dich oder schicke die Freundin hinab, die du für die Richtige hältst! Sobald sie einen Philosophen vor seinem Haus in der kühlen Luft beim Beobachten des Sternenhimmels entdeckt – und angesichts des Phänomens dieser nicht endenwollenden Nacht muß es gelingen –, soll sie ihn ohne Umstände hochheben, ihn auf die Schultern laden, sich mit ihm aufmachen und ihn herbringen, und dann will ich versuchen, ihn zum nötigen Schritt zu bewegen. Hast du mich verstanden?
ERSTE STUNDE Ja, Euer Gnaden. Es soll geschehen.

Kopernikus auf der Terrasse seines Hauses. Er betrachtet den östlichen Himmel durch ein kleines Rohr aus Pappe, weil zu seiner Zeit die eigentlichen Fernrohre noch nicht erfunden waren.

KOPERNIKUS Höchst merkwürdig! Alle Uhren gehen falsch, denn die Sonne hätte seit mehr als einer Stunde aufgehen müssen. Dabei zeigt sich im Osten auch nicht ein Schimmer von Licht, obschon der Himmel klar und rein ist wie ein Spiegel. Die Sterne funkeln alle, als wäre es Mitternacht. Jetzt müßte man den Almagestus[79] oder Sacroboscus[80] befragen und sie bitten können, dieses Phänomen zu erklären. Wohl habe ich mehrmals von der Nacht erzählen hören, die Jupiter mit der Frau des Amphitryon[81] verbracht haben soll, und entsinne mich auch, vor kurzem in einem neueren spanischen Buch gelesen zu haben, daß von den Peruanern erzählt wird, vor alters habe es in ihrem Land einmal eine sehr lange, ja schier endlose Nacht gegeben, bis die Sonne schließlich aus einem See aufgetaucht sei, den sie Titicacasee nennen. Aber bisher war ich immer der Meinung, so etwas sei reines Geschwätz, und habe an dieser Meinung auch festgehalten wie alle vernünftigen Leute. Jetzt merke ich, daß Vernunft und Wissenschaft, wenn man ehrlich sein will, keinen Deut wert sind und glaube gerne, daß solche und ähnliche Wunder sich ereignen können. Deshalb will ich sogleich eine Anzahl von Seen und Sümpfen aufsuchen und zusehen, ob es mir nicht gelingt, die Sonne herauszufischen. Aber was ist das für ein Geräusch? Es klingt wie das Rauschen von großen Fittichen.

DRITTER AUFTRITT

Die Letzte Stunde und Kopernikus

LETZTE STUNDE Kopernikus, ich bin die Letzte Stunde.

KOPERNIKUS Die Letzte Stunde? Gut. Da heißt es sich fügen. Nur lasse mir, wenn möglich, so viel Zeit, daß ich mein Testament machen und meine Angelegenheiten ordnen kann, bevor ich sterbe!

LETZTE STUNDE Warum sterben? Ich bin ja nicht die letzte Stunde des Lebens.

KOPERNIKUS Was bist du dann? Etwa die letzte Stunde im Brevier?

LETZTE STUNDE Ich kann mir vorstellen, daß die dir angenehmer ist als die übrigen, wenn du im Chor sitzen mußt.

KOPERNIKUS Woher weißt du, daß ich Kanonikus bin? Und woher kennst du mich überhaupt? Du hast mich vorher auch beim Namen genannt.

LETZTE STUNDE Ich habe mich unten auf der Straße bei einer Reihe von Leuten nach dir erkundigt. Also, ich bin die letzte Stunde des Tages.

KOPERNIKUS Ah, ich verstehe, die Erste Stunde ist krank und das ist der Grund, warum es nicht Tag wird.

LETZTE STUNDE Hör zu! Tag wird es überhaupt nicht mehr, weder heute noch morgen noch jemals, wenn du nicht hilfst.

KOPERNIKUS Das ist ja zum Lachen! Wie kann es meine Aufgabe sein, den Tag zu machen?

LETZTE STUNDE Das will ich dir gleich erzählen. Zunächst mußt du mich einmal in das Haus der Sonne, meiner Herrin, begleiten. Manches wirst du unterwegs erfahren, und das übrige wird dir von Ihrer Hoheit gesagt werden, wenn wir an Ort und Stelle sind.

KOPERNIKUS Alles gut und schön. Aber, wenn ich mich nicht täusche, ist der Weg sehr weit, und kann ich soviel

Proviant mitnehmen, daß ich nicht einige Jahre vor der Ankunft Hungers sterben muß? Auch bringen die Länder Ihrer Hoheit meines Wissens so wenig hervor, daß sie mir nicht einmal ein Frühstück bieten können.

LETZTE STUNDE Habe keine Bedenken! Du wirst nicht lange im Haus der Sonne bleiben; die Reise vollzieht sich in einer Minute. Denn ich bin ein Geist, falls du's nicht wissen solltest.

KOPERNIKUS Aber ich bin ein Körper.

LETZTE STUNDE Betrachtungen solcher Art brauchen dich nicht zu peinigen, da du kein Metaphysiker bist. Komm, klettere auf meinen Rücken und das Weitere überlaß mir!

KOPERNIKUS Meinethalben! Da bin ich. Ich bin gespannt, was aus der Geschichte wird.

VIERTER AUFTRITT

Kopernikus und die Sonne

KOPERNIKUS Madame!

SONNE Verzeih, Kopernikus, wenn ich dich nicht bitte Platz zu nehmen! Aber Stühle sind bei uns nicht Mode. Doch werden wir nicht lange zu tun haben. Du weißt ja schon von meiner Dienerin, um was es geht. Nach dem, was ich durch sie von deinen Vorzügen erfahren habe, glaube ich meinerseits, daß ich für die bevorstehende Aufgabe keinen besseren finden konnte als dich.

KOPERNIKUS Ich habe manche Bedenken gegen Ihr Vorhaben.

SONNE Schwierigkeiten dürfen einen Mann deiner Art nicht schrecken; heißt es doch, daß die Kühnheit des Kühnen durch Schwierigkeiten nur größer wird. Welcher Art sind denn deine Bedenken?

KOPERNIKUS Erstens: so mächtig die Philosophie ist, ich bin nicht sicher, ob sie die Kraft hat, die Erde dahin zu bringen, daß sie das bequeme Sitzen aufgibt und zu laufen anfängt und sie sich abquält, statt der Ruhe zu pflegen, und zumal in der heutigen Zeit, in der man den Heroismus abgeschafft hat.

SONNE Wenn du sie nicht überreden kannst, mußt du sie eben zwingen.

KOPERNIKUS Gern, Euer Gnaden; aber um das zu können, müßte ich ein Herkules oder wenigstens ein Roland sein und nicht ein Kanonikus aus Thorn.

SONNE Das tut nichts zur Sache. Erzählt man nicht von einem eurer alten Mathematiker, er habe sich anheischig gemacht, falls man ihm einen Platz außerhalb der Welt anbiete, von dort aus Himmel und Erde zu bewegen? Von dir verlangt man nicht, daß du den Himmel in Schwung bringst, obschon du weit, weit von der Erde entfernt bist. Wenn du also jenem Manne des Altertums nicht nachstehen willst, dann mußt du die Erde bewegen können, ob sie will oder nicht.

KOPERNIKUS Es ließe sich schon machen, Madame. Aber man benötigte einen Hebel, der müßte sehr lang sein, und zwar so lang, daß selbst der Reichtum von Euer Gnaden, geschweige denn der meine, nicht hinreichen würde, um die Material- und Arbeitskosten auch nur halbwegs zu bestreiten. Dann gibt es noch eine zweite, ernstere Schwierigkeit, von der ich jetzt reden werde; ja, hier liegt eigentlich ein großer Knäuel von Verwicklungen.

Bis auf den heutigen Tag hat die Erde den besten Platz in der Welt eingenommen, nämlich die Mitte. Sie hat sich bekanntlich nicht von der Stelle gerührt und nichts anderes getan als in die Luft zu gucken, während die übrigen Himmelskörper, ob groß oder klein, ob leuchtend oder finster, sie von oben und unten und von allen Seiten ständig umkreist haben, mit einer Geschwindigkeit, mit einem Eifer, einem Ungestüm, daß einem die Sinne ver-

gehen, wenn man daran denkt. Alles, was ist, stand in ihrem Dienst, und so glich die Welt einem Hofstaat, in dessen Mitte die Erde ihren Thron hatte, während die übrigen Himmelskörper in einer weiten Runde nach Art von Höflingen, Wachen und Lakaien der einen oder anderen Verrichtung oblagen. Die Erde hat sich immer für die Herrin der Welt gehalten, und nach dem bisherigen Stand der Dinge wird man nicht behaupten können, daß ihr Urteil falsch gewesen ist; man muß sogar zugeben, daß es durchaus Hand und Fuß hatte.
Und was soll ich Ihnen nun von den Menschen sagen? Da wir glauben und allzeit glauben werden, es gäbe keine Kreatur, der wir an Rang und Bedeutung nachstünden, hat jeder Erdbewohner, und wenn er in Lumpen geht und kein Stück hartes Brot zum Kauen besitzt, sich trotzdem unweigerlich für einen großen Herrn angesehen, größer als der Kaiser von Konstantinopel und von Deutschland, größer sogar als die römischen Cäsaren, ja, er war der Meinung, er gebiete über die Sonne, die Planeten und die Gesamtheit der sichtbaren und unsichtbaren Sterne, kurz, über das All; und Sinn, Zweck und Ziel der Fix- und Wandersterne, von Euer Gnaden und überhaupt allem Bestehenden sei er allein. Verlangen wir nun, daß die Erde ihren schönen Platz aufgibt, und bringen wir sie wirklich so weit, daß sie läuft und sich im Kreise dreht und sich in einem fort abrackert, daß sie also genau dasselbe tut, was die übrigen Himmelskörper bisher getan haben, anders ausgedrückt, daß sie sich freiwillig unter die Planeten begibt, dann ist die unausbleibliche Folge, daß Ihre Majestät die Erde und ihre Majestäten die Menschen auf Thron und Herrschaft verzichten müssen, wodurch sie jedoch weder ihre Lumpen noch ihr wahrlich nicht geringes Elend loswerden.

SONNE Was will mein Don Nicola mit all dem sagen?

Hat er etwa Gewissensskrupel, und glaubt er vielleicht, er begehe ein crimen laesae majestatis[82]?

KOPERNIKUS Nein, Euer Gnaden. Denn weder die Codices[83] noch die Digesten[84] noch die Bücher, die vom Staats- und Reichs-, vom Völker- und Naturrecht handeln, erwähnen, wenn ich mich recht entsinne, dieses crimen. Was mir Bedenken gibt, ist, daß unsere Handlung nicht nur materieller Natur sein wird, wie es auf den ersten Blick den Anschein hat, und ihre Wirkungen nicht allein der Physik angehören werden. Es wird eine andere Bewertung der Dinge und eine neue Rangordnung des Wesens geben, der Lebenssinn der Kreatur wird sich ändern und damit auch eine große Umwälzung in der Metaphysik hervorrufen, ja, in allem, was den spekulativen Teil des Wissens angeht. Und die Folge wird sein, daß die Menschen, sofern sie vernünftig urteilen wollen und können, sich als etwas ganz anderes wiederfinden werden, als was sie vorher waren oder zu sein sich einbildeten.

SONNE Das alles läßt mich kalt, mein Sohn. Vor der Metaphysik habe ich nicht mehr Respekt als vor der Physik oder der Alchimie und meinethalben sogar vor der Schwarzkunst. Die Menschen werden sich nämlich in jedem Falle mit ihrem Los zufrieden geben. Und wenn es ihnen nicht zusagt, werden sie sich etwas vormachen und die Wirklichkeit so lange umdeuten, bis sie ihnen gefällt. Und so werden sie sich nach wie vor für Barone, Herzöge, Kaiser und, wenn es ihnen Spaß macht, für etwas noch Höheres halten. Das wird ihr Trost sein; und mich wird's nicht verdrießen, was sie sich auch einbilden mögen.

KOPERNIKUS Gut denn! Sehen wir also von der Erde und den Menschen ab! Wollen Euer Gnaden aber bedenken, was vermutlich mit den anderen Planeten geschehen wird. Wenn die nämlich gewahr werden, daß die Erde sich nicht anders benimmt wie sie und sie auf einmal zu ihnen gehört, werden sie nicht mehr so einfach und schmucklos, so öde und unbewohnt sein wollen wie bisher, zumal wenn wir unser prächtiges Gewand behalten. Sie werden gleichfalls ihre Flüsse, Meere, Berge, Pflanzen und dazu Tiere und andere, noch höhere Wesen verlangen; denn es besteht ja nun kein Anlaß mehr, daß sie es auch nur in einem einzigen Punkte schlechter haben sollten als die Erde. Das zeitigt aber eine neue, erhebliche Veränderung in der Welt. Denn eine Unzahl neuer Familien und Völker wird plötzlich von allen Seiten wie Pilze emporschießen.

SONNE Laß sie emporschießen und so zahlreich, wie sie wollen! Mein Licht und meine Wärme werden für alle ausreichen, und ich brauche nicht einmal die Preise zu erhöhen. Und die Welt wird ernährt, gekleidet, beherbergt und reichlich versorgt werden, ohne sich in Schulden zu stürzen.

KOPERNIKUS Denken Euer Gnaden aber ein wenig weiter, so werden Sie sehen, daß noch ein anderer Wirrwarr entstehen wird. Denn sobald die Fixsterne merken, daß Sie sich's bequem gemacht haben und Sie nicht etwa auf einem Schemel, sondern auf einem Thron sitzen und daß sich ein schöner Hofstaat und ein Volk von Planeten um Sie schart, werden auch sie nicht nur sitzen und sich ausruhen, sondern gleichfalls regieren wollen. Aber wer regiert, der muß auch Untertanen haben, und so werden auch sie ihre Wandersterne fordern, und zwar jeder seine eigenen. Und diese Planeten müssen wieder bewohnt sein und genau so hübsch ausgestattet werden wie die Erde; und hier stehe ich nun nicht an, das arme Menschengeschlecht zu beklagen, das schon innerhalb der bisherigen Welt eine recht elende Rolle gespielt hat. Wie weit wird es aber erst herunterkommen, wenn jetzt viele Tausende neuer Welten auf den Plan treten und selbst das winzigste Fixsternchen in der Milchstraße seine eigene beansprucht. Und wenn ich nun Ihr Interesse im Auge habe und mir überlege, was für Sie am besten ist, so sage ich mir, daß Sie bisher zwar nicht an erster, aber doch an zweiter Stelle gestanden haben, da Sie gleich nach der Erde gekommen sind, während Sie sonst ihresgleichen nicht hatten, denn die Fixsterne wagten sich nicht mit Ihnen zu messen. Bei der neuen Ordnung des Universums aber werden so viele den Rang mit Ihnen teilen, wie es Fixsterne mit ihren Welten geben wird. Bedenken Sie also, daß die Änderung, die wir treffen wollen, leicht dahin führen kann, Ihr Ansehen zu schädigen!

SONNE Entsinnst du dich nicht, was euer Cäsar geäußert hat, als ihn beim Überschreiten der Alpen der Zufall eines Tages in die Nähe eines von armen Barbaren bewohnten Dörfchens führte? Er sagte, er würde lieber der erste in diesem kleinen Dorf sein als der zweite in Rom. Nun, ebenso bin ich der Meinung, daß den ersten Platz in unserer Welt einzunehmen besser ist als einen beliebigen im Universum. Allein, es ist nicht Ehrgeiz, der mich veranlaßt, den jetzigen Stand der Dinge zu ändern, sondern ein Bedürfnis nach Ruhe oder, um ganz aufrichtig zu sein, Trägheit. Ob ich also meinesgleichen um mich habe oder andere, ob ich den ersten Platz einnehme oder den letzten, das bereitet mir kein Kopfzerbrechen. Denn im Gegensatz zu Cicero liegt mir mehr an Muße als an Ruhm.

KOPERNIKUS So will ich mich denn, Madame, für mein Teil nach Kräften bemühen, Ihnen Ihre Ruhe zu verschaffen. Aber selbst wenn der Plan gelingt, weiß ich doch nicht recht, ob es für lange sein wird. Denn einmal bin ich überzeugt, daß Sie schon nach wenigen Jahren genötigt sein werden, sich um sich selbst zu drehen, wie eine Brunnenwinde oder ein Mühlstein, ohne darum von der Stelle zu rücken. Überdies fürchte ich, daß Sie sich am Ende früher oder später doch wieder zum Laufen werden entschließen müssen. Nicht um die Erde, denn damit ist's zu Ende. Doch wird vermutlich gerade Ihr Kreisen um die eigene Achse Sie veranlassen, sich von neuem in Bewegung zu setzen. Aber sei dem wie ihm wolle. Ungeachtet aller Schwierigkeiten und Bedenken, will ich gehorchen, wenn Sie wirklich bei Ihrem Vorhaben bleiben. Mißlingt die Sache jedoch, dürfen Sie mir weder Schwäche noch Feigheit vorhalten.

SONNE Beruhige dich, lieber Kopernikus, und mach getrost den Versuch!

KOPERNIKUS Einen Punkt muß ich noch zur Sprache bringen.

SONNE Und der wäre?

KOPERNIKUS Ich möchte für meine Tag nicht gern lebendig verbrannt werden wie der Vogel Phönix. Denn wenn das geschehen sollte, würde ich keinesfalls aus der eigenen Asche wieder erstehen wie das Flügeltier und infolgedessen Euer Gnaden niemehr ins Antlitz blicken dürfen.

SONNE Hör zu, mein Kopernikus! Du weißt, daß ich mich zu der Zeit, als ihr Philosophen noch in den Kinderschuhen stecktet und statt eurer die Poesie das Feld beherrschte, aufs Prophezeien verstand. Du sollst der letzte sein, dem ich wahrsage; und du darfst dich auf mein bewährtes Können verlassen und mir glauben: Ich erkläre also, daß es bei einigen deiner Nachfolger, die deine Anschauung vertreten, vielleicht nicht ohne ein bißchen Verbrennen oder etwas ähnlichem abgehen wird; du selbst wirst indes – das sehe ich deutlich – völlig ungeschoren bleiben. Willst du aber ganz sicher gehen, so schreibe ein Buch[85] über die neuen Vorgänge und widme es dem Papst! Dann wirst du nicht einmal dein Kanonikat verlieren.

Gespräch zwischen Tristan und einem Freund

FREUND Ich habe Euer Buch gelesen. Melancholisch, wie man es bei Euch gewohnt ist.

TRISTAN Ja, wie es meiner Art entspricht.

FREUND Melancholisch, trostlos, verzweifelt. Man sieht, daß Ihr das Leben abscheulich findet.

TRISTAN Was soll ich Euch erwidern? Ich war so verrückt, mir in den Kopf zu setzen, das menschliche Leben sei unglücklich.

FREUND Unglücklich, ja vielleicht. Und doch am Ende...

TRISTAN Nein, nein, es ist sogar sehr glücklich. Ich habe meine Ansicht geändert. Aber als ich das Buch schrieb, hatte ich nun einmal so wunderliche Ideen. Und ich war so überzeugt von ihrer Richtigkeit, daß ich alles eher erwartet hätte, als daß man meine Ansichten bezweifeln könnte. Ich glaubte, jeder Leser, der imstande sei nachzudenken, müsse sich bereitfinden, Zeugnis für mich abzulegen. Ich stellte mir wohl vor, es könne ein Streit über den Nutzen oder Nachteil meiner Anschauungen entstehen, aber doch niemals über deren Wahrheit; ja, da eigentlich alle unglücklich sind, meinte ich, meine Klagen müßten im Herzen jedes Hörers Widerhall finden. Als ich daher erfuhr, man lehne nicht nur einzelne Behauptungen ab, sondern das ganze Gedankengebäude – denn das Dasein sei keineswegs unglücklich –, und wenn es mir so scheine, so müsse das die Wirkung einer Krankheit oder meines besonderen Mißgeschickes sein, war ich zunächst betroffen, verwirrt und wie versteinert. Tagelang meinte ich in einer fremden Welt zu leben, bis ich mich endlich wiederfand. Dann ärgerte ich mich ein wenig, doch bald darauf lachte ich, weil ich mir sagte, daß die Menschen wie die Ehemänner seien. Die müssen, wenn sie Ruhe haben wollen, an die Treue der Frauen glauben, zum mindesten jeder an die Treue der seinen; und das tun sie auch, selbst wenn die halbe Welt genau weiß, daß sie sich täuschen. Die Menschen sind, wie gesagt, nicht anders, denn sie halten sich nie an das, was wahr ist, sondern immer an das, was ihren Wünschen entspricht oder zu entsprechen scheint. Es gibt keine Torheit, für die sie sich nicht begeistern konnten, und das wird immer so bleiben, und nie werden sie glauben, daß sie im Grunde nichts wissen, nichts bedeuten und nichts zu hoffen haben.

Meine Behauptungen vom Unglück der Menschen wurden also abgelehnt, als brächten sie Unerlaubtes und zugleich nie Gehörtes. Bei genauerem Zusehen fand ich jedoch, daß sie nicht neuer waren als Salomo und Homer und die ältesten uns bekannten Dichter und Philosophen, deren Werke von Bildern, Erzählungen und Aussprüchen über das furchtbare Elend der Welt geradezu strotzen. Der eine erklärt den Menschen für das trostloseste aller Geschöpfe; der zweite sagt, es könne einem nichts Besseres beschieden werden als gar nicht zur Welt zu kommen, und wenn man einmal da sei, als schon in der Wiege zu sterben; ein dritter stellt den Satz auf, daß einer, den die Götter lieb hätten, bereits in der Jugend dahingehe; und vieler anderer Mund erklingt in derselben Melodie. Ja, im Grunde haben sich von den Anfängen bis heute fast alle Dichter und Philosophen und fast alle Schriftsteller von größerem und geringerem Format im gleichen Sinne geäußert.

So staunte ich denn wiederum, und mit Staunen, Entrüstung, Erbitterung und Lachen verstrich eine geraume Zeit, bis ich der Sache auf den Grund ging und zur Überzeugung gelangte, die Menschen für unglücklich zu halten, sei ein längst überholter Denkfehler, und die Entdeckung, daß die alte Anschauung falsch und der Mensch glücklich sei, gehöre zu den großen Errungenschaften des neunzehnten Jahrhunderts. Darauf beruhigte ich mich und gestehe nun gern, daß ich unrecht hatte.

FREUND Ihr habt Eure Ansichten also wirklich geändert?

TRISTAN Freilich. Warum sollte ich ein Gegner der im neunzehnten Jahrhundert gefundenen Wahrheit sein?

FREUND Die Anschauungen der Zeit sind also auch die Euern?

TRISTAN Allerdings. Findet Ihr das verwunderlich?

FREUND Demnach glaubt Ihr also auch, der Mensch sei vervollkommnungsfähig, und diese Fähigkeit habe keine Grenze?

TRISTAN Selbstverständlich.

FREUND Glaubt Ihr wirklich, die Menschheit erfreue sich eines stetigen Fortschritts?

TRISTAN Gewiß. Immerhin neige ich bisweilen zu der Ansicht, daß im Altertum an Körperkraft und Gesundheit einer so viel war wie vier von uns heutigen. Und was ist der Mensch ohne diese Gaben? Denn Hochherzigkeit, Kühnheit, Leidenschaft, Tatkraft, Freude, kurz alles, was dem Dasein Adel und Schwung verleiht, ist ohne leibliche Stärke nicht denkbar. Aber auch in ihren ethischen und philosophischen Grundsätzen scheinen mir die Alten ungleich männlicher zu sein als wir. Solche Einwendungen kommen mir hin und wieder; aber ich weiß natürlich, sie sind nicht stichhaltig und gebe ihnen deshalb keineswegs nach. Der ununterbrochene Aufstieg des Menschengeschlechtes ist über jeden Zweifel erhaben[87].

FREUND Damit räumt Ihr auch ein, daß die Aufklärung gesiegt hat und das Wissen ständig zunimmt.

TRISTAN Natürlich. Wenn ich mich umsehe, beobachte ich allerdings, daß nur die Freude am Lernen wächst, während der Wille zum ernsthaften Studium schwindet.

Man vergegenwärtige sich nur einmal die Zahl der echten Gelehrten, die vor 150 Jahren und auch noch später gleichzeitig gelebt haben! Dann wird man begreifen, um wieviel reicher frühere Zeiten waren als die unseren. Und man halte mir nicht vor, es gäbe heute zwar nicht soviel ganz Große, aber dafür desto mehr weniger Bedeutende, und die Menge hier und das Gewicht dort glichen einander aus. Nein, Kenntnisse sind nicht wie Goldstücke, die man unter vielen verteilen oder einem einzigen zuwenden kann und die immer dieselbe Summe ergeben. Wenn alle wenig wissen, wird eben wenig gewußt, denn Wissen geht immer dahin, wo schon Wissen ist und zersplittert sich nicht. Nur oberflächliche Bildung kann Allgemeingut werden. Das eigentliche Wissen ist Sache des Gelehrten und, von Zufällen abgesehen, ist allein der gründlich Unterrichtete und mit ungewöhnlichen Einsichten Ausgestattete in der Lage, den Wissensschatz der Menschheit zu vermehren. Meint Ihr nun nicht, es wird, mit Ausnahme vielleicht von Deutschland, wo der Geist noch zu Hause ist, täglich schwerer, Männer von einer so tiefen und echten Gelehrsamkeit zu finden?
Diese Betrachtungen stelle ich natürlich nur an, um zu plappern und ein bißchen zu spintisieren; denn im Grunde stimme ich voll und ganz mit Euern Ansichten überein. Ja, wenn die Welt auf der einen Seite voll von betrügerischen Ignoranten wäre und voll von anmaßenden Ignoranten auf der anderen, ich ließe nicht von dem Glauben, daß wir als Folge der Aufklärung den lichtesten Zeiten entgegengehen.

FREUND Also seid auch Ihr der Meinung, daß unser Jahrhundert allen früheren überlegen ist.

TRISTAN Gewiß. Das haben freilich alle Jahrhunderte von sich geglaubt, auch die barbarischsten, und so glaubt es auch mein Jahrhundert und ich mit ihm.

FREUND So wäre denn, um zusammenzufassen, Eure Ansicht über Wesen und Bestimmung von Menschen und Dingen – denn von Literatur und Politik sprechen wir ja nicht – die der Journale?

TRISTAN Ganz recht. Ich bekenne mich zum Glauben an die tiefe Weisheit der Journale, die jede andere Lektüre und vor allem jedes ernste, unbequeme Studium überflüssig machen, weil sie allein Lehrmeister und Leuchte der Gegenwart sind. Denn so ist es doch?

FREUND Ganz richtig. Wenn Ihr jetzt aus Überzeugung sprecht und nicht im Scherz, gehört Ihr wirklich zu uns.

TRISTAN Freilich gehöre ich zu Euch.

FREUND Und was soll nun mit Euerem Buche geschehen? Soll es, wie es ist, auf die Nachwelt kommen, obschon die Anschauungen, von denen es getragen wird, in vollem Widerspruch stehen zu dem, was Ihr soeben geäußert habt?

TRISTAN Auf die Nachwelt? Ich muß über Euern Scherz lachen und müßte noch mehr lachen, wäre es möglich, Ihr scherzet nicht. In einem Zeitalter wie dem unseren, in dem die Individuen den Massen gewichen sind, erspart man sich am besten jedes Nachdenken über einen etwaigen den Tod überdauernden Ruhm. Ganz allgemein gesprochen, glaube ich, das kommende Jahrhundert wird durch den ungeheueren Bücherwust des neunzehnten einen dicken Strich machen. Mancher wird sich vielleicht noch sagen: In meiner Bibliothek stehen Werke, die zu schaffen ein zwanzigjähriges oder gar dreißigjähriges, manchmal vielleicht auch kürzeres Bemühen, unter allen Umständen jedoch eine gewaltige Arbeit vonnöten war. Die will ich zuerst lesen, denn vermutlich profitiere ich von ihnen am meisten, und erst wenn ich mit ihnen zu Ende bin, will ich die flüchtiger geschriebenen vornehmen.

Lieber Freund, wir leben in einem Jahrhundert von Knaben, und die wenigen Männer, die noch sind, müssen sich vor Scham verkriechen wie ein gerade Gewachsener in einer Schar von Krüppeln. Die guten Jungen möchten alles machen, was zu anderen Zeiten die Männer gemacht haben, und zwar recht auf Knabenart, im Handumdrehen, ohne sich groß zu plagen. Sie möchten sich sogar der Errungenschaften der Zivilisation bedienen und mitsamt ihren Nachfahren ein für alle Male jeder Notwendigkeit enthoben werden, durch Schweiß und Mühen zu Brot und Erfolg zu gelangen.
Vor wenigen Tagen sagte mir ein Freund, ein Mann des praktischen Lebens, selbst die Mittelmäßigkeit sei selten geworden. Fast jeder sei ungeschickt, fast keiner imstande, dem Amt oder dem Beruf zu genügen, zu dem Erziehung, Schicksal oder Wahl ihn bestimmt hätten. Hier scheint mir im wesentlichen der Unterschied zwischen unserem und den früheren Jahrhunderten zu liegen. Das Große ist immer selten gewesen. Während sonst aber das Mittelmäßige herrschte, ist heute das Minderwertige oben auf. Da alle alles wollen, entsteht soviel Lärm und Verwirrung, daß man auf die wenigen Großen nicht achtet, die zweifellos noch da sind, bei der ungeheueren Zahl von Bewerbern aber nicht durchdringen können; und so wird es dahin kommen, daß die Schlechtesten sich erhaben dünken und ein dunkles und bedeutungsloses Ende das gemeinsame Schicksal der Geringsten wie der Besten ist.
Doch es lebe die Statistik! Es lebe die ökonomische, die philosophische, die politische Wissenschaft, es leben die Taschen-Enzyklopädien, die Handbücher und alle schönen Erfindungen unseres Jahrhunderts! Ja, es lebe allezeit das neunzehnte Jahrhundert, das zwar arm an Taten ist, sich aber vorzüglich aufs Reden versteht und einen mächtigen Wortschwall entfaltet, denn das ist bekannt-

lich ein Beweis für besonderes Erleben. Und trösten wir uns auch damit, daß für weitere vierundsechzig Jahre nur unser Jahrhundert sprechen und seine Ansichten verkünden wird!

FREUND Das ist alles Ironie, wenn ich mich nicht täusche. Schließlich solltet Ihr doch nicht vergessen, daß wir in einem Jahrhundert des Überganges leben.

TRISTAN Und was folgert Ihr daraus? Mehr oder weniger waren alle Jahrhunderte Übergang und werden es sein; denn die menschliche Gesellschaft steht nie still, und nie wird ein Zustand von Dauer erreicht werden. Das schöne Wort entschuldigt also das neunzehnte Jahrhundert nicht, oder die Entschuldigung gilt für alle Epochen. Es bliebe auch noch zu untersuchen, wohin die Gesellschaft auf dem Wge, den sie jetzt eingeschlagen hat, gelangt, das heißt, ob der Übergang, der sich vollzieht, vom Guten zum Besseren oder vom Schlechten zum Schlimmeren führt. Ihr meint vielleicht, diese Zeit sei Übergang par excellence, also ein besonders jäher Wechsel von einem Kulturzustand in einen völlig neuen. Dann erlaubt mir bitte, über Euere Ansicht zu lachen und zu erwidern, daß jeder Übergang seiner Natur nach langsam ist. Geht er nämlich rasch vor sich, ist man sehr bald gezwungen, kehrt zu machen und von vorne anzufangen. So ist es immer gewesen, weil die Natur keine Sprünge macht und weil einer, der sie zwingen will, ganz gewiß seine Wirkung verfehlt. Anders ausgedrückt: Plötzliche Übergänge sind scheinbare, keine wirklichen.

FREUND Bitte äußert so etwas nicht in größerem Kreise! Sonst habt Ihr bald eine Menge Feinde.

TRISTAN Das kümmert mich wenig. In Zukunft wird mir weder Freund noch Feind viel antun.

FREUND Habt Ihr nun Euere Ansichten geändert oder nicht? Und was soll mit Euerm Buch geschehen?

TRISTAN Am besten verbrennt man es. Und will man es nicht verbrennen, so mag man es als ein Werk voll poetischer Träume, voll melancholischer Erfindungen und Grillen aufbewahren oder zum Andenken an seinen unglücklichen Verfasser. Denn im Vertrauen gesagt, mein lieber Freund, Ihr und die meisten andern, Ihr seid wohlauf; aber, was mich angeht, so bin ich mit Euerer und des Jahrhunderts Erlaubnis nun mal unglücklich. Und ich weiß, daß ich es bin, und sämtliche Journale beider Welten werden mich nicht vom Gegenteil überzeugen; ich wage es, den Tod herbeizusehnen, und zwar mit solcher Glut und Aufrichtigkeit, wie es nur wenige auf der Welt je getan haben[88]. Über die Pläne und Hoffnungen meiner Epoche spotte ich nicht; ich wünsche ihr sogar von ganzem Herzen Erfolg und bewundere, ehre und preise ihr redliches Bemühen. Aber ich beneide deshalb nicht die Nachwelt und nicht den, der heute noch lange zu leben hat. Ich beneide die Toten; ihnen möchte ich möglichst bald folgen. Und wann mir auch das Ende beschieden sein mag, ich werde so ruhig und versöhnt dahingehen, als hätte ich nie ein anderes Ziel gekannt.

AUS DEM ZIBALDONE

Persönliches

I

Was meine poetische Laufbahn angeht, so hat mein Geist dieselbe Entwicklung durchmessen wie der menschliche Geist im allgemeinen. Anfangs war Phantasie meine Stärke, meine Verse waren voller Bilder; und wenn ich Dichtung las, so geschah es stets zur Förderung meiner Phantasie. Trotzdem war ich auch dem Leidenschaftlichen sehr zugänglich, vermochte jedoch keinen dichterischen Ausdruck dafür zu finden. Über den Sinn des Daseins hatte ich noch nicht nachgedacht und von Philosophie hatte ich kaum eine Ahnung, jedenfalls nur eine weitläufige, verbunden mit der bekannten Selbsttäuschung, daß es in der Welt und im Leben stets eine Ausnahme zu unseren Gunsten geben müsse. Ich bin immer vom Mißgeschick verfolgt worden; allein mein damaliges Unglück war fruchtbar, und fruchtbar war die Verzweiflung, die mich glauben ließ, mir fehle das Glück, dessen die übrige Welt sich erfreute. Kurzum, mein Zustand glich zu jener Zeit im großen und ganzen dem der Alten... Die vollständige Wandlung, der Übergang vom antiken zum heutigen Zustand, vollzog sich eigentlich innerhalb eines einzigen Jahres, als ich meine Augen nicht mehr gebrauchen und mir nicht mehr durch dauernde Lektüre Zerstreuung verschaffen konnte. Damals fing ich an, mein Unglück auf eine sehr viel traurigere Art zu erleben. Ich begann, die Hoffnung aufzugeben und ernstlich über den Sinn des Daseins nachzudenken (in einem einzigen Jahre habe ich in diesen »Gedanken« doppelt soviel geschrieben wie vorher in anderthalb Jahren, und zwar über Fragen, die sich vor allem auf unsere Wesensart beziehen, im Gegensatz zu früheren Äußerungen, die sämtlich von Literatur handelten). Ich fing also an, Philosoph von Profession zu werden, während ich Dichter gewesen war, und das unausweichliche Unglück der Welt zu erleben, anstatt es nur zu begreifen; und zwar infolge meines körperlichen Leidens, das den Abstand von den Alten ebensosehr vergrößerte, wie es mich den Heutigen näherbrachte. Damals war meine Phantasie außerordentlich matt; und wenn meine Erfindungsgabe zu jener Zeit auch stark im Zunehmen war, ja, wenn sie eigentlich erst einsetzte, so wandte sie sich doch in der Hauptsache dem Gebiet der Prosa oder der sentimentalischen Poesie zu. Und wenn ich versuchte, Verse zu machen, so stellten sich die Bilder nur gezwungen ein; ja, die Phantasie war wie ausgedörrt. So darf man denn wohl ohne weiteres behaupten, daß Dichter nur die Alten waren und daß es heute nur Kinder und Knaben, und daß die Erwachsenen, die sich dieser Würde rühmen, in Wahrheit Philosophen sind. Auch ich bin erst sentimentalisch geworden, als ich die Phantasie und mit ihr das Empfinden für die Natur verloren, als ich mich ganz der Vernunft und dem Wahrheitsstreben, also der Philosophie ergeben hatte.

2

Das Glück, das ich in schöpferischen Perioden genossen habe, der schönsten Zeit, die mir im Leben zuteil geworden ist, und das ich immer für den größten Segen halten werde, solange ich auf dieser Erde weile. Die Tage vergehen, ohne daß ich es merke, die Stunden sind wie ein Nichts; und ich wundere mich oft selbst, wie rasch sie verfliegen. – Die Freude, das Hochgefühl und der Eifer, zu denen mich in frühester Jugend die Spiele und Späße mit den Brüdern anregten, als wir unsere Körperkräfte zu üben und zu messen begannen. Kleine Erfolge solcher Art überschatteten meiner Bewertung nach damals sogar den eigentlichen Ruhm, um den sich meine tägliche Arbeit so beharrlich und leidenschaftlich bemühte.

3

Was Frau ... zu äußern pflegte, wenn sie mir vorhielt, daß ich die Tage meiner Jugend zu Hause ohne Umgang mit Menschen verbracht hätte, wird mich allzeit traurig stimmen. Sie sagte: »Was für eine Kindheit! Wie konnten Sie gerade in diesen Jahren ein solches Leben führen!« Schon damals habe ich im Innersten begriffen, wie durchaus recht sie mit ihren Worten hatte.

4

Als ich nach Rom kam, hat mich der Zwang, mit Menschen umzugehen, mich draußen zu bewegen, zu handeln und nach außen zu leben, dumm und untauglich gemacht und mich innerlich getötet. Ich war nicht mehr imstande, etwas zu unternehmen, und bar alles inneren Lebens, ohne mich deshalb in das äußere besser schicken zu können. Ich konnte das eine mit dem anderen nicht vereinigen, konnte es so wenig, daß ich es für unmöglich hielt und des Glaubens war, die anderen Menschen, die ich in der Welt beheimatet sah, kennten das innere Leben, das zu mir damals gehörte, nicht mehr, und die meisten hätten es überhaupt nie gekannt. Erst die eigene Erfahrung hat mich in dieser Hinsicht eines Besseren belehrt. Aber jener Zustand war wohl der peinvollste und quälendste, den ich je durchgemacht habe. Da ich zum inneren wie zum äußeren Leben untauglich geworden war, verlor ich schließlich jede Selbstachtung und jede Hoffnung auf einen Erfolg in der Welt und auf einen Ertrag meines Daseins.

5

Wenn ich mit fremden Menschen, besonders mit Literaten, zusammenkam, war ich von der Fülle von Anekdoten und Geschichtchen, von Kenntnissen auf jedem Gebiet, von Bemerkungen und Witzen, die sie vorbrachten, völlig geschlagen. Wenn ich mich mit ihnen verglich, verzagte ich im Innersten; es schien mir unmöglich, sie zu erreichen; ich kam mir ihnen gegenüber wie eine Null vor. Und das geschah nicht etwa, weil die Summe meines Wissens und meine gesamten geistigen Schätze mir zu unbedeutend erschienen im Vergleich mit dem, was sie zutage förderten und eben jetzt in meinem Beisein verausgabten. Hätte ich nicht angenommen, daß ihr Reichtum weit darüber hinausginge, würde ich das alles sehr niedrig eingeschätzt haben, auch im Vergleich zu meiner Person; allein ich war der Ansicht, sie gäben nur einen Vorgeschmack des Eigentlichen, ein »Taschengeld«, hinter dem sich eine entsprechende Fülle von Schätzen auftäte.

6

In meiner Heimatstadt, in der man wußte, daß ich mich den Wissenschaften widmete, glaubten die Leute, ich sei sämtlicher Sprachen mächtig, und befragten mich wahllos über jede einzelne. Sie meinten, ich sei Dichter, Redner, Physiker, Mathematiker, Politiker, Mediziner, Theologe und was sonst noch alles, also ein Mensch von allumfassenden Kenntnissen. Deshalb hielten sie mich jedoch nicht für besonders bedeutend; und weil sie in ihrer Unwissenheit nicht ahnten, was ein gelehrter Mann ist, glaubten sie trotz der guten Meinung, die sie von mir hatten, dem Vergleich mit einem außerhalb unserer Mauern lebenden Wissenschaftler vermöge ich nicht standzuhalten. Ja, einer, der mich loben wollte, sagte eines Tages zu mir: »Für Euch müßte es doch nicht übel sein, eine Zeitlang in einer Stadt von Rang zu leben, da wir doch beinahe, beinahe behaupten dürfen, daß Ihr ein Gelehrter seid.« Und wenn ich auf derartige Äußerungen erwiderte, meine Kenntnisse seien nicht ganz so groß, wie sie annähmen, sank ihre Achtung noch mehr, und schließlich galt ich fast für einen von ihresgleichen.

7

Die Eigenliebe ist vom Menschen nicht zu trennen... Sie kann jedoch die verschiedensten Formen annehmen, und so war sie, die heute Egoismus ist, ehemals Heroismus. Sie war Liebe zur Gemeinschaft, innerhalb derer der einzelne lebte, Liebe zum Verband oder zum Vaterland. Und das war durchaus natürlich, denn die Gemeinschaft stützte ja den einzelnen und hatte ausdrücklich sein Bestes zum Ziel. Daher kettete sich der einzelne an sie, und wie er sich in einen Teil von ihr verwandelte, so verwandelte die Liebe zu sich selbst sich in Liebe zu ihr.
Die Eigenliebe wandelte sich also in Vaterlandsliebe. Und der Haß gegen andere Individuen? Er verschwand nicht, denn er ist immer und für ewig mit der Eigenliebe und das heißt mit dem lebenden Menschen verbunden. Aber er wandelte sich in Haß wider andere Verbände oder Nationen. Und das war natürlich und folgerichtig, denn der Verband oder das Vaterland war für jeden einzelnen wie ein zweites Ich.
Wo es also wahrhafte Vaterlandsliebe gegeben hat, hat es auch den Haß gegen den Fremden gegeben; wo man den Fremden nicht als Fremden haßt, liebt man sein Vaterland nicht.
Das Märchen von der allgemeinen Menschenliebe, vom allgemeinen Wohl, einem Wohl und einem Interesse, die niemals mit dem Wohl und dem Interesse des einzelnen zusammengehen können, da er, sobald er sich für alle plagt, nicht in der Lage ist, sich für sich selbst zu plagen und über andere Macht zu gewinnen, was nach dem Willen der Natur seine Bestimmung ist, hat zum allgemeinen Egoismus geführt. Man haßt den Fremden nicht mehr, dafür haßt man den Kameraden, den Mitbürger, den Freund, den Vater, den Sohn; dafür ist jede Liebe aus

der Welt verschwunden, sind Glaube, Gerechtigkeit, Freundschaft, Heroismus, jede Mannestugend verschwunden, und einzig die Liebe zum eigenen Ich ist geblieben.

Welche Feindschaft ist also die schrecklichere? Die Feindschaft gegenüber Entfernten, die nur bei bestimmten und gewiß nicht häufigen Anlässen in Kraft tritt, oder die andere dem Nächsten gegenüber, die stets und ständig genährt wird, weil es nie an Gelegenheiten fehlt? Welche steht in größerem Widerspruch zur Natur und zu den Gesetzen der Moral und der Gemeinschaft? Die Interessen der Entfernten stehen in keinem besonders lebhaften Gegensatz zu den unseren, aber die der Nächsten reiben sich ständig mit den eigenen. Furchtbarer ist also der Krieg, der aus dem Egoismus und dem eingepflanzten Haß gegen andere entspringt, wenn er sich nicht gegen den Fremden richtet, sondern gegen Landsmann und Mitbürger.

Wie es ohne Vaterlandsliebe keine Gemeinschaft gibt, gibt es ohne sie auch kein Mannestum.

Das Völkerrecht ist erst entstanden, seitdem es keine Völker mehr gibt.

Ebenso wahr ist es, daß die Tüchtigkeit des einzelnen mit der Liebe zum Vaterland und mit der Kraft und der edlen Gesinnung seiner Nation Hand in Hand geht, und daß sie nachläßt, wenn ihre Sitten sich verschlechtern.

8

Und hier haben wir noch eine andere schöne Eigentümlichkeit der neueren Philosophie. Diese Dame hat die Vaterlandsliebe für eine Illusion erklärt. Sie wünscht, daß die gesamte Welt ein einziges Vaterland sei, und daß es nur eine allgemeine Menschenliebe gebe. Der Erfolg ist, daß es in der Tat keine Vaterlandsliebe mehr gibt; aber anstatt daß alle Individuen der Welt sich zu einem

Vaterland bekennen, haben sämtliche Vaterländer sich in so viele Vaterländer aufgelöst, wie Individuen vorhanden sind; und der von der erlauchten Philosophie geforderte Bund hat zu einem Auseinanderfallen in lauter Individuen geführt.

9

Wo kein Haß gegenüber anderen Nationen ist, da ist auch keine männliche Tüchtigkeit.

10

Das Leben der Menschen ist nie so heiter gewesen wie in jenen Zeiten, da man glaubte, daß auch der Tod etwas Schönes und Beglückendes sein könne; und nie ist das Dasein so reich an Freuden gewesen wie in den Tagen, da der Mensch dazu erzogen wurde und darauf brannte, für sein Vaterland und für den Ruhm zu sterben.

11

Kein barbarisches Jahrhundert hat sich für barbarisch gehalten; vielmehr glaubte und glaubt jedes Jahrhundert, es sei das Nonplusultra des Fortschritts menschlichen Geistes, seine Erkenntnisse und Entdeckungen und vor allem seine Kultur würden schwerlich und auf keinem Einzelgebiet von den Späteren übertroffen werden und seien ganz gewiß von den Früheren nicht übertroffen worden.

12

Primitiv und barbarisch sind etwas völlig Verschiedenes. Der Barbar ist schon verdorben, während der Primitive noch nicht reif ist.

13

Das verläßlichste Glück dieses Lebens ist das nichtige Glück der Illusionen. Ich sehe die Illusionen als etwas in gewissem Sinne Wirkliches an, da sie wesentliche Bestandteile des Ganzen der menschlichen Natur und von der Natur allen Menschen gegeben worden sind. Daher geht es nicht an, sie als Phantastereien eines einzelnen abzufertigen; sie gehören vielmehr zum Menschen, sind von der Natur gewollt, und unser Dasein wäre ohne sie höchst roh und elend. Sie dürfen also nicht fehlen, und das Gefüge und die Ordnung dieser Welt sind ohne sie nicht denkbar.

14

Wie sehr die Vernunft die Illusionen auch ausgesogen und ihnen die Maske abgenommen haben mag, sie sind doch noch in der Welt und machen immer noch zum großen Teil unser Leben aus. Auch wenn man ihre Wesenlosigkeit durchschaut hat, sie verschwinden mit dieser Erkenntnis nicht. Und sind sie wirklich einmal dahin, so doch niemals derart, daß nicht eine äußerst kräftige Wurzel erhalten bliebe und diese nicht aller Erfahrung und aller erworbenen Gewißheit zum Trotz weiter gediehe und jederzeit zu neuem Leben erblühen könne.

15

Es scheint widerspruchsvoll und ist doch durchaus wahr. Da alles Wirkliche nichts ist, gibt es kein Wirkliches und Verläßliches auf der Welt außer den Illusionen.

16

Dauernden Erfolg hat nur die von der Natur und von den Illusionen geschaffene und immer wieder gestärkte Manneszucht, nicht eine, die von der Philosophie ausgeht, obschon auch diese, solange sie sich nicht voll auswirkt, zum Tüchtigsein beiträgt. Richtet euer Augenmerk auf die Römer! Wohin ist Rom durch den Einfluß und die Verbreitung der Macht philosophischer Grundsätze geführt worden! Zur Vernichtung seiner Tauglichkeit zu erfolgreichem Handeln und damit zum Untergang seiner Größe.

17

Die Illusionen können nur von Enttäuschten verurteilt, verspottet und angegriffen werden oder von Menschen, in deren Augen diese Welt wirklich etwas und sogar etwas Schönes bedeutet. Das aber ist die gründlichste Täuschung. Daher bekämpft der durchschnittliche Philosoph die Illusionen, eben weil er ein Enttäuschter, während der echte Philosoph sie pflegt und ihr Lob singt, weil er kein Enttäuschter ist. Wer die Illusionen in ihrer Gesamtheit befehdet, liefert einen handgreiflichen Beweis für ein höchst unvollkommenes und unzureichendes Wissen und ein auffallendes Enttäuschtsein.

18

Wer das Törichte der Selbsttäuschung am gründlichsten und schmerzlichsten erfährt, klammert sich fester an sie, sehnt sich lebhafter nach ihr und singt ihr ein höheres Lob als jeder andere.

19

Die Philosophen sollen sich klarmachen, daß es nicht auf das Leben an sich ankommt, sondern darauf, daß es gut und glücklich oder besser gesagt, nicht gar zu schlecht und unglücklich verläuft. Aber wirkliches Glück gewährt nur die Illusion, und jedes Glück, das sich von Wahrheit nährt, ist trügerisch; oder vielmehr: jedes Glück erweist sich als trügerisch und hinfällig, wenn das, worauf es sich bezieht, in seiner wahren Gestalt erkannt wird.

20

Wer nicht mehr in Illusionen lebt, der hat auch kein Herz mehr; denn unser Gefühl, wodurch es auch geweckt sein mag, ist ohne eine losere oder festere Beziehung zu unseren Mitmenschen nicht denkbar. Wie soll man sich aber für etwas erwärmen, wenn man erkannt hat, wie elend und vergänglich es ist? Sobald die Welt, in der allein das Herz weit werden kann, den Schleier fallen läßt, sobald dem Menschen der Glaube an die Kräfte der Seele schwindet, ist sein Gefühl dahin.

21

Es ist eine schöne und freundliche Illusion, wenn wir glauben, daß Geschehnisse mit ihren Gedenktagen, mit denen sie, bei Lichte besehen, nicht mehr zu tun haben als mit irgendeinem Tage des Jahres, doch irgendwie zusammenhängen. An diesen Tagen ist es, als erhöbe sich schattenhaft die Vergangenheit, als wäre sie wieder da und stünde aufs neue vor uns. Das mildert die traurigen Gedanken an die Zerstörung des Gewesenen und lindert den Jammer über manchen Verlust. Das Wiederbeleben von etwas, das vorüber ist und sich nie mehr erneut, weckt die Vorstellung, als sei es doch nicht völlig erloschen und dahin.

22

Keiner ist von der Welt so vollkommen enttäuscht, keiner durchschaut sie so klar und ist so gegen sie erbittert, daß er sich nicht ein wenig versöhnt fühlte, wenn sie ihm auch nur ein karges Lächeln schenkt. Auch halten wir keinen Menschen für so abscheulich, daß er uns nicht gleich etwas weniger böse vorkommt, wenn er uns höflich grüßt. Diese Beobachtungen sollen die Schwäche des Menschen beweisen helfen, nicht die Schlechten und die Welt rechtfertigen.

23

In jedem Lande wird von den dem Menschen und der menschlichen Gesellschaft nun einmal anhaftenden Lastern und Untugenden behauptet, sie seien Eigentümlichkeiten der betreffenden Gegend. Ich bin noch an keinem Ort gewesen, an dem ich nicht gehört hätte: Bei uns sind die Frauen eitel und treulos, sie lesen wenig und sind ungebildet; bei uns sieht einer dem andern auf die Finger, es gibt viel Klatsch und häßliches Gerede; bei uns kann man durch Geld, Protektion und Kriecherei alles erreichen; bei uns regiert der Neid, und Freundschaften sind selten aufrichtig. Und so geht es weiter, als nähmen die Dinge in der übrigen Welt einen anderen Lauf. Es ist des Menschen Los, erbärmlich zu sein; aber er ist entschlossen, sich einzureden, er sei es nur zufällig.

24

Man darf es getrost für eine unbestrittene Regel halten, daß der Mensch, von kurzen Zeiten abgesehen, obschon es ein handgreiflicher Unsinn ist, nie davon abläßt, sich heimlich allerhand vorzumachen, weil er das für seine Seelenruhe braucht, ja, weil er sonst gar nicht leben kann. Der alte Mann, zumal wenn er noch Umgang pflegt, verzichtet, wiewohl jeder Anlaß ihn vom Gegenteil überzeugen sollte, niemals auf den fest in ihm wurzelnden Wahn, vermöge einer einzigartigen Ausnahme von der durchgängigen Regel könne er auf eine rätselhafte und ihm selbst unerklärliche Weise doch noch ein wenig Eindruck auf Frauen machen... Eine Frau, die ihrem Wandel keine Schranken auferlegt, bleibt, wiewohl ihr täglich an tausend Anzeichen klar wird, was die öffentliche Meinung von ihr hält, hartnäckig dabei, daß sie in aller Augen für anständig gilt... Ein Mann, der sich gemein beträgt und sich, eben weil er gemein und feige ist, viel um das Urteil der Welt kümmert, ist davon überzeugt, daß seine Handlungen im besten Sinne gedeutet werden und ihre wahren Beweggründe unbekannt bleiben... Und so kann ich denn schließen, daß es auf Erden nichts so Verkehrtes und Widersinniges gibt, daß selbst der Verständigste es nicht für wahr hält, wenn er sich nicht kraft des Herzens an den Gedanken gewöhnt und sich dabei beruhigt, daß es eben doch nicht wahr ist.

25

Wenn ein Künstler, ein Gelehrter oder wer immer einer Wissenschaft obliegt, sich nicht an seinen Fachgenossen mißt, sondern an der Wissenschaft selbst, so wird er sich für um so niedriger einschätzen, je mehr er leistet; und je genauer er die Schwierigkeiten seiner Disziplin kennt, um so kleiner wird er sich beim Vergleich vorkommen. So sind denn fast alle großen Menschen bescheiden, weil sie sich ständig nicht den andern, wohl aber der Idee des Vollkommenen gegenüberstellen, das ihnen vorschwebt, und zwar unendlich viel deutlicher und großartiger vorschwebt als der breiten Masse; und weil sie wissen, ein wie weiter Abstand sie von der Verwirklichung trennt. Der Durchschnitt dagegen glaubt gern und manchmal wohl auch ehrlich, daß er die Idee des Vollkommenen, die in seinem Kopf sitzt, nicht nur erreicht, sondern daß er es sogar noch weiter gebracht habe.

26

Die Mißstimmung, die aus Langeweile und dem Schmerz über die Hinfälligkeit alles Bestehenden erwächst, ist leichter zu ertragen als die Langeweile selbst.

27

Um sich von der Langenweile zu befreien, bedarf es eines ebenso ausgesprochenen Gefühls, wie es die allverbreitete und unvermeidbare Langeweile selbst ist.

28

Man geht an der Wahrheit vorbei, wenn man behauptet, Langeweile sei ein Übel, das jeder kennt. Was alle kennen, ist Mangel an Beschäftigung oder, richtiger gesagt, Müßiggang, aber nicht Langeweile. Um die weiß nur einer, der im Geistigen lebt; und je mehr er im Banne des Geistes steht, um so näher ist er mit der Langenweile vertraut, und um so drückender ist ihre Qual. Den meisten Menschen genügt die Beschäftigung mit irgend etwas; selbst an einem törichten Zeitvertreib finden sie ein ausgiebiges Vergnügen; und wenn sie gar nichts tun, so bereitet ihnen das auch keinen sonderlichen Schmerz. So kommt es, daß Menschen von tieferem Empfinden so schwer begriffen werden; und daß der Pöbel bisweilen aufhorcht oder gar ein Gelächter anschlägt, wenn sie über Langeweile klagen und dabei Worte von einem Gewicht brauchen, das nur angesichts der größten und unausweichlichsten Leiden am Platze ist.

29

Langeweile ist in gewissem Sinne die erhabenste menschliche Empfindung... Wenn nichts auf dieser Erde, ja, bildlich ausgedrückt, selbst die ganze Erde uns nicht zu beglücken vermag; wenn wir die unergründliche Weite des Raumes, die erstaunliche Zahl und Größe der Welten betrachten und zu dem Ergebnis gelangen, daß das alles, verglichen mit der Denkkraft der eigenen Seele, klein und unbedeutend ist; wenn wir uns die unendliche Zahl der Welten und das All selbst vorzustellen versuchen und fühlen, daß unser Geist und unsere Sehnsucht noch viel größer sind als ebendieses Universum; und wenn uns das Ganze noch immer ungenügend und nichtig vorkommt und wir Mangel und Leere und darauf Langeweile spüren, so dünkt mich, es könne keinen klareren Beweis für die Großartigkeit und den Adel der menschlichen Natur geben. Daher wissen die Ungeistigen kaum etwas von Langeweile und die übrigen so gut wie nichts oder überhaupt nichts.

30

Langeweile ist der unfruchtbarste aller menschlichen Zustände. Sie ist die Tochter der Vergänglichkeit und die Mutter des Nichts. Und sie ist nicht nur an sich unfruchtbar; alles was sich ihr nähert und was sie durchdringt, wird ihr darin gleich.

31

Verzweiflung ist viel, sehr viel erfreulicher als Langeweile. Die Natur hat gegen alles Schlimme, was uns trifft, ein Heilmittel erfunden, nur nicht gegen Langeweile. Denn kein Seelenzustand ist der Natur so fern und so zuwider; sie hat den Menschen nicht für ihn bestimmt und nicht einmal vorausgesehen, daß er ihm jemals anheimfallen könne. Allem Bösen, das uns widerfährt, entspricht ein gleiches bei den Tieren, nur nicht der Langenweile. So verdammenswert erscheint sie der Natur und so wenig will sie mit ihr zu tun haben. Und wie sollte es anders sein? Mitten im Leben soll es den Tod, inmitten des Seins ein fühlbares Ende, das Nichts geben? Und wir sollen dieses Gefühl bewußt erleben und die Hinfälligkeit alles Seienden erleben und unserer selbst, die wir es erfahren, und dennoch weiter dauern? Langeweile ist wahrer Tod und wahres Nichts, denn Tod und Auflösung des Körpers sind nur Verwandlung von Stoffen und Eigenschaften, und ihr Zweck ist nicht das Ende, sondern gehört zum ständigen Rollen des großen Triebwerks der Natur, daher sie denn auch im Ordnungsplan der Natur begründet sind.

32

Auch wenn eine Lust erschöpft ist, hört die Seele dennoch nicht auf, sich Lust zu wünschen, ebensowenig, wie sie jemals aufhört zu denken; denn Denken und Verlangen nach Lust wirken gleichmäßig und unablässig in ihr und sind von ihrer Existenz nicht zu trennen.

33

Am längsten und wirklich erfreulich ist nur die Abwechslung aus dem einfachen Grunde, weil auf die Dauer nichts wirklich erfreulich ist.

34

Ich hörte einen Bauern, der gewohnt war, elementare Katastrophen als schwere Schicksalsschläge zu betrachten, von den Wirkungen einer Überschwemmung erzählen, die er kurz zuvor erlebt hatte. Er berichtete, es sei sehr großer Schaden angerichtet worden, und beklagte das, fügte dann aber hinzu, nichtsdestoweniger sei es schön und erhebend gewesen, den tobenden Schwall und die Gewalt des Hochwassers mit Augen und Ohren wahrzunehmen. So richtig ist es also, daß es den Menschen zum Lebendigen drängt, und daß alle starken und lebhaften Sinneseindrücke, wenn sie nur nicht zu körperlichem Weh und nicht zu Schäden und zu drohender Gefahr führen, eben weil sie stark und lebhaft sind, Genuß bringen, mögen sie sonst auch peinlich und furchtbar sein.

35

Zu jedem Zeitpunkt des Lebens, auch im Augenblick der höchsten Freuden, ja selbst im Traum, befindet sich der Mensch und überhaupt das Lebewesen im Zustand des

Wünschens, und daher gibt es für den einzelnen, solange er lebt, keinen Moment, in dem er nicht auch leidet; und zwar ist dieses Leid, je nach dem Alter und der Natur des Betreffenden, je nach seiner anlagemäßigen oder vorübergehenden Empfänglichkeit und Kraft und je nach den mittelbaren oder unmittelbaren Gegebenheiten stärker oder schwächer.

36

Der Schlaf und alles, was den Schlaf herbeiführt, ist seiner Natur nach beglückend. Es gibt keine größere Lust und kein größeres Glück im Leben als nichts vom Leben zu spüren.

37

Selbst wenn ein Vergnügen dein ganzes Leben dauerte, wäre dein Herz doch nicht zufrieden, weil sein Sehnen unbegrenzt ist... Tatsache ist, daß, wenn das Herz sich etwas Erfreuliches wünscht, es die Erfüllung eines unbegrenzten Wunsches meint. In Wahrheit strebt es nach *der* Lust, nicht nach dieser oder jener. Wenn es eine bestimmte Freude erlebt, keine undefinierbare, und wenn es sich dann vorstellt, was an Freuden möglich ist, so ergibt sich, da sein Verlangen nicht im entferntesten gestillt wird, daß seine Freude kaum Freude ist, weil sie völlig hinter seinem Sehnen und Hoffen zurückbleibt. Daher ist jede Lust naturgemäß mit Unlust gemischt; denn was der Seele auch geschenkt wird, sie trachtet begierig nach etwas, das unerreichbar bleibt, nämlich nach einer unendlichen Lust, nach der Erfüllung eines unbegrenzten Verlangens.

38

Der menschliche Geist ist so beschaffen, daß er viel mehr durch ein kleines Vergnügen befriedigt wird, dessen

Ende er nicht absieht, als durch ein großes, dessen Grenzen er kennt oder ahnt. Die Hoffnung auf ein mäßiges Wohlergehen macht durchaus glücklicher als der Besitz eines außerordentlichen, das man schon erfahren hat.

39

Zuweilen bemächtigt sich als Folge einer ungewöhnlichen und plötzlichen Anstrengung des Körpers und der Nerven eine Art von Betäubung, und die Seele wird sich selbst und der Welt gegenüber so gleichgültig, daß sie alles von einer höheren Warte aus betrachtet. Sie scheint von allem losgelöst, sie denkt fast an nichts mehr und hat fast keinen Wunsch und kein Verlangen mehr. Dieser Zustand ist trotz seiner Beziehungslosigkeit lustvoll.

40

Lust ist stets vergangen oder zukünftig, niemals gegenwärtig, ebenso wie Glück immer das eines anderen und immer bedingt und nie unbeschränkt ist. Daher kann keiner völlig ehrlich, aufrichtig und überzeugend auch nur von dem kleinsten Vergnügen behaupten: Ich empfinde es, während jeder sagen darf: Ich habe es empfunden oder ich werde es empfinden.

41

Wenn man bei einem Tun oder einer Beschäftigung zum Vergnügen kommen will, muß man ein anderes Ziel haben und nicht das Vergnügen selbst. Lust stellt sich immer nur ein, wenn man sie nicht erwartet, wenn man sie nicht sucht oder gar mit ihr rechnet.

42

Was wir beim Anblick einer Landschaft oder von etwas anderem, das undeutliche und unbestimmbare Vorstellungen und Gedanken in uns weckt, empfinden, ist, so erfreulich es sein mag, doch ein Glück, das wir nicht festzuhalten vermögen; und es ist nicht viel anders, als wenn einer einem schönen bunten Schmetterling nachläuft, den er nie greifen kann. Daher bleibt in der Seele stets ein lebhaftes Verlangen zurück. Und trotzdem gibt es keinen höheren Grad von Genuß; und alles, was fest umrissen und bestimmt ist, kann uns bei weitem nicht so beglücken wie das, was uns infolge seiner Unbestimmbarkeit stets unbefriedigt läßt.

43

Zur Idee der Ewigkeit gehört die Vorstellung von einem Letzten, Endgültigen, Vergangenen, die Vorstellung des Todes, aber auch die des Unendlichen, Unbegrenzten, Unsterblichen.

44

Kein Schmerz, den ein Mißgeschick aufwühlt, ist dem vergleichbar, den ein schweres oder gar unheilbares Unglück verursacht, von dem wir fühlen, daß wir es verschuldet haben und daß wir es hätten verhüten können, also dem Schmerz der echten, lebhaften Reue.

45

Sich nach Leben sehnen, heißt in jedem Falle und im ganzen Umfange dieses Trachtens eigentlich nichts anderes als sich nach Unglück sehnen; der Wille zum Leben und der Wille zum Unglück sind ein und dasselbe.

46

Die meisten Menschen lieben das Leben und sehnen sich nach Leben, nur um zu leben. Das wahre Ziel des Lebens ist das Leben selbst, und das ist nichts anderes, als wenn man einen sehr schweren und trotzdem unbeladenen Karren auf derselben Straße unter großen Qualen hin- und herzieht.

47

Man soll mit dem eigenen Unglück nicht prahlen, man soll sich sogar hüten, es zuzugeben, selbst denen gegenüber, für die es kein Geheimnis ist. Sonst begibt man sich nicht nur ihres Beistandes und aller hilfsbereiten Liebe, man verliert auch noch ihre Zuneigung.

48

Bei den Alten und ebenso bei primitiven Völkern und in primitiven Gesellschaftszuständen ist Unglück eine Schande. Es trägt Beschimpfungen, Schmähungen, Beleidigungen, Tadel und Vorwürfe ein, und der Mensch ist gezwungen, es mitsamt diesen Folgen hinzunehmen. Der Unglückliche steht in schlechtem Leumund. Leid, welcher Art es sein mag, hat den Charakter von Schuld, als sei es ein Verbrechen oder ein Laster.

49

Die Menschen würden glücklicher sein, wenn sie nicht danach getrachtet hätten und danach trachteten, es zu sein... Im übrigen gleicht das menschliche Leben dem Handel. Er gedeiht um so besser, je weniger man ihn stört und um sein Fortkommen besorgt ist, und je mehr man die Umstände gewähren läßt.

50

Was ist das Leben? Die Reise eines Lahmen und Kranken, der, mit einer gewaltigen Last auf dem Rücken, bei Schnee, Frost, Regen, Sturm und Sonnenglut Tag und Nacht eine lange, lange Zeit, ohne je Atem zu schöpfen, durch die steilsten Gebirge und durch äußerst rauhe, unwegsame und ermüdende Gegenden wandert, bis er an einen Abgrund gelangt, in den er stürzt, weil es kein Entrinnen gibt.

51

Wenn ich einsam durch die Städte wandere und von der Straße durch die geöffneten Fenster in die Räume blicke, habe ich die angenehmsten Eindrücke und die schönsten Vorstellungen. Dieselben Räume würden mir nichts bedeuten, wenn ich drinnen stünde und sie von dort aus betrachtete. Ist es nicht ein Gleichnis des menschlichen Lebens, seiner Zustände, seines Glückes und seiner Freuden?

52

Der Mensch verhält sich dem Leben wie italienische Ehemänner ihren Frauen gegenüber. Sie fühlen sich verpflichtet, an ihre Treue zu glauben, obschon sie wissen, daß das Gegenteil der Fall ist. Ebenso wird einer das Land, in dem er nun einmal wohnen muß, für schön und gut halten. Und genau so ist's mit denen, die an die Herrlichkeit des Lebens glauben. Sie sind in meinen Augen ebenso lächerlich wie ein betrogener Ehemann, der zärtlich an seiner Frau hängt.

53

Der Tod ist kein Unglück, denn er befreit den Menschen von allem Schlimmen, und mit den Gütern des Lebens nimmt er ihm auch die Wünsche. Der Übel größtes ist das Alter. Es beraubt uns aller Freuden und läßt doch das Verlangen nach ihnen bestehen; außerdem fehlt es ihm an keinem Leiden. Trotzdem fürchten die Menschen den Tod und sehnen sich danach, alt zu werden.

54

Der Mensch ist dazu verdammt, seine Jugend, die einzige Zeit, in der er für die Zukunft arbeiten und für seine Bedürfnisse zu sorgen vermag, entweder nutzlos zu vergeuden oder sie damit zu verbringen, daß er sich Freuden für einen Lebensabschnitt schafft, in dem er nicht mehr imstande ist, sie zu genießen.

55

Zum Glück des Menschen, soweit es sich überhaupt verwirklicht, gehört ein Zustand vollen Lebens oder gänzlichen Gestorbenseins. Die Seelenkräfte stehen entweder im Bann einer Stumpfheit, einer augenblicklichen oder gewohnheitsmäßigen Gleichgültigkeit, die jedes Trachten, Hoffen und Fürchten dämpft oder zum Erlöschen bringt; oder die Kräfte und Empfindungen werden aufgerührt, in Bewegung versetzt und zu lebhaftester Aktivität, Energie, Begeisterung und zu gewaltigen Illusionen getrieben. Ein mittlerer Zustand, nämlich heftiges Begehren und starke Selbstsucht ohne Aktivität und ohne Lebensfreude und Begeisterung ist unter allen Umständen mißlich.

56

Gewiß sind auch glückliche Menschen in der Regel nicht besonders mitleidsfähig, aber ausgesprochen unglückliche und dazu noch ihrem Wesen nach besonders empfindliche Naturen sind zu plötzlichem, ehrlichem Erbarmen fast gar nicht imstande.

57

Lehren ist kaum etwas anderes als Gewöhnen.

58

Schmerz spürt man sogar, wenn ein peinvoller Zustand, dessen Ende wir sehnlichst gewünscht haben, aufhört, und das eintritt, was uns eigentlich höchst willkommen sein müßte. So weint selbst der Gefangene, der die Freiheit wieder erlangt, wenn er den Kerker verläßt, weil er an die durchlebten Zeiten denkt, die nun vorbei sind.

59

Es verursacht größere Schmerzen, einen quälenden oder gar furchtbaren Gedanken, der sich festgesetzt hat, mit Gewalt aus dem Hirn zu reißen, als bei ihm zu verweilen.

60

Ich habe ein junges Mädchen gekannt, das bis zu seinem sechsundzwanzigsten Lebensjahre stets der Meinung war, niemand könne mit dem linken Auge sehen, weil es selbst mit ihm nicht sehen konnte. Infolgedessen stellte es sich unter Schönheit einen Menschen vor, der auf einem Auge blind ist, und würde das Gegenteil für eine Mißbildung gehalten haben.

61

Wie bei Völkern, die kein Gold und kein Silber kennen, der Reichste von den Unseren, und sollte er sein Geld verschwenden, nicht zu Ehren gelangen könnte; ja, und wenn er kein anderes Mittel besäße, sich Ansehen zu verschaffen, dem Geringsten jenes Volkes hintangesetzt würde und für seine Schätze nicht einmal den notwendigsten Bedarf zu bestreiten vermöchte, so wird dort, wo Talent und Geist nichts gelten und sich nicht in Wert umsetzen lassen, der klügste, geistreichste, bedeutendste Mensch, wofern er keine anderen Gaben besitzt, verachtet und hinter den Schlechtesten gestellt. Ebenso ergeht es dem, der Fähigkeiten und Geistesgaben hat, die in seinem Lande nicht gewürdigt werden. Und nicht anders ist es angesichts der jeweiligen Maßstäbe einer Zeit. Überall und immer muß man mit der Münze zahlen, die im Kurse ist. Wer mit dieser nicht versehen ist, bleibt arm, mag er im übrigen noch so begütert sein.

62

Oft werden wir beim Betrachten eines Profanbaus, einer Kirche oder eines Kunstgegenstandes im ersten Augenblick durch einen Mangel, ein Zuviel, eine Ungleichheit, eine Störung und Unregelmäßigkeit im Gesamteindruck verletzt; kaum aber haben wir die Ursache dieser Unregelmäßigkeit erkannt und begriffen, und daß sie nicht aus Zufall und Versäumnis, sondern mit Absicht um eines Nutzens, einer Bequemlichkeit, einer Notwendigkeit willen entstanden ist, bemerken und empfinden wir jenes Mißverhältnis, das sich unserem Gefühl und unserem Urteil anfangs aufgedrängt hatte, nicht mehr. Ist also die Vorstellung von bestimmten Verhältnissen nicht relativ und wandelbar? Warum aber empfanden wir im ersten Augenblick ein Mißverhältnis und eine Ungeschicktheit und bildeten danach unser Urteil? Aus Gewohnheit; denn aus dem Wesen der Gewohnheit ergibt sich die Eigentümlichkeit, daß wir unser Urteil, unsere Anschauung von einem Gegenstand auf einen anderen, von einem einzelnen, einer Art, einer Gattung auf andere und so auch von einem Brauch auf einen anderen übertragen. Daher stammt die allgemein verbreitete Irrlehre, es gebe ein absolut Schönes, eine absolute Wahrheit, eine wirkliche Vollkommenheit; daher der Irrtum, wir könnten über unseresgleichen nach uns selbst urteilen, und auf Grund einer einzigen Norm entstehe ein festes Kriterium für alle Wesen, während es in Wahrheit keinen Vergleich für Vollkommenheit außerhalb einer Gattung, sondern nur zwischen einzelnen gibt.

63

Aus demselben Grunde, aus dem der Mensch geneigt ist, das Relative für absolut zu nehmen, wird er verführt, was nur Werk und Wirkung der Gewöhnung ist, für ein Werk und eine Wirkung der Natur und lediglich erworbene Fähigkeiten und Eigenschaften für angeborene zu halten. Freilich unterliegt es keinem Zweifel, daß durch diese Art, die Dinge zu sehen, das Schöne und Große aufgehoben wird. Denn wenn wir die höchsten Verkörperungen des Geistigen und Sittlichen für ein Ergebnis von Umständen und Gewohnheiten halten und nicht für naturgewollt, verlieren wir die Vorstellung für alles Edle, Wunderbare und Erhabene. Heroische Haltung, dichterische Begabung, dichterisches Empfinden, Begeisterung, Genialität und Phantasie büßen den Charakter des Poetischen ein, wenn man sie nicht als natürliche Gaben ansieht; und der Schriftsteller von Kultur und zumal der Dichter müssen sich wohl hüten, sie für etwas anderes zu halten und sie unter einem anderen Gesichtspunkt darzustellen. Denn Vergil würde sich alsdann nach unseren Maßstäben kaum von Maevius, Achill kaum von Thersites unterscheiden; und wir müßten es einem reinen Zufall zuschreiben, daß Newton dem kümmerlichsten peripathischen Physiker überlegen war.

64

Alles ist vom Übel. Das heißt, alles Sein ist vom Übel. Daß überhaupt etwas vorhanden ist, ist vom Übel. Was da ist, birgt in sich den Zweck des Übels. Das Dasein ist vom Übel und zum Übel erkoren. Zweck des Alls ist das Übel. Die Einrichtung, die Beschaffenheit, die gesetzmäßige und natürliche Bewegung des Universums sind nichts als Übel und dienen nichts anderem als dem Übel. Es gibt kein Glück, als nicht zu sein. Gut ist nur, was nicht ist. Das Sein ist nur gut, wenn es nicht ist; denn alles Sein ist schlecht. Alles Vorhandene, die Gesamtheit der vielen vorhandenen Welten, das Universum sind, metaphysisch gesprochen, nicht mehr als ein Nichts, als ein Staubkorn. Das Dasein ist seiner Anlage und seiner besonderen und allgemeinen Beschaffenheit nach etwas Unvollkommenes, Ungeordnetes, Ungeheuerliches. Allein diese Unvollkommenheit ist etwas durchaus Geringfügiges, ist ein wirkliches Nichts. Denn, da alle vorhandenen Welten, wie zahlreich und groß sie auch sein mögen, dennoch ganz gewiß nicht unendlich sind, weder an Zahl noch an Ausdehnung, so sind sie infolgedessen unendlich klein, verglichen mit dem, was das All sein könnte, wäre es unendlich. Und alles Vorhandene ist unendlich klein im Vergleich zu der – wenn man es so ausdrücken darf – wahren Unendlichkeit des Nichtvorhandenen, des Nichts.

65

Während ich vom Leben im höchsten Maße angewidert und bar jeder Hoffnung war und mir so lebhaft den Tod wünschte, daß ich verzweifelte, weil ich nicht sterben durfte, erhielt ich einen Brief von ebendem Freunde, der mich stets zur Hoffnung ermuntert, mich um Erhaltung meiner selbst gebeten und mir versichert hatte, als Mann von hohem Wissen und bedeutendem Namen hätte ich in Italien Aussicht auf Größe und Ruhm. Im selben Schreiben erklärte er, er könne sich nur allzu genau in meine unglückliche Lage versetzen, und wenn Gott mir den Tod schicke, solle ich ihn nur wie einen kostbaren Schatz in Empfang nehmen; ja, er wünsche um der Liebe willen, die er für mich hege, sich selbst und mir, daß er nicht mehr lange auf sich warten lasse. Sollte man es nun für möglich halten, daß dieser Brief, anstatt mich dem Leben noch mehr zu entfremden, mir sogar alles, was ich schon von mir geworfen hatte, wieder verlockend erscheinen ließ? Ja, beim Gedanken an die verlorenen Hoffnungen, an die Trostworte und Prophezeiungen meines Freundes, wiewohl er sich eben jetzt um ihre Erfüllung und den mir zugesagten Ruhm nicht zu sorgen schien, bei einem zufälligen Blick auf meine Arbeiten und Entwürfe, bei der Erinnerung an meine Kindheit, an das Planen und Wünschen, an die Beschäftigungen und die Zuversicht meiner Jünglingsjahre zog sich mein Herz derart zusammen, daß ich die Hoffnung nicht aufgeben konnte und mich vor dem Tode entsetzte, nicht weil er das Ende sein, sondern weil er alle ehemaligen großen Erwartungen zunichte machen würde. Und doch hatte jener Brief mir nur gesagt, was ich mir tagtäglich vor Augen hielt, und stimmte mehr oder weniger mit meinen eigenen Betrachtungen überein.

66

Über die Maßen vom Leben angewidert, saß ich auf dem Rande des Bassins in meinem Garten, betrachtete das Wasser, bog mich darüber und dachte mit einem leisen Schauder: wenn ich mich jetzt hineinstürzte, würde ich sofort wieder emportauchen, mich an diesem Rande festklammern und mir alle Mühe geben, herauszukommen. Nach erheblicher Angst, daß ich mein Leben verlieren könne, würde ich mich als unbeschädigt Zurückgekehrter für einige Augenblicke des höchsten Wohlbefindens erfreuen, weil ich gerettet wäre. Ich würde diesem Leben wieder anhängen, das ich jetzt so sehr verabscheue, und plötzlich würde es mich kostbar dünken.

67

Stellt euch einen Menschen vor, der am Leben völlig verzweifelt, der sich nicht den geringsten Täuschungen mehr hingibt und im Begriff ist, sich umzubringen! Was glaubt er eurer Meinung nach? Er glaubt, daß sein Ende beweint oder bewundert werden, daß es ihm bei Verwandten, Freunden, Bekannten und Mitbürgern das Lob des Mutes eintragen, daß er der Gegenstand von Gesprächen sein, daß man seiner zum mindesten für einige Augenblicke mit sonderbaren Empfindungen gedenken; daß sein Tod die Gemüter erschüttern und über seine Feinde, seine ungetreue Geliebte oder andere Mißbilligung und Ärger bringen wird. Und was fürchtet er eurer Meinung nach? Er fürchtet, und mag sein Empfinden noch so schwach sein, diese Hoffnungen möchten sich am Ende nicht erfüllen. Ich bin fest davon überzeugt, daß noch kein Mensch, der inmitten einer Gemeinschaft lebt, ohne solche mehr oder minder bewußten Hoffnungen oder Befürchtungen zugrunde gegangen ist, mag es aus freiem Willen oder auf andere

Art geschehen sein. Ja, auch wer nie unter Menschen gelebt hat, und selbst wer in der Wüste sein Ende findet, hofft, daß sein Tod irgendwann einmal bekannt wird.

68

Einer, der gefragt wurde, was auf der Welt das Seltenste sei, erwiderte: Das, was alle besitzen sollten, nämlich der gesunde Menschenverstand.

69

Wenn ein Unrecht geschehen ist, möchte jeder erleben, daß es bestraft wird; es selbst zu strafen, ist nur der Wunsch des Edlen.

70

Ein eifersüchtiger Ehemann sagte zu seiner Frau: »Du Teufel, weißt du nicht, daß du schön bist wie ein Engel.«

71

Je mehr Zeit man zur Verfügung hat, um so ängstlicher ist man, daß man ihrer nicht genug haben könnte; je mehr Zeit man vergeudet, um so größer erscheint ihr Überfluß.

72

Unschuldig ist nach meinem Dafürhalten nicht der, dem die Kraft zur Sünde fehlt, sondern einer, der ohne Gewissenspein zu sündigen vermag.

73

Zum edlen Tun gehört durchaus eine Überzeugung, die den Stempel der Leidenschaft trägt, und zwar einer Leidenschaft, die keinen Zweifel an der Überzeugung des Handelnden aufkommen läßt.

74

Schweigsamkeit ist die Sprache aller starken Gefühle: der Liebe (und gerade in ihren schönsten Augenblicken), des Zornes, der Verwunderung, der Furcht usw.

75

Wir vermuten bei anderen stets große und sogar ungewöhnliche Anstrengungen zur Ergründung unserer Vorzüge, mögen sie wahr oder eingebildet sein, und ein tiefes Nachdenken zur Gewinnung eines richtigen Bildes. Dabei sträuben wir uns, an dieselben Bemühungen von ihrer Seite zu glauben, sobald es sich um etwas anderes handelt.

76

Gleichförmigkeit entsteht meistens aus Gespreiztheit.

77

Die Menschen gleichen den Pferden. Um sie im Zaum zu halten und sich Ansehn zu verschaffen, muß man schelten, groß tun, drohen und sie zurechtweisen.

78

Mit Recht sagt man, in der Welt werde eine Komödie aufgeführt, bei der jeder Mensch eine Rolle spielt. Anders verhielt es sich jedoch mit dem Menschen im Naturzustand, denn seine Handlungen wurden nicht von einem zuschauenden Publikum bestimmt, sondern waren wirklich und echt.

79

Zu einem reichen Geizhals, dem man in einer kleinen Kammer, in der viel Geld lag, eine winzige Summe gestohlen hatte, sagte einer, selbst im Bestehlenlassen habe er sich geizig gezeigt.

80

Die Bestellung des Ackers ist die wichtigste und mühseligste Arbeit, die das Geschick dem Menschen zugedacht hat. Um so seltsamer die Feststellung, daß ebender Teil der Gesellschaft am häufigsten müßig geht, dessen Vermögen in Grundbesitz besteht.

81

Oft geht das Nichts unmittelbar aus dem Übermaß hervor.

82

Wer nicht an Tätigkeit gewöhnt ist und stets Muße hat, mit der er nach Belieben schalten kann, findet meistens, selbst zu einer dringenden Pflicht, am schwersten Zeit. Ganz anders der, dessen Tag ausgefüllt ist und dem wenig Zeit zur Verfügung steht, weil er an vielerlei zu denken hat.

83

Wer mit einem Rasiermesser oder einem anderen Ding aus Stahl oder sonst etwas, das ihn verletzen kann, hantiert und Angst hat, sich Schaden zuzufügen, schwebt in ernstlicher Gefahr, weil er zuviel Sorgfalt und Aufmerksamkeit darauf verwendet, mit dem Ding nicht in Berührung zu kommen.

84

Wer merkt, daß er mehr kann als andere, wird hochmütig und sucht dies Verhältnis in jedem Sinne für sich auszunutzen. Der Stärkere gebraucht seine Kraft; der Schwächere fügt sich und tut alles, was dem anderen Freude macht, um bei ihm gut angeschrieben zu sein. Das hat der Starke nicht nötig. So ergibt sich ein entschiedener Mißbrauch der Überlegenheit, ein Zustand, der vom Wesen der menschlichen Gesellschaft nicht zu trennen ist.

85

Vorbedingung für jeden wichtigen oder scheinbaren Beruf ist, daß man zu betrügen versteht. Haben Literatur oder Wissenschaft Erfolg, so verdanken sie's allein dem Schwindel, und nicht der Wahrhaftigkeit, auch wenn sie nicht ganz fehlt.

86

Zur Vernunft gehören Phantasie und Illusionen, die ihr ein Ende machen. Zur Wahrheit gehört die Lüge; zum Wesen der Schein; zu vollkommener Gefühllosigkeit die stärkste Empfindung; zum Eis die Flamme; zur Geduld die Ungeduld; zur Ohnmacht wirksame Kraft, zum Kleinsten das Größte; zur Geometrie und Algebra die Poesie.

87

Je aufrichtiger man die Welt oder die Frauen liebt, je ehrlicher und fester der Vorsatz ist, sie zu erfreuen und sich für sie zu opfern, um so überzeugter darf man sein, daß man nichts bei ihnen erreicht. Sie hassen, sie verachten, mit ihnen umgehen lediglich um eigener Vorteile und des eigenen Genusses willen, das ist das einzige und unerläßliche Mittel, um auf der Suche nach Liebe und Erfolg zum Ziel zu gelangen. Nicht anders ist's beim Umgang mit einem Menschen und in der Gesellschaft, also auf jedem Lebensgebiet und bei jedem bestimmten Vorhaben.

88

Nichts ist so schmählich für einen Mann von Geist und nichts bringt ihn rascher dahin, sich zu schämen und unter diesem verdrießlichen Gefühl zu leiden, als die Tatsache, daß er sich schämt und errötet.

89

Selten sieht man in größerer oder kleinerer Gesellschaft einen Menschen über etwas lachen, das Grund zum Lachen bietet. Meistens wird über Dinge gelacht, die es durchaus nicht verdienen, und oft, gerade weil dem so ist. Und am lautesten wird gelacht, je geringer die Veranlassung ist.

90

Der Mensch wird im geselligen Umgang und im Leben soweit gern gesehen und macht in dem Maße sein Glück, wie er zu lachen versteht.

91

Der Mensch scheint um so mehr darauf bedacht, sein Leben peinlichst zu ordnen, je weniger er gezwungen ist, ihm einen Inhalt zu geben, und je weniger Inhalt er ihm zu geben vermag.

92

Große Begabungen und eine kräftige Konstitution gehen selten Hand in Hand. Demselben Verhältnis entsprechend ist der Schwächere meistens gewandter als der Stärkere, und zwar, abgesehen von seinen Anlagen, gerade auf Grund seiner physischen Beschaffenheit. Auch bei einem fetten Menschen wird man Schlauheit nicht oft finden.

93

Wer sich eines guten Rufes erfreut und ihn verdient, wird von anderen höher geschätzt als von sich selbst.

94

Ein leichtsinniger junger Mann versuchte, seine vielen Versehen und Mißerfolge und die beschämende und schlechte Rolle, die er in der Gesellschaft und in der Welt oft gespielt hatte, zu entschuldigen, und wiederholte, das Leben sei eben eine Komödie. Dem entgegnete Herr X., auch im Theater sei es vorteilhafter, beklatscht, als ausgepfiffen zu werden; und ein Schauspieler, der sein Handwerk nicht verstehe, werde schließlich Hungers sterben.

95

Wenn ein gutes Buch keinen Erfolg hat, ist die beste Hilfe, zu behaupten, daß es ihn gehabt habe, und zu verbreiten, es sei bereits berühmt... Im Augenblick, wo man seinen Mißerfolg zugibt, und wo er sich herumspricht, hat es bestenfalls das Schicksal eines Kronprätendenten, der aller Bajonette bar ist und nichts besitzt als seinen legitimen Anspruch.

96

Lacht laut und herzlich, worüber ihr wollt, und wenn es das Harmloseste ist; lacht zu zweit, lacht zu dritt, in einem Café, auf einer Gesellschaft oder auf der Straße! Wer euer Lachen mit Auge und Ohr wahrnimmt, wird sich umdrehen und euch respektvoll betrachten. Wer in der Unterhaltung war, wird schweigen und wie beschämt dastehen; und wenn er vorher stolz und herausfordernd um sich geblickt hat, wird er euch gegenüber seinen Stolz und sein herausforderndes Wesen aufgeben. Kurzum, das einfache, herzliche Lachen gibt euch eine unbestrittene Überlegenheit vor allen im Umkreis Versammelten, ohne jede Ausnahme. Groß ist die Macht des Gelächters. Wer den Mut hat, zu lachen, ist der anderen ebensosehr Herr wie einer, der den Tod nicht fürchtet.

97

Wer mit den Menschen in Frieden leben will, muß sich nicht nur davor hüten, den zu kränken, der ihn kränkt, was nichts Ungewöhnliches ist; er muß vielmehr, was äußerst selten geschieht, zu erzwingen suchen, daß andere ihn beleidigen. Sehr sparsam gesät sind in der Tat Menschen, denen daran liegt, Frieden zu halten; ist es aber wirklich der Fall, kommen sie rascher zum Ziel, als man glauben sollte.

98

Zu glauben, die Menschen seien hinterlistiger und schlechter und ihr Tun und Betragen zweideutiger, als sie wirklich sind, ist ein großer und weitverbreiteter Irrtum. Kaum weniger richtig und weniger selten ist das Gegenteil.

99

Das sicherste Mittel, andere die Grenzen des eigenen Wissens nicht merken zu lassen, ist, sie niemals zu überschreiten.

100

Wer wenig mit Menschen umgeht, ist selten ein Menschenfeind. Wahre Menschenfeinde findet man nicht in der Einsamkeit, sondern in der Welt.

101

Wer in einer Gesellschaft auf seine Kosten kommen will, der soll nur sehen, wie er am besten die Zeit totschlägt. Wer dort Erholung sucht und erwartet, der findet nur Langeweile und hat böse Stunden vor sich.

102

Eigentümlich, daß Menschen von großen Verdiensten stets einfach sind, und daß Einfachheit für ein Zeichen von geringer Tüchtigkeit gilt.

103

Das seltenste in der Gesellschaft ist ein wirklich erträglicher Mensch.

104

Zwei Wahrheiten wollen die Menschen im allgemeinen durchaus nicht ernst nehmen: die, daß sie nichts wissen, und die zweite, daß sie nichts bedeuten. Nimm noch die dritte hinzu, die mit der zweiten aufs engste zusammenhängt, nämlich die Tatsache, daß sie keinerlei Hoffnung auf ein Fortleben nach dem Tode haben können.

105

Im Zustande der Unreife sind die Menschen darauf erpicht und strengen ihren Ehrgeiz an, als fertige Wesen zu erscheinen; und wenn sie fertige Wesen sind, möchten sie sich den Anschein der Unreife geben.

106

In Florenz sah ich einen Mann, der nach Art der dort üblichen Tiere einen schwer beladenen Karren hinter sich herzog. Er tat es mit größtem Selbstbewußtsein, schrie dabei und wies die Leute an, ihm aus dem Wege zu gehen. Mir schien er Menschen zu gleichen, die voller Hochmut einherstolzieren und gegen jedermann ausfällig werden. Ihr Benehmen ist ebenfalls überheblich, denn im Grunde ziehen sie auch nur einen Karren.

107

Es gibt kein deutlicheres Anzeichen dafür, daß einer ein schlechter Philosoph und wenig weise ist, als wenn er behauptet, sein ganzes Leben als Weiser und Philosoph führen zu können.

108

Keine menschliche Eigenschaft darf im täglichen Leben weniger geduldet werden und wird in der Tat auch weniger geduldet als Unduldsamkeit.

109

Zeit ist ein ebenso wirksames Heilmittel gegen den schlechten Leumund wie gegen Herzenskummer. Wenn die Welt sich über etwas aufhält, das wir getan oder ins Leben gerufen haben, mag es gut oder schlecht sein, so tun wir am besten, bei der Stange zu bleiben. Nach kurzer Zeit wird die Sache abgedroschen, die Lästermäuler haben keinen Spaß mehr daran und wenden sich anderen Dingen zu. Und je fester und gelassener wir auf unserer Bahn weitergehen, ohne uns um den Klatsch zu kümmern, um so rascher wird man für vernünftig und richtig halten, worüber man anfangs die Nase gerümpft oder die Köpfe geschüttelt hat. Die Welt traut nämlich dem, der nicht nachgibt, kein Unrecht zu; lieber spricht sie ihn frei und erklärt sich selbst für schuldig. So kommt es, was übrigens hinlänglich bekannt ist, daß die Schwachen nach dem Willen der Welt leben und die Starken nach ihrem eigenen.

110

Es mag sich einer um Vorteile und einen guten Ruf bemühen, aber er soll nicht obendrein noch um die Liebe der Menschen werben, denn damit hat er doch kein Glück. Will er meinen Rat hören, so wahre er stets sein

Ansehen, gebe aber keinem andern mehr, als ihm zukommt. Auf die Art wird er vielleicht etwas häufiger gehaßt und belästigt, aber man wird ihn nur selten verachten.

111

Großen Männern und zumal solchen gegenüber, die sich durch ungewöhnliche Kraft auszeichnen, benimmt sich die Welt wie ein Weib. Sie bewundert sie, sie liebt sie sogar; und eben die Kraft ist es, die sie verliebt macht. Ja, oft ist, genau wie bei Frauen, die Liebe zu ihnen um so größer, je hochmütiger sie sind, je schlechter sie die Menschen behandeln und je mehr Furcht sie ihnen einjagen. So wurde Napoleon von Frankreich aufs höchste geliebt und von den Soldaten fast abgöttisch verehrt, obschon er sie als Kanonenfutter bezeichnete und auch nicht besser mit ihnen verfuhr... Und, wie's die Frauen an ihren Liebhabern gern haben, so hat es die Welt an den großen Männern gern, wenn sie ein gewisses Maß an Brutalität und Überspanntheit besitzen.

112

Wenn die wenigen Männer von echtem Wert, die auf Ruhm ausgehen, jeden einzelnen aus dem Kreise derer kennten, um deren Achtung sie mit furchtbarer Mühe ringen, würden ihre Anstrengungen vermutlich bald nachlassen und vielleicht ganz aufhören. Allein unser Verstand kann sich nun mal der Macht nicht entziehen, die von der Zahl ausgeht. Immer wieder zeigt sich, daß wir, um nicht von einer größeren Menge zu reden, schon zehn in einem Raum versammelte Personen ehren und uns vor ihnen verbeugen; und dabei würden wir von den einzelnen keinen unserer Beachtung würdigen.

113

Ich habe vor Zeiten ein Kind gekannt, das, wenn es von seiner Mutter für irgend etwas gescholten wurde, zu sagen pflegte: »Ich weiß ja, ich weiß ja, die Mama ist schlecht.« Aus derselben Einsicht heraus sprechen die meisten Menschen von ihren lieben Nächsten, aber sie tun es nicht mit der gleichen Offenheit.

114

Viele Menschen, ja eigentlich die meisten, die in ihren eigenen Augen und in denen ihrer Bekannten für eine Leuchte der Gesellschaft gelten, werden nur innerhalb eines begrenzten Kreises geschätzt, mag das nun der Stand oder die Berufsgattung sein, zu denen sie gehören und innerhalb derer ihr Dasein sich abspielt. Ein Gelehrter, der glaubt, er sei in der ganzen Welt berühmt und geachtet, fühlt sich vernachlässigt oder gar verhöhnt, sobald er in die Gesellschaft von oberflächlichen Leuten gerät, aus denen die Welt zu drei Vierteln besteht. Einen galanten jungen Mann, den die Frauen und Menschen seiner Art feiern, lassen Geschäftsleute einfach stehen, so daß er seine Sicherheit verliert. Ein Hofmann, von dem ihm untergebenen Troß mit Ehrerbietung überschüttet, wird von einer ausgelassenen Gesellschaft verlacht und gemieden. Um ganz deutlich zu sein, ende ich damit, daß der Mensch nicht damit rechnen kann, von allen geschätzt zu werden, und daß er deshalb auch nicht danach trachten soll. Ein beschränkter Kreis muß ihm genügen, und er muß sich damit abfinden, daß er bei den übrigen eine Null ist.

115

Menschen sind nur dann lächerlich, wenn sie scheinen oder sein wollen, was sie nicht sind. Der Arme, der Ungebildete, der Bauer, der Kranke und der Greis wirken

niemals lächerlich, wenn sie nicht den Anschein von etwas anderem erwecken wollen, sondern sich in den ihnen vorgeschriebenen Grenzen halten; wenn also der alte Mann nicht den jungen, der Kranke nicht den Gesunden, der Arme nicht den Reichen, der Unwissende nicht den Gebildeten, und der Bauer nicht den Städter spielen will... Auch wer, um sich beliebt zu machen, ein Talent fingiert, das ihm die Natur nicht verliehen hat, begeht einen großen Fehler. Er kann seine Anstrengungen nicht lange verschleiern, sie kommen ans Licht; und der Widerspruch zwischen Erheucheltem und Wahrem, das nicht mehr zu verbergen ist, macht ihn viel weniger liebenswert und angenehm, als er sein würde, wenn er sich stets offen zu sich selbst bekennte. Auch die unglücklichste Anlage hat irgendwo etwas Erfreuliches an sich; und wenn das ohne Scheu gezeigt wird, macht der Betreffende einen viel besseren Eindruck als durch noch so schöne Gaben, die er gar nicht besitzt.
Allgemein gesagt, verdirbt das Bemühen, etwas zu sein, was man nicht ist, alles auf dieser Welt; und eben aus diesem Grund wirkt eine Unmenge von Menschen, die durchaus angenehm wäre, wenn sie sich mit sich selber abfände, so unerträglich. Und so ist's nicht nur mit einzelnen Personen, sondern auch mit bestimmten Kreisen, ja mit ganzen Bevölkerungsteilen. Ich kenne verschiedene hochentwickelte, blühende Provinzstädte, in denen man gern und behaglich wohnen würde, wenn man dort nicht in widerlicher Weise die Hauptstädte nachäffte und immer nur den Wunsch hätte, durchaus und unter allen Umständen lieber eine Haupt- als eine Provinzstadt zu sein.

116

Haß aus Anlaß von Meinungsverschiedenheiten ist niemals gegenseitig, es sei denn, die Meinung ist auf beiden

Seiten ein Vorurteil. Es gibt also keinen Streit zwischen Vorurteil und Vernunft, sondern nur zwischen Vorurteil und Vorurteil, oder vielmehr: allein das Vorurteil ist zu streiten tauglich, nicht die Vernunft.

117

Man soll nicht viel Aufhebens vom eigenen Mißgeschick machen. Nur der Bevorzugte macht sein Glück bei den Menschen, der Benachteiligte hat es noch nie gemacht. Man kann auch kein nutzbringendes Geschäft mit seinem Elend treiben, wenn es echt ist. Keiner ist jemals geachteter oder willkommener gewesen, weil er unglücklicher war als andere. Deshalb tut der vom Mißgeschick Verfolgte, will er wohl aufgenommen sein und sein Ansehen erhalten, gut daran, sein Leid nicht nur zu verschweigen, sondern sich überdies noch so zu stellen, als gehöre er zu den Bevorzugten. Besser noch, er erhebt Anspruch auf diese Ehre, schlägt jedes Gerücht nieder, das sie ihm verweigert, und strengt sich nach Kräften an, den andern in dieser Hinsicht etwas vorzumachen.

118

Rachlust ist ein so angenehmes Gefühl, daß wir uns oft eine Beleidigung wünschen, nur um einen Grund zur Rache zu haben; und zwar nicht nur von einem, der nun einmal unser Feind ist, sondern von irgend jemandem und – zumal in Augenblicken der Verstimmtheit – sogar von einem Freund.

119

Die allermeisten Menschen lieben, predigen, fördern und trachten nach Gerechtigkeit, Anstand, Achtung vorm Gesetz, Redlichkeit, Pflichterfüllung, nach rechtmäßiger Zuerkennung von Lohn und Strafe und Flucht vor dem Schuldigwerden; aber nicht weil sie gutgeartet sind und das Gute wollen, auch nicht aus innerer Sauberkeit, Größe, Kraft oder Bescheidenheit und ebensowenig aus Überzeugung oder Leidenschaft, sondern lediglich aus Feigheit und Kargheit des Herzens, aus Trägheit, Stumpfheit und körperlicher oder seelischer Schwäche. Aus Schwäche können, aus Faulheit wollen und aus Mangel an Mut wagen sie nicht, sich selbst zu schützen und zu verteidigen. Sie finden es bequemer, daß Gesetz und Gesellschaft für sie wachen und sie schützen und behüten; denn nun brauchen sie sich nicht anzustrengen und haben ihre Ruhe.

120

Einer behauptete, daß man ohne Nebenbuhler nicht lieben könne. Als er nach dem Grunde seiner Ansicht gefragt wurde, erwiderte er, weil der oder die Geliebte stets der wildeste Nebenbuhler des oder der Liebenden seien.

121

Ich habe mit eigenen Augen gesehen, wie ein zutraulicher und sehr gutartiger Kanarienvogel, als man ihn kaum vor einen Spiegel gesetzt hatte, sich so über sein Bild ärgerte, daß er mit eingezogenen Flügeln und gehobenem Schnabel darauf losfuhr.

122

Starke und Bevorzugte zeigen Mitgefühl und Teilnahme, weil sie Gaben und Kräfte im Überfluß besitzen; Schwache und Unglückliche haben nicht einmal so viel, daß es für sie selber reicht. Gefühl für Mitmenschen ist, an den eigenen Bedürfnissen und Ansprüchen gemessen, in der Tat nichts anderes als ein Verschenken von Gaben aus einem Zuviel heraus.

123

Es gibt zwei einander entgegengesetzte Arten von Mut. Die eine entsteht unmittelbar und recht eigentlich aus Überlegung, die andere aus Unüberlegtheit. Die erste Art bleibt stets und allen Anstrengungen zum Trotz schwächlich und unsicher; sie ist von kurzer Dauer, flößt andern kein Vertrauen ein und gibt auch kein Selbstvertrauen.

124

Wer imstande sein will, sich zu opfern, muß sich selbst wichtig nehmen und eine gute Meinung von seiner eigenen Bedeutung haben. Wer an seinem Werte zweifelt, taugt nicht zur echten Liebe und ist auch der Hingebung und des uneingeschränkten Opfers nicht fähig, das er doch von andern fordert und zu dem er andere anspornt.

125

Die Eigenliebe, in deren Bann der Schüchterne lebt, ist nicht geringer als die des Vermessenen; sie ist sogar noch größer oder zum mindesten empfindlicher. Denn auf ihr beruht seine Schüchternheit. Er hütet sich davor, andere zu kränken; aber nicht, weil er sie höher einschätzt als der Freche und Anmaßende, sondern weil er vermeiden will, selbst Unbill zu leiden. Denn jede Art von Kränkung bedeutet für ihn die ärgste Pein.

126

Das Verlangen des Menschen, unbegrenzt zu lieben, beruht darauf, daß er sich selbst unbegrenzt liebt. Dieses Verlangen ist ihm eingeboren, es gehört untrennbar zu seiner Natur wie zu der jedes Lebewesens; denn es ergibt sich mit Notwendigkeit aus seiner Eigenliebe, wie diese sich wiederum mit Notwendigkeit aus dem Charakter des Lebens ergibt.

127

Der Mensch ist so sehr auf Lob aus, daß er selbst, wenn er nicht an Lob gedacht und sich darum bemüht hat und wenn er es auch gar nicht beanspruchen kann, gepriesen zu werden ihm auch in solchen Fällen schmeichelt. Ja, oft wird er nun erst verführt, der betreffenden unbedeutenden Angelegenheit, die ihm Ruhm eingetragen hat, ein größeres Gewicht zu geben und sich einzureden, sie verdiene wirklich Lob und die Welt sei weit davon entfernt, sie für unwesentlich zu halten.

128

Aus mancherlei Anlässen, auch aus ganz unbedeutenden, begibt sich der Mensch in Gefahr und sogar in Todesgefahr; ja, er opfert mit Entschlossenheit Leben, Hab und Gut, Bequemlichkeit und Hoffnung. Aber es gibt sehr wenige, die sich, auch wo schwerwiegende Gründe dafür sprechen, im Zustande heftiger Leidenschaft und bei glühender Liebe selbst geringen körperlichen Leiden fügen und imstande sind, sie zu ertragen.

129

Ich kannte einen alten Mann, der war in abstoßendem Maße Egoist und gefiel sich darin, stets von seinen völlig belanglosen Opfern und freiwilligen Leiden zu reden. Und er tat es sogar mit einer gewissen Bescheidenheit, die besonders jedem, der ihn kannte, bewies, wie fest er daran glaubte, im Tun und Dulden Heroisches zu leisten und mit seinen Opfern und Leiden als ein Wunder von geistiger Überlegenheit und Selbstlosigkeit dazustehen... So wahr ist es also, daß es wenige Menschen gibt, die keine schamlosen und verkommenen Egoisten sind, und die nicht, mindestens in ihren eigenen Augen, Helden sein wollen und nicht auch in der Tat von ihrem Heldentum überzeugt sind und sich in dieser Überzeugung gefallen.

130

Menschen, die ihrem Wesen und ihrem Verhalten nach heiter oder die infolge bestimmter Umstände und bei bestimmten Gelegenheiten froh geworden sind, neigen im allgemeinen zu Bereitwilligkeit, Wohltätigkeit und Mitgefühl. Anders und auf alle Fälle selbstsüchtiger verhält sich der Schwermütige.

131

Die erste Voraussetzung dafür, daß man sich für andere opfert und für andere etwas tut, ist Achtung vor sich selbst und Wertschätzung der eigenen Person. Ebenso ist die erste Voraussetzung für die Teilnahme am Schicksal anderer, daß man die Hoffnung auf eigenes Glück nicht aufgibt.

132

Liebe und Hochachtung, die ein Schriftsteller für die Literatur und ein Gelehrter für die Wissenschaft hegt, stehen meistens im umgekehrten Verhältnis zur Liebe und Hochachtung, die der Schriftsteller und der Gelehrte für sich selber hegen.

132

Es kommt nicht selten vor, daß eitle, von sich selbst eingenommene Menschen nicht, wie man annehmen sollte, egoistisch und hartherzig, sondern freundlich und teilnahmsvoll, gute Kameraden und sogar gute und hilfsbereite Freunde sind. Sie halten sich für allgemein bewundert, lieben daher begreiflicherweise auch ihre angeblichen Bewunderer und helfen ihnen, wo sie können, zumal sie der Ansicht sind, es komme dem Glanz zugute, zu dem sie sich vom Schicksal erkoren wähnen. Sie pflegen gern Verkehr, weil sie überzeugt sind, die Welt sei ihres Ruhmes voll; sie sind menschlich und zugänglich und preisen dabei im geheimen ihre Leutseligkeit und daß sie es so gut verstünden, ihre Herrlichkeit dem Umgang mit Minderwertigen anzupassen. Ich habe sogar beobachtet, daß ihr huldvolles Wesen genau im selben Maße wächst, in dem die hohe Meinung von ihrer eigenen Person zunimmt. Schließlich nimmt die Überzeugung von ihrer Bedeutung und von der Anerkennung dieser Bedeutung durch die Welt ihrem Auftreten jede Härte; denn wer im Einvernehmen mit sich und der Menschheit lebt, dem fallen gute Manieren nicht schwer. Und das gibt ihnen solche Sicherheit, daß sie bisweilen einen fast bescheidenen Eindruck machen.

134

Es ist nun einmal so: wir beurteilen den Charakter eines Menschen nach dem, wie er sich uns gegenüber verhält. Der größte Schuft, sofern er uns nicht schadet oder gar irgendeinen Anlaß benutzt, uns Gutes zu erweisen; ja, wenn er uns nur freundlich behandelt und sich umgänglich, höflich und respektvoll zeigt, tut genug, um sich in unserem Herzen einen geringen Platz, wenn nicht gar die Würde eines ehrbaren Mannes zu sichern. Und wenn unser Verstand ihn auch verurteilt, Herz und Phantasie werden stets an der besseren Vorstellung festhalten.

135

Ich habe Menschen gekannt, die lange in der Welt gelebt haben; und als sie sich dann zurückzogen, glaubten sie, die freilich stets Egoisten gewesen sind, allen Ernstes, die ganze Erde sei im Grunde nur für sie geschaffen worden, ein Glaube, der in ihrem Tun wie in ihren Reden ungewollt zutage trat. Sie konnten sich mit Leiden und Entbehrungen nicht abfinden, konnten kaum begreifen, daß Menschen und Dinge nicht in einem fort einzig und allein ihrer Bequemlichkeit dienten; ja, sie bekundeten darob ihre Verwunderung und äußerten sogar ihre Erbitterung auf eine höchst eigenartige und bisweilen schier unglaubliche Weise Personen gegenüber, zu deren zweiter Natur Höflichkeit und liebevolles Entgegenkommen gehörten.

136

Wenn du von einem andern befriedigt fortgehst, so heißt das eigentlich immer, daß du eine höhere Vorstellung von dir selbst mitnimmst als von ihm.

137

Wessen Art es ist, sein Wesen stets nach außen zu kehren, der jammert seiner Natur nach laut, mag er auch ganz allein sein, sobald eine Fliege ihn sticht oder eine Vase umfällt und zerbricht. Wer gewohnt ist, nur sein eigener Lebensgefährte zu sein und sich ganz nach innen zu wenden, öffnet selbst in großer Gesellschaft, wenn er ein Unwohlsein spürt, die Lippen weder zu einer Klage noch zu einer Bitte um Hilfe.

138

Die Liebe zum Leben nimmt fast im selben Maße zu wie die Liebe zum Gelde, und zwar wächst sie wie jene in dem Grade, in dem sie abnehmen sollte. Junge Menschen schätzen ihr Leben gering und vergeuden es, wiewohl es köstlich ist und wiewohl sie noch viel vor sich haben; und sie fürchten sich nicht vor dem Tode. Die Alten hingegen fürchten den Tod sehr und sorgen sich gewaltig um ihr Dasein, obschon es trostlos ist und obschon unter keinen Umständen viel da ist, an das sie sich noch klammern können. Der Junge verschwendet, als müsse er in wenigen Tagen von hinnen; und der Alte sammelt und stapelt auf und spart, als habe er für ein ganz langes Leben Vorsorge zu treffen.

139

Der eigentliche und naturbedingte Grund des Mitleids, auch wo es das lauterste Antlitz trägt, wo es sich am wenigsten mit der eigenen, vergangenen oder gegenwärtigen Lage zu berühren, ja, wo es außerhalb jeder Beziehung zu ihr zu stehen scheint, ist doch stets das eigene Ich.

140

In der Angst vereinzelt sich der Mensch vollständig. Er macht sich von seinen Liebsten los; ja, es bedrückt ihn nicht einmal, sie preiszugeben, wenn er sich nur retten kann. So darf man denn wohl behaupten, daß die Angst der Gipfel und Inbegriff des Egoismus sei; denn der von Angst Besessene kümmert sich selbst um das Nächstliegende nicht. Er reißt sich von ihm los und denkt einzig und allein an sein Ich und ohne Rücksicht auf andere an die bloße Erhaltung seiner Person.

141

Wie beim Hoffen oder bei irgendeinem anderen Gemütszustand das Glück um so begehrenswerter erscheint, je ferner es ist, so steht es auch beim Fürchten mit dem, was wir für das Schrecklichste halten.

142

Derselbe Mensch, der eine leichte Erkrankung für ernst hält oder für schwerer, als sie ist, nimmt ein bedenkliches oder gar lebensgefährliches Übel für harmlos und unbedeutender, als er es nehmen sollte. Der Grund ist in beiden Fällen seine Feigheit, die ihn zur Furcht zwingt, wo nichts zu fürchten, und zur Hoffnung, wo nichts zu hoffen ist.

143

Das Menschenherz wird in seinen Hoffnungen stets betrogen und läßt sich stets betrügen. Es wird stets von der Hoffnung selbst irregeführt und ist stets bereit, sich irreführen zu lassen. Es öffnet sich der Hoffnung und wird noch im Augenblick der äußersten Verzweiflung, ja noch im Augenblick des Selbstmordes von ihr beherrscht. Die Hoffnung gleicht der Eigenliebe, der sie unmittelbar entstammt. Es gehört zum Wesen des Menschen, daß beide ihn nicht loslassen, solange er lebt, das heißt, solange ihm sein Dasein bewußt wird.

144

Es klingt seltsam, aber es gibt eine Todesverachtung und einen Mut, die abscheulicher und schimpflicher sind als Angst. Ich meine die von Krämern und ähnlichen Wesen unserer Gattung, die nur auf Gelderwerb versessen sind. Diese Leute lassen nämlich oft geflissentlich alle Vorsichtsmaßnahmen außer acht, deren der Mensch, der sich erhalten will, nicht entraten kann, und setzen sich den größten Gefahren aus, bei denen sie denn auch nicht selten als heldenmütige Feiglinge ein klägliches Ende finden.

145

Der Mensch vermag genausowenig ohne Hoffnung zu leben wie ohne Eigenliebe. Selbst in der Verzweiflung verbirgt sich noch ein Kern von Hoffnung, nicht nur, weil im Seelengrunde stets ein Rest von Hoffnung lebt: irgendein Aspekt, der dem Anlaß der Verzweiflung unmittelbar oder fast unmittelbar oder unbemerkt entgegensteht; sondern auch, weil die Verzweiflung selbst sich von der Hoffnung nährt, das Leid werde nachlassen oder mit dem Nichtmehrhoffen werde sich auch das Nichtmehrwünschen einstellen.

146

Wenn unentschlossene Menschen einmal einen Standpunkt eingenommen haben, halten sie meistens besonders beharrlich an ihm fest. Eben aus Unentschlossenheit; und weil sie sich nicht dazu aufraffen können, *eines* aufzugeben, und ein Neues auf sich zu nehmen, sehen sie sich größeren Schwierigkeiten gegenüber als andere. Vielleicht findet sich dieser Tatbestand hauptsächlich bei denen, die aus Trägheit unentschlossen sind und denen es bequemer und leichter vorkommt, zu beharren, als umzukehren.

147

Der Anblick eines Menschen, der sich fürchtet und Ursache hat, sich zu fürchten, weil er sich nicht wehren kann, weckt zärtliche Empfindungen und wirkt auf die Starken und Tapferen dahin, daß sie solche Wesen schonen. So kommt es, daß unter Individuen wie unter Nationen die Kräftigen und Mutigen ihrem Wesen nach die Hilfreichsten sind, während man beobachtet hat, daß Schwache und Feige, ob einzelne oder ganze Völker, sich noch Schwächeren gegenüber grausam verhalten. Es ist eine oft aufgestellte allgemeine Regel, daß Furchtsamkeit, Feigheit und Schwäche sich gern mit Grausamkeit, Unbeugsamkeit, Erbarmungslosigkeit und unfreundlichen Sitten und Handlungen paaren... Diese Beobachtungen wende man auf den natürlichen Hang zum Mitleid bei den Starken, und den zur Härte und Grausamkeit bei den Schwachen an. So pflegt man, nicht ohne Begründung durch Beispiele aus der Geschichte zu behaupten, Frauen wären, zur Macht gelangt, gerissener und boshafter, grausamer und erbarmungsloser als Männer.

148

Es leuchtet ein und läßt sich täglich beobachten, daß Menschen von höheren Gaben sich am schwersten zum Glauben wie zum Handeln entschließen können. Und je mehr sie gewohnt sind, nachzudenken, und je tiefer ihre Anlage ist, um so gequälter und ängstlicher stehen sie vor jeder Entscheidung.

149

Der nachdenkliche Mensch muß häufig von einem geleitet werden, der seiner Natur nach oder aus Gewohnheit oder infolge zwingender Umstände sein Gegenteil ist. Er bedarf dringender des Rates als irgendein anderer, nicht, weil er allein nicht genug, sondern weil er zuviel sieht; denn das führt zu gewohnheitsmäßiger und recht qualvoller Unentschlossenheit.

150

In jedem Beruf erreicht den Gipfel einzig der Bescheidene. Nur wer bescheiden ist, sich selbst nicht sonderlich hoch einschätzt und im Innersten ehrlich davon überzeugt ist, daß er nicht so viel erreicht hat, wie er hätte erreichen können und sollen, trägt die Zeichen und Stempel des großen Mannes... Je mehr ein Mensch einen angesehenen Beruf zu würdigen und zu schätzen versteht – und das tut er, je genauer er mit ihm vertraut ist –, um so weniger hält er von seiner eigenen Person. Denn, wenn er sich, nicht den Berufsgenossen, wohl aber den Forderungen seines Berufes zum Vergleich stellt, so bleibt er immer unbefriedigt. Er fühlt, wie sehr er zurücksteht; und das drückt die Vorstellung, die er von sich selbst hegt, noch tiefer hinab.

151

Der Mensch findet sich damit ab, wenn er in gewissem Sinne leidet oder wenn er nichts hat, worüber er sich freuen kann; aber er fügt sich nicht in vergebliche und aussichtslose Anstrengungen. Und keiner mag als Tätiger leiden, wenn ihm kein Lohn geboten wird. Daher gehört es zum Wesen der Resignation, daß sie stets Gleichgültigkeit, Nachlässigkeit, Bequemlichkeit, Untätigkeit und schließlich Faulheit, Stumpfheit, Unempfindlichkeit und wohl auch Unfähigkeit im Gefolge hat.

152

Das Reizvolle entsteht meistens dadurch, daß ein Gran Häßliches dem Schönen hinzugefügt wird. Das Häßliche in Verbindung mit Häßlichem und das Schöne in reiner Form haben beide gleich wenig mit dem Reizvollen zu tun.

153

Mittelmäßige Naturen können leicht zu einer Ansicht oder einem Tun verführt und von einem klugen Manne oder einem Schurken oder einem, der auf Grund irgendwelcher Umstände Einfluß auf sie hat oder sie zu gewinnen versteht, nach jeder Richtung umgemodelt werden. Aus gröberem Holze sind die kleinen und die großen Seelen, also alle, die unterhalb oder oberhalb des Mittelmäßigen stehen; aber die härtesten Köpfe haben die Kleinen.

154

Zwischen denen, die keines, und denen, die des höchsten Lobes würdig sind, nimmt den größten Raum ein und genießt die breiteste Achtung die überwältigende Masse der Mittelmäßigen, die nur Durchschnittliches leistet.

Aus dieser Betrachtungsweise ergibt sich, daß das Mittelmäßige immer und überall triumphiert.

155

Soldaten haben meistens etwas besonders Anziehendes für Frauen, auch wenn ihr Anblick durch eine Kriegsverletzung beeinträchtigt ist. Ja, dann vielleicht erst recht. Ich habe von einem General gehört, der durch ein fehlendes Auge entstellt ist und der eine Binde um den Kopf trägt. Und gerade der hat ein ungewöhnliches Glück bei Frauen.

156

Was sind die Leberflecke anderes als Mängel und Mißbildungen der Haut? Und doch hat man sie lange für schön gehalten. Die Frauen haben also, um sich mit Anmut zu schmücken, vorsätzlich etwas Fehlerhaftes gepflegt.

157

Ich habe an anderer Stelle gesagt, Ungläubigkeit hänge oft mit Dürftigkeit geistiger Anlagen zusammen. Heute füge ich hinzu, daß ihre Ursache sehr häufig in Verstocktheit liegt. Man beobachtet nicht selten, daß ein Mensch sich hartnäckig darauf versteift, eine unbestreitbare Wahrheit zu leugnen oder etwas notorisch Falsches zu behaupten, ohne daß ihm je auch nur der leiseste Argwohn käme, er könne am Ende hintergangen worden sein. Ungläubigkeit hat ihre Wurzel also oft, ja sogar meistens in großer und bornierter Glaubensseligkeit.

158

Das entscheidenste und vielleicht das schönste Ergebnis, das Einsicht von Menschenerfahrung bei einem Mann von hohen und seltenen Geistesgaben zeitigen, ist, daß er jeder größeren ausgesprochenen Schwäche, Kleinheit, Albernheit, Unwissenheit, Dummheit, Schlechtigkeit, Lasterhaftigkeit und anderen Mängeln, angeborenen wie erworbenen, seiner Mitmenschen gegenüber nachsichtig wird, zumal wenn er vorher hartherzig gewesen ist; ferner, daß er jetzt auch geringe Vorzüge und Verdienste zu schätzen weiß, während seine früheren Grundsätze ihn gelehrt hatten, sie zu verachten und zu übersehen, ihnen nie ein Wort der Anerkennung zu gönnen und sie gewissermaßen mit allem Unvollkommenen in einen Topf zu werfen; kurzum, daß er jetzt zu einer respektvollen Haltung neigt, sich das Tadeln abgewöhnt und beinahe vergißt, daß er damit zum Gegenteil von dem geworden ist, was er einmal war. Dem mag man entnehmen, wie wenig die Menschen taugen, und sich ein Urteil darüber bilden, was echter Wert und echte Tugend eigentlich sind.

159

Ein hoher und starker Geist widersteht wohl der Not, aber er widersteht nicht der Zeit, die wirklich über alles Irdische triumphiert.

160

Man mag sagen was man will. Man kann nicht groß sein, wenn man nicht wider die Vernunft denkt und handelt und nur insoweit man es tut und die Kraft hat, seinem Denken Zügel anzulegen oder es von der Phantasie überwuchern zu lassen; denn für die ist die Vernunft immer eine Behinderung, ein tödlicher Feind und eine kalte, vernichtende Macht.

161

Nichts beweist die Hoheit und den Adel des Menschen, nichts die Größe und Kraft seiner geistigen Gaben deutlicher als sein Vermögen, die eigene Kleinheit zu erkennen, zu erfassen und lebhaft zu empfinden. Wenn er, die zahllosen Welten betrachtend, sich als einen ganz winzigen Teil einer Himmelskugel fühlt, die wiederum nur ein winziges Etwas innerhalb der unendlich vielen Systeme ist, aus denen die Welt besteht; wenn er bei dieser Betrachtung über seine Kleinheit erschrickt und, während er sie im Seelengrunde erlebt und wachen Herzens sein Auge auf sie richtet, fast eins wird mit dem Nichts: wenn er beim Gedanken an die Unermeßlichkeit des Seins sich selber beinahe verliert und sich in der unbegreiflichen Weite der Welt wie verirrt vorkommt, so legt er eben mit dieser Haltung und diesem Denken die höchste Probe für seinen Adel und für die unendliche Kraft und Fähigkeit seines Geistes ab, der, eingeschlossen in einem so kleinen und unbedeutenden Wesen, dennoch Dinge ergreift und versteht, die weit jenseits der Grenzen seiner Natur liegen, und mit seinem Denken sogar die Unermeßlichkeit des Seins und der Welt zu umfassen und aufzunehmen vermag.

162

Man behauptet, das Glück des Menschen könne außerhalb der Wahrheit keinen Bestand haben. So hat es in der Tat den Anschein; denn was für ein Glück kann im Unwahren liegen? Und wie sollte Wahrheit nicht glücklich machen, wenn Glück das Ziel der Welt ist? Und trotzdem behaupte ich, daß das Glück auf der Unkenntnis des Wahren beruht; und zwar, weil die Welt zum Glück bestimmt ist, und weil die Natur den Menschen zum Glücklichsein geschaffen hat. Darum hat sie ihm die Unwissenheit gegeben wie den übrigen Lebewesen.

163

Die Vernunft ist die Feindin alles Großen; die Vernunft ist die Feindin der Natur. Die Natur ist groß, die Vernunft ist klein. Ein Mensch gelangt um so leichter oder schwerer zur Größe, je weniger oder je mehr er unter der Herrschaft der Vernunft steht.
Die stärkste Gegnerin des Barbarischen ist nicht die Vernunft, sondern die Natur; denn die Natur schenkt uns die Illusionen, vermöge derer ein Volk, wenn sie in Blüte stehen, zu wahrer Kultur gelangt.
Die Vernunft ist eine Leuchte; und die Natur will Licht durch sie erhalten, aber nicht von ihrer Flamme verzehrt werden.
Die Natur ist groß, die Vernunft ist klein und ist allen großen Handlungen feind, zu denen die Natur uns begeistert. Diese Feindschaft der beiden großen Hüterinnen des Seins wird einzig durch die Religion ausgeglichen. Durch den Glauben an die Liebe des unsichtbaren Gottes und die Hoffnung auf künftigen Lohn in einem anderen Leben hat sie eine wunderbare Harmonie zwischen allem großen, edlen, hochherzigen und scheinbar närrischen Tun (wie dem Gebaren der Märtyrer, dem Preisgeben der irdischen Güter, der Loslösung vom Vaterhaus und von der Heimat, der Todesverachtung, dem Opfern aller Freuden Gott und dem sittlichen Gebot zuliebe) und der Vernunft zuwege gebracht.
Kultur besteht in einer Vermählung von Natur und Vernunft, einem Bund, bei dem der Natur die wichtigere Rolle zufällt.
Daß die Natur der Vernunft überlegen ist, wird auch dadurch bewiesen, daß aus bloßer Vernunft nie etwas mit Wärme und Leidenschaft getan wird.
Zu den wesentlichsten und am meisten verbreiteten Irr-

tümern und Widersprüchen, die sich bei alten und neuen Schriftstellern und Philosophen finden, gehört, daß sie bei ihren Theorien über den Menschen den Gegensatz zwischen Vernunft und Natur nicht genügend beachtet und herausgearbeitet haben. Wenn man Vernunft und Natur durcheinanderwirft, wird es nie gelingen, das Geheimnis des Menschen zu enträtseln.

Natur und Gott sind ein und dasselbe. Je mehr ich der Natur zubillige, um so mehr billige ich Gott zu. Je niedriger ich die Vernunft einschätze, um so höher achte ich die Kreatur. Je mehr ich die Natur preise und lobsinge, um so mehr preise und lobsinge ich Gott. Wenn ich das Werk der Natur für vollkommen erkläre, erkläre ich Gott für vollkommen. Ich verdamme den Menschen, der sich anmaßt, das Werk des Schöpfers verbessern zu können, und behaupte, daß jede Entstellung des Werkes, wie es aus Gottes Händen hervorgegangen ist, Verfall bedeutet.

Die Erbsünde liegt einzig in der Vernunft. Durch die Vernunft wurde der Mensch wahrhaft gottähnlich und damit sehr viel wissender als nach seiner Erschaffung. Der Verfall des Menschen besteht also nicht im Abnehmen, sondern im Zunehmen der Vernunft.

Vollkommenheit eines Wesens heißt nichts anderes als völlige Übereinstimmung mit seiner uranfänglichen Natur. Die uranfängliche Natur des Menschen aber hatte eine dienende und nicht ihr Gegenteil, eine hochentwickelte Vernunft zur Voraussetzung.

Die Religion ist eine große Förderin der Natur. Sie erkennt sehr viele Eigenschaften an, die zum antiken oder einem noch naturnäheren Menschen gehörten; sie gewöhnt unsere Phantasie an die Idee der Unendlichkeit; sie preist den Heroismus; und den Illusionen, die dem Zustande einer mittleren Kultur Dauer verleihen, gibt sie Grundlage, Leben und Substanz.

Nächst dem ausgesprochenen Naturzustand ist also der denkbar glücklichste in dieser Welt der einer mittleren Kultur, in dem ein gewisses Gleichgewicht zwischen Vernunft und Natur hergestellt ist. Und eben dies war der Zustand der antiken Kulturvölker, die deshalb so reich an Leben waren, weil sie der Natur und dem natürlichen Glück so viel näher standen. Und darum ist auch die antike Religion dem irdischen Glück so viel förderlicher gewesen, als es das Christentum sein kann; denn, da sie mehr und greifbarere natürliche Glaubensinhalte schuf, die mit einer weiter verbreiteten und tieferen Unwissenheit zusammenhingen, blieb der Mensch dem Naturzustande näher.
Unser Glaube heißt Kampf wider die Vernunft. Die Vernunft ist ihrem Wesen nach vollkommen ohnmächtig, nicht allein in Ansehung des menschlichen Glücks, der Einrichtung der menschlichen Gesellschaft, der Begründung und Erhaltung des Sittengesetzes, sondern sogar in Ansehung ihrer Fähigkeit, richtig zu urteilen und zu formulieren.
Die fortschreitende Vernunft zielt im wesentlichen darauf hin, die Gattung Mensch, also das Wesen, das imstande ist, zu denken und sich eine natürliche Ordnung zu schaffen, nicht nur unglücklich zu machen, sondern auszurotten.
An und für sich ist die Vernunft weder macht- noch kraftlos; aber sie ist schädlich und nimmt dem die Kraft, der sich ihrer bedient, und um so mehr, je gründlicher er sie in Anspruch nimmt. Und im selben Maße, in dem ihre Kraft zunimmt, nimmt die Kraft desjenigen ab, der sie gebraucht und in Besitz nimmt; und je mehr sie sich entwickelt, um so unvollkommener wird das Wesen, das in ihr sein Heil sucht.
Man könnte also sagen, daß die Natur, die stets nicht weniger darauf aus ist zu vernichten als zu erhalten und

zu schaffen, all denen, die in dieser Welt gedeihen und vorwärtskommen, den Trieb und die Aufgabe eingepflanzt hat, zu zerstören, um für sich Platz zu machen; und all denen, die sich dem Ende zuneigen und zur Abreise rüsten, die Aufgabe, zu erhalten und zu schaffen, als solle ihr Platz nicht leer bleiben, als sollten sie etwas hinterlassen, wenn sie gehen und ihre Stätte reich machen, bevor sie sie räumen.

Auf Grund des Gesetzes, nach dem Zerstörung und Erneuerung einander ablösen und nach dem das All in seinem augenblicklichen Bestand erhalten werden soll, verfolgt die Natur ihrem Wesen und ihrer Bestimmung nach ständig in tödlicher Feindschaft den einzelnen von jeder Art und Gattung, den sie ans Licht bringt; und sie beginnt mit dieser Verfolgung zu ebendem Zeitpunkt, in dem sie ihn erschaffen hat.

Ebendie Einsicht, daß Ordnung in der Welt herrscht, daß zu dieser Ordnung das Übel gehört, daß die Ordnung ohne dieses Schlimme keinen Bestand haben würde, macht das Dasein so unbegreiflich. Gäbe es in der Welt Gesetzlosigkeiten, würde das Unglück etwas Außergewöhnliches, Zufälliges sein. Wir würden sagen: die Arbeit der Natur ist unvollkommen, nicht anders als die des Menschen; wir würden nicht sagen: sie ist schlecht. Die Urheberin der Welt würde als eine denkende Macht erscheinen, die ihre Grenzen hat; und wir würden darüber nicht staunen, denn die Welt selber ist in jedem Sinne begrenzt. Welche Bezeichnung aber sollen wir einer denkenden Macht geben, zu deren Ordnung das Übel gehört, ja, die ihre Ordnung auf das Übel gründet? Gesetzlosigkeit wäre wesentlich besser. Sie ist wandelbar und bringt Abwechslung. Was heute schlimm ist, kann morgen ein Segen, ein vollkommenes Glück sein. Allein was läßt sich erhoffen, wenn das Übel gesetzmäßig ist, wenn es zum Wesen einer Einrichtung gehört?

164

Der Urgrund aller Dinge und Gottes selbst ist das Nichts. Kein Ding muß durchaus vorhanden sein; es gibt keinen unumgänglichen Beweis dafür, daß etwas nicht auch nicht sein und nicht auf diese oder jene Weise sein kann. Alle Dinge sind möglich; aber es besteht kein zwingender Grund dafür, daß irgend etwas sein, und daß es in dieser oder jener Form sein müsse. Es gibt auch keine absolute Verschiedenheit aller Möglichkeiten und keinen unbeschränkten Abstand zwischen allen möglichen Vorzügen und Vollkommenheiten.
Das bedeutet, daß ein erster und gemeinsamer Urgrund der Welt nicht besteht und nie bestanden hat; oder daß, wenn es ihn gibt oder je gegeben hat, wir ihn unter keinen Umständen zu erkennen vermögen, da uns jede Voraussetzung für ein Wissen von den Dingen vor ihrer Erschaffung, ja von allem fehlt, was über das rein Tatsächliche hinausgeht. Weil wir infolge der zu unserer Natur gehörenden Selbsttäuschung die Wahrheit für absolut nehmen, glauben wir, bis zu jenem Urgrund vordringen zu können, indem wir ihm alles, was in unseren Augen vollkommen heißt, zuschreiben. Allein diese Vollkommenheiten können nur im Rahmen der uns bekannten Welt gelten, das heißt, nur in einem einzigen aller denkbaren Weltzusammenhänge; und daher sind es nur relativ, nicht absolut gesprochen, Vollkommenheiten.

165

Ich sehe Gott nicht als das beste aller denkbaren Wesen an, wiewohl es im absoluten Sinne weder etwas Besseres noch etwas Schlechteres gibt, sondern als eines, das alle Möglichkeiten in sich birgt und auf jede mögliche Weise sein kann. Dies ist wohl denkbar. Seine Beziehungen zum Menschen und zu der uns bekannten Kreatur sind deren Wesen durchaus angemessen. So bleibt die Religion unangetastet; und wenn ich die unendliche Vollkommenheit Gottes in uneingeschränktem Sinne auch leugne, so gebe ich sie, relativ gesprochen, doch zu, nämlich als Vollkommenheit innerhalb der uns bekannten Weltordnung.

Die unendliche Möglichkeit gehört also durchaus zur Bestimmung des göttlichen Wesens. Da es eine Welt gibt, muß sie auch möglich sein; denn ein einziges, geringfügiges Etwas, das eben jetzt vorhanden ist, genügt, um eine zwangsläufige, ewige Möglichkeit zu beweisen. Wenn keine Bejahung oder Verneinung absolut wahr ist, müssen demnach alle Dinge ohne Einschränkung möglich sein. Die unendliche Möglichkeit ist das einzig wirklich Feststehende. Sie ist eine Notwendigkeit, und sie geht der Erschaffung der Welt voraus. Und diese Wirklichkeit ist einzig in Gott.

166

Aus den Bemerkungen über das Christentum geht hervor, daß es, vollkommen verwirklicht, in einem echten und uneingeschränkten Egoismus bestünde, obschon es sich ausdrücklich zum Gegenteil bekennt und sein stärkster, ehrlichster und unversöhnlichster Gegner zu sein scheint, so weit zu sein scheint, daß es jede Eigenliebe auszurotten behauptet. Denn es befiehlt und wünscht ja nicht allein unbegrenzte Opfer; es verlangt auch und macht zur unerläßlichen Bedingung, daß diese Opfer und alles, was der Mensch sonst tut, im letzten und eigentlichen Grunde ihr Ziel nicht in sich selbst tragen, sondern daß sie zu Gottes Ehre geschehen. Das aber könnte, vom physischen wie vom sittlichen Standpunkt aus, nur möglich sein, wenn das Leben und die Geschöpfe ganz andere Wesensgrundlagen erhielten als sie haben.

167

Selig, wer ohne Wunsch ist; wer sich von kleinen Freuden nährt und sich mit ihnen begnügt; wer stets auf ein Gutes hofft, dabei seine schlechten Erfahrungen vergißt und sogar stets das Gegenteil von dem tut, das er tun sollte! Selig also die kleinen, in sich befangenen, im Nachdenken wenig geübten Naturen!

168

Solange man auf Vergnügungen und persönliche Vorteile Wert legt, solange man Erfahrungen, Ergebnisse und Erfolge des eigenen Lebens wichtig nimmt und sich ihretwegen Sorgen macht, kommt man nie zu einem wahren Genuß. Man muß alle Vergnügungen verachten lernen; muß Glück, Jugend und das eigene Ich für ein Nichts, für etwas völlig Bedeutungsloses halten, das keinerlei Rücksicht und Pflege verdient; muß Leben, Jugend und was dazu gehört, für verloren, hoffnungslos und unnütz ansehen, für ein Kapital, das keinen nennenswerten Zins trägt, als sei das alles von langer Hand zu Hinfälligkeit und Nichtigkeit verdammt; muß es um einer Kleinigkeit willen aufs Spiel setzen, ohne viel Wesens daraus zu machen und ohne sich je bei einer Unentschlossenheit ertappen zu lassen, auch bei den wichtigsten Angelegenheiten nicht, und selbst dann nicht, wenn es ums Ganze oder um wichtige Bezirke des Lebens geht. Nur auf die Weise kann man zu einem Genuß gelangen. Man muß leichtsinnig, auf den Zufall, aufs Wagnis hin leben.

169

Wie das Vergnügen sich nicht fortsetzt, wenn sein Ziel nicht außerhalb seiner selbst liegt, so bringt auch das Leben keine Freuden, wie reich es im einzelnen an Fröhlichkeit sein mag, wofern es als Ganzes ohne Inhalt ist. Will man glücklich sein, muß man seinem Dasein Inhalt und Ziel geben: Ruf auf literarischem Gebiet, Reichtum, Ehren und Würden oder irgendeine Laufbahn. Ich habe nie begreifen können, woran Laffen und Nichtstuer, ob Mann oder Greis, bei denen ein Zeitvertreib und ein Spaß den andern jagt, ohne daß sie ein festes Ziel vor sich haben und sich sagen und überlegen: zu was bin ich eigentlich auf der Welt?, sich freuen, ja, wie sie überhaupt zu leben imstande sind. Gewiß hat solch ein Ziel an und für sich geringen Wert, aber viel bedeuten Pläne und Überlegungen, Anstrengungen und Hoffnungen; und viel wert ist auch, daß man sich dank der nachdenklichen Bemühungen stets etwas Herrliches vorgaukelt. Der Mensch kann und soll sich auf diese Weise selbst sein Glück zimmern.

170

Der Mensch empfindet eine natürliche, ihm eigene, ständige Sehnsucht nach einer Zukunft, die besser ist als die Gegenwart, mag diese auch noch so gut sein. Daher gehört es zu seinem Glück, daß es ihm an Hoffnung und Zuversicht nicht fehlt, und er sich selbst Aussichten schafft und sich dafür einsetzt. Es ist sehr bekömmlich, wenn man sich täglich etwas Leichtes vornimmt, das man spielend bewältigt; wenn man sich kleine Glücksgüter verschafft, die keine Mühe kosten. Man muß sich auf Freuden verstehen und immer neue Erwartungen, Pläne und Hoffnungen herbeizaubern. Das alles gehört zum Amt des Philosophen, weil es eine unvergleichlich nützliche Anweisung zum glücklichen Leben ist.

171

Die Philosophie zermürbt und zerstört die Poesie, und die Poesie verdirbt oder beeinträchtigt die Philosophie. Zwischen beiden ist eine unübersteigbare Schranke aufgerichtet, eine beschworene und tödliche Feindschaft, die sich weder verschleiern noch versöhnen noch verheimlichen läßt. Und ich behaupte auch, daß dasselbe Verhältnis zwischen der Philosophie und der übrigen schönen Literatur besteht, wenn man ihr eigentliches Wesen nicht verkennt.

172

Ob der Mensch zum Denken oder zum Handeln geboren und ob es, wie manche behaupten, wahr ist, daß er sein Leben am besten ausfüllt, wenn er sich der Philosophie und der Literatur widmet, das ersehe man auch aus folgendem: Es hat niemals einen bedeutenden Philosophen oder Schriftsteller gegeben noch wird es je einen geben, der nicht zu allen möglichen, und zwar zu größeren Leistungen als andere vollbringen, geschaffen worden wäre; der nicht mehr Lebenskraft und ein höheres Bedürfnis nach Leben besessen hätte als der Durchschnitt; und der seiner Anlage und seiner ursprünglichen Neigung nach nicht zum Handeln und zu einem entschlossenen Lebenswillen bestimmt gewesen wäre, wie er andern nicht eignet.

173

Der lyrische Dichter, während er inspiriert ist; der Philosoph, indes er seinen erhabenen Gedanken nachgeht; jeder Mensch von Phantasie und Gefühl im Augenblick der Begeisterung; ja, jeder, den Leidenschaft oder Schmerz erschüttern; ich wage sogar hinzuzufügen:

auch ein durch Weingenuß nicht allzu stark Berauschter – sie alle schauen und betrachten die Welt von einer hohen Warte aus, einer höheren, als sie der Menschengeist gewöhnlich zu erschwingen vermag. Sie entdecken in einem Nu vieles, das sie sonst nicht gleichzeitig überblicken konnten, sie erfassen und unterscheiden mit einem Schlag eine Unmenge von Dingen, die sie sonst wohl einzeln, nicht aber im Zusammenhang zu sehen vermochten und sind imstande, auch deren wechselseitigen Beziehungen zu erkennen. Sie haben in solchen Augenblicken also eine ungewöhnliche Fähigkeit zum Verallgemeinern und wenden sie auch an; und indem sie sie anwenden, werden ihnen die allgemeinen und daher wahrhaft großen und wesentlichen Wahrheiten geschenkt, die sie eben nur im Zustand der Inspiration und des Außersichseins begreifen können.

174

Es ist ebenso wahr wie erstaunlich, daß die Poesie, die dem ihr eigentümlichen Wesen nach auf Schönheit und die Philosophie, die in der Hauptsache auf Wahrheit, das heißt auf das Gegenteil des Schönen ausgeht, einander so nah verwandt sind, daß ein echter Dichter in hohem Grade zum Philosophen und ein echter Philosoph in ebendem Maße zum großen Dichter bestimmt ist und daß keiner in seiner Art die Vollkommenheit erreicht, wenn er nicht von der anderen ein gut Teil besitzt. Poesie und Philosophie gleichen einander auch insofern, als sie die Gipfel menschlichen Könnens sind, denen der Geist mit seinen stärksten und edelsten Kräften dient. Und dennoch, und wiewohl die eine, ich meine die Poesie, die segensreichste Gabe ist, stehen beide am wenigsten in der Gunst des Glücks. Mit Hilfe der übrigen erwirbt man sein Brot, durch manche kommt man sogar zu lebenslänglichen Ehren; aber von diesen beiden ist nichts zu erhoffen als Ruhm, und auch der tritt erst nach dem Tode ein.

175

Die Philosophie und andere Wissenschaften können sich, weil sie Menschenwerk sind, viel eher beugen und der schönen Literatur und der Poesie, die der Natur angehören, viel eher unterwerfen als umgekehrt. Wo die Philosophie regiert, fehlt die Poesie. Wo die Poesie ist, muß sie auch herrschen; denn ihr Ursprung, die Natur, ändert sich nicht mit den Zeiten und ihren wechselnden Sitten und Erkenntnissen wie das Reich des Verstandes.

176

Die Erinnerung an ein Vergangenes, einen Zustand, einen Lebensabschnitt, an den Aufenthalt an irgendeinem Ort, auch dem ödesten und entlegensten, bringt Schmerzen, sobald man sich sagen muß, daß er vorüber und zu Ende, daß er nicht mehr ist und nie mehr sein wird.

177

Beim häufigen Wechsel meines Wohnortes, mag der Aufenthalt kürzer oder länger, Monate oder Jahre gedauert haben, habe ich die Beobachtung gemacht, daß ich mich nie zufrieden, nie in meinem Element, nie irgendwo beheimatet fühlte, wie gut es mir im übrigen gehen mochte, bevor mich nicht Erinnerungen mit dem Ort und den Räumen, die ich bewohnte, mit den Straßen und Häusern, wo ich Umgang pflegte, verbanden. Die Erinnerungen bestanden oft nur darin, daß ich mir sagen konnte: hier war ich vor so und so langer Zeit; hier habe ich vor so viel Monaten dies oder jenes getan, gesehen oder gehört. Das mag völlig ohne Belang gewesen sein; aber die Erinnerung, die bloße Möglichkeit, mich seiner zu entsinnen, machte es zu etwas für mich Wichtigem und Angenehmem. Nun ist klar, daß ich Gelegenheit und Stoff zu Erinnerungen an Plätze, wo ich gewohnt hatte, erst nach geraumer Zeit haben konnte, daß sie mir mit der Zeit aber auch nicht fehlten. Daher war ich stets und an jedem Ort während der ersten Monate traurig und fühlte mich später immer und überall zufrieden und zu Hause. Durch die Erinnerung wurde er mir gleichsam eine Heimat.

178

Jedes beliebige Etwas: ein Ort, eine Gegend, eine Landschaft, so schön sie sein mögen, bringen für das Auge einen poetischen Eindruck nur dann hervor, wenn sie irgendeine Erinnerung wecken. Ebenso haben eine Gegend und anderes an und für sich nichts Dichterisches an sich, bekommen es jedoch in hohem Maße durch Erinnerung. Beim poetischen Empfinden ist Erinnerung wichtig, ja unerläßlich, aus dem einfachen Grund, weil in der Gegenwart, wie sie auch sein mag, keine dichterischen Werte liegen. Das Poetische beruht auf die eine oder andere Weise stets auf etwas Fernem, Unbestimmtem, Schwebendem.

179

Ebenso machen manche Darstellungen und manche Stellen aus Büchern nur deshalb einen Eindruck auf uns und bereiten uns nur darum einen Genuß, weil sie Eindrücke und Genüsse erneuern, die wir durch dieselben oder ähnliche Darstellungen und Schriften zu anderen Zeiten und zumal in den Kinder- und den ersten Jugendjahren empfangen haben.

180

Der Dichter ahmt die Natur nicht nach; und doch ist es wahr, daß die Natur in ihm und durch seinen Mund redet. Also ist der Dichter nur Nachahmer seiner selbst. Wenn er mit seiner Nachahmung über sich selbst hinausgeht, überschreitet er die Grenze der ihm von Gott verliehenen Gabe der wahrhaften Poesie. Was dann bleibt, ist Menschenkunst, ist Prosa, trotz Vers und gehobener Sprache. Als rhythmische Prosa, als Kunst von Menschenhand mag es gelten; und ich habe nicht die Absicht, ihm das Verdammungsurteil zu sprechen.

181

Einem empfindlichen und phantasiebegabten Menschen, dessen Leben wie das meine durch Gefühl und poetisches Schaffen bestimmt wird, erscheinen die Welt und ihr Inhalt in gewissem Sinne doppelt. Seine Augen sehen einen Turm oder eine Fläche Landes, seine Ohren hören ein Glockenläuten; aber im gleichen Augenblick sieht er mit dem inneren Auge einen zweiten Turm, ein zweites Feld und vernimmt er ein zweites Geläut. In dieser zweiten Art von Geschautem liegt alles Schöne und Gefällige, das die Dinge an sich haben. Armselig ist das Dasein des Menschen – und doch ist es in der Regel so –, der nur die Oberfläche sieht, nur das, von dem Gesicht, Gehör und die übrigen Sinne einen Eindruck empfangen.

182

Werke des Geistes besitzen die Eigentümlichkeit, daß sie dem Menschen die Nichtigkeit aller Dinge und das unabwendbare Elend des Lebens deutlich vor Augen führen, daß sie sogar unterm Diktat der schrecklichsten

Verzweiflung stehen, eine empfindliche Seele trotzdem trösten und ihr den verlorenen Mut wieder schenken können. Was den Menschen in der Wirklichkeit bis zur Vernichtung bedrängt, zeigt sich im Kunstwerk nur wie in einem Spiegel. Und wie dem Autor, der das Wesenlose der Illusionen empfunden und beschrieben hat, die Illusionen trotzdem nicht ganz geschwunden sind, so wird auch der Leser, und mag er durch seine Erfahrungen jede Illusion verloren haben, durch den Dichter doch wieder zu der auch aus den geheimsten Falten seines Herzens nicht ganz getilgten Täuschung zurückgeführt. Ja, schon die Einsicht, daß alles Schöne und Große unweigerlich trügerisch ist, hat etwas Schönes und Großes an sich, wenn diese Einsicht in einem geistigen Werk ausgesprochen wird. Die Darstellung der Nichtigkeit allein erweitert und hebt die Seele des Lesers und versöhnt sie mit sich selbst und ihrer Verzweiflung.

183

Die Erfindungsgabe gehört zu den wesentlichsten und charakteristischsten Eigenschaften der Phantasie. Dieselbe Gabe zeichnet aber auch die großen Philosophen und die Entdecker anderer Wahrheiten aus; und so darf man die Behauptung aufstellen: die Gedichte Homers und Dantes und die mathematischen Grundsätze der Naturlehre Newtons schöpfen aus der gleichen Quelle.

184

Die Einbildungskraft entfaltet und entwickelt sich am besten bei – ständigem oder vorübergehendem – Glück, das Gefühl am besten im Unglück. Als Beispiel kann ich mich selbst anführen und den Übergang meiner imaginativen Fähigkeiten in sensitive, einem Prozeß, bei dem jene mehr und mehr erloschen sind.

185

Alles, was in der Literatur »Schönheit« an der Stirne geschrieben trägt, ist falsche Schönheit, ist sogar manchmal das Gegenteil.

186

Schönheit beruht auf dem Nützlichen und Zweckmäßigen; und ohne diese Eigenschaften ist nichts schön.

187

In den Augenblicken der höchsten Begeisterung und Leidenschaft ist der Dichter nicht schöpferisch. Wenn er die Natur betrachtet, wenn seine Seele ganz von der Vorstellung des Unendlichen beherrscht wird und die Bilder sich in seinem Kopf drängen, ist er zum Wählen und Entscheiden und zum Festhalten eines bestimmten Bildes nicht imstande. Auch fehlt ihm in solchen Augenblicken die Fähigkeit zum Beobachten; und er vermag weder theoretisch etwas für die Aufstellung von Normen noch praktisch etwas für seine Schreibweise zu gewinnen. Einen Ausdruck für das Unendliche finden kann man nur, wenn man es erlebt hat, aber nicht, während man es erlebt. So waren auch die größten Dichter, während sie die Verse schrieben, bei deren Lektüre uns ein beseligendes Gefühl des Unendlichen durchströmt, selbst von solchen Gefühlen durchaus nicht beherrscht. Sie stellten etwas dar, was sie in dem Augenblick nicht empfanden.

188

Ein lebhafter und knapper Stil beeindruckt, weil er eine Menge gleichzeitiger oder einander so rasch ablösender Vorstellungen vermittelt, daß sie gleichzeitig scheinen. Auch läßt er das Gemüt in einem solchen Strom von Gedanken, Bildern und Empfindungen dahintreiben, daß es weder imstande ist, das Ganze noch ein Einzelnes vollauf zu erfassen, und daß ihm erst recht keine Zeit zu ruhiger Betrachtung bleibt. Kraft und Lebhaftigkeit der dichterischen Sprache gefallen nur um dieser Wirkung willen.

189

Geschriebenes ist besonders schön, wenn ihm eine scheinbare Unachtsamkeit und Unbekümmertheit anhaftet, die sich sogar bis zur scheinbaren Gleichgültigkeit steigern kann. Diese Eigenschaften gehören zu den Merkmalen der Simplizität. Ja, Simplizität ist mehr oder weniger immer scheinbare Unbekümmertheit – obschon dies nicht der wesentlichste Eindruck ist, den sie im Leser weckt –, weil das Verbergen von Können, Geschicklichkeit und Bemühung ihr Wesen ausmacht. Aus wirklicher Unbekümmertheit würde der genannte Eindruck nie entstehen können, sondern nur aus ständigem aufopferndem Streben. Wirkliche Nachlässigkeit wird immer nur auf Armut, Bequemlichkeit, Künstlichkeit, Geziertheit und Anstrengung schließen lassen. Der Eindruck von Mühelosigkeit ist am schwersten zu erreichen. Und er kann nur durch lange Übung, großes Können und immerwährende Anstrengung erworben werden.

190

Es bedarf einer lebhaften, nie ruhenden Phantasie, um den Zusammenhang des Darzustellenden bis ins einzelne im dichterischen Sinne zu erfassen und um das Verbindende zu finden oder zu erfinden. Sie steht als ständige Forderung vor dem, der übersinnlich und bildlich sprechen und seinen Gleichnissen und Bildern und seiner Sprache etwas Neues und Ursprüngliches und ihm Eigentümliches geben will.

191

Wenn das Komische Freude bereiten und nützen soll, muß es mit einem ernsten und bedeutenden Stoff gepaart sein. Liegt dem komischen Weltaspekt ein komischer Stoff zugrunde, wird kein Nutzen erreicht; und der Genuß verwandelt sich bald in Langeweile. Je ernster und bedeutender der Gegenstand ist, den die heitere Kunst behandelt, um so ergötzlicher wirkt sie um des Gegensatzes willen. In meinen »Gesprächen« will ich versuchen, was sonst der Tragödie vorbehalten war, auf heitere Art darzustellen: die Laster der Großen, die eigentlichen Ursachen des menschlichen Unglückes, die Torheiten der Politik, das Falsche der üblichen Moral, die Unzulänglichkeit aller philosophischen Systeme, den geistesgeschichtlichen Aspekt des Jahrhunderts; ich will ein Bild der Welt, der Gesellschaft, des gegenwärtigen Bürgertums, der politischen Umwälzungen und der nationalen Verhältnisse geben. Und ich glaube, daß ich, und zumal heute, mit den Waffen der Komik mehr erreiche als mit Leidenschaft, Liebe, Einbildungskraft, Beredsamkeit, sogar mehr als mit dem Räsonnement, obschon dieses heute viel Macht besitzt. Wenn ich mein armes Vaterland und meine arme Zeit aufrüttle, so brauche ich Liebe und Begeisterung, Beredsamkeit und Phantasie für meine Lyrik und eine bestimmte Art von Prosa, die mir hoffentlich gelingt; Räsonnement für die Lyrik und die Philosophie in den Abhandlungen, an die ich denke; und das Heitere und Komische für die Gespräche und Novellen nach der Art Lukians, die ich vorbereite.

192

Begeisterung und Erleuchtung, Essentialia der Poesie, sind nichts Dauerndes; auch beim Lesenden können sie sich nicht lange behaupten.

193

Es ist ein seltsamer Verlauf des menschlichen Geisteslebens, daß die größten, schöpferischsten und ungebundensten Ingenien, wenn sie einen feststehenden und allgemeinen Ruf erlangt haben, Klassiker werden. Ihre Schriften rücken in die Kategorie der grundlegenden Bücher und werden mit allen möglichen anderen Leitfäden von exakten Wissenschaften Kindern in die Hände gegeben.

Homer, der schrieb, bevor es Regeln gab, hat gewiß nicht geahnt, daß er von Regeln trächtig war wie Jupiter von Minerva und Bacchus, und noch weniger, daß man seine Unregelmäßigkeiten messen, analysieren, definieren und in gehörige Schemata bringen, daß man diese dann anderen Dichtern aufnötigen und ihnen jede Freiheit und Ursprünglichkeit nehmen würde. Man kann also mit Recht sagen: die Originalität eines großen Schriftstellers, die seinen Ruhm begründet, hemmt die Originalität seiner Nachfolger. Ich bemitleide alle armen Grammatiker, die beim Abfassen einer Prosodie über Homer den griechischen Parnaß mit Ausnahmen, doppelwertigen Silben usw. haben spicken und doch darauf hinweisen müssen, daß viele Stellen im Homer ihren Lehren widersprechen. Homer selbst, der den großen Fötus von Regeln, von dem seine Gedichte trächtig waren, nicht kannte, hat die Silben nämlich ganz unschuldig seinem Belieben nach verwandt und sogar im gleichen Versfuß die gleiche Silbe einmal lang und einmal kurz gebraucht.

194

Die Dinge zergliedern bedeutet den Tod ihrer Schönheit und Größe und den Tod der Poesie. Nicht anders verhält es sich, wenn man Begriffe zergliedert, sie in ihre Teile zerlegt und besagte Teile und Elemente nackt und vereinzelt und ohne irgendein Zusammenwirken begleitender Vorstellungen hinstellt. Eben dies tun die »Termini«, und hier liegt der Unterschied zwischen ihnen und dem »Präzisen« oder »Entsprechenden« der Wörter. Die »Termini« sind trocken und wecken immer nur eine bestimmte losgelöste, vereinzelte Vorstellung, während die Schönheit der epischen und der lyrischen Poesie darauf beruht, daß sie ganze Gruppen von Vorstellungen wachruft und uns im Schwebenden, Schwankenden, Unbestimmten, Unbegrenzten schweifen läßt.

195

Bei gereimten Versen, und mag der Reim noch so natürlich und unüberlegt aussehen, gehört die Dichtung – das kann ich aus eigener Erfahrung sagen – nur halb dem Poeten, während sie zur anderen Hälfte an den Reim gebunden ist. Bisweilen behält der Dichter auch nur ein Drittel und gibt zwei Drittel an den Reim ab; manchmal herrscht der Reim sogar allein. Dichtungen, bei denen die Reime völlig mühelos aus dem Gegenstand selbst geboren werden, sind äußerst selten.

196

Die Vorstellungen schließen sich in die Wörter ein und verbinden sich mit ihnen wie der Edelstein mit dem Ring, ja sie inkarnieren sich wie die Seele im Körper. Sie bilden nun gewissermaßen ein Wesen, und die Vorstellungen sind von den Wörtern nicht mehr zu trennen. Sie sind auch nicht mehr teilbar und entziehen sich dem nach ihnen greifenden Verstand; ja, man nimmt sie so wenig wahr wie unser Geist sich wahrnehmen würde, wäre er vom Körper gelöst.

197

Meine Philosophie führt nicht zum Menschenhaß, wie es den oberflächlichen Beurteiler vielleicht dünken mag und was viele ihr zum Vorwurf machen. Ihr Wesen schließt Menschenfeindschaft sogar aus, denn es ist ihr Ziel, Gemütsverdüsterungen zu heilen und auszurotten und damit auch den unbegründeten und grimmigen Haß, den so mancher, der kein Philosoph ist und für einen Misanthropen weder gilt noch gelten möchte, immer oder bei bestimmten Anlässen gegen seine Mitmenschen im Herzen nährt, weil er, zu Recht oder zu Unrecht, wie jeder von uns, von der Welt Böses erfährt. Meine Philosophie macht die Natur für alles Unheil verantwortlich, sie spricht den Menschen von jeder Schuld frei und richtet ihren Haß und ihre Klage gegen den eigentlichen Grund, gegen die wirkliche Urheberin des Unglücks aller Lebewesen.

BRIEFE

An Pietro Giordani[89], *Piacenza*

Recanati, den 30. April 1817

Wie oft, mein lieber, angebeteter Herr Giordani, habe ich zum Himmel gefleht, er möge mir einen Menschen schenken, der sich durch Herz, Geist und Gelehrsamkeit auszeichnet, und ich dürfte diesen Menschen um seine Freundschaft bitten. Aber ich habe nie geglaubt, daß ich erhört werden könnte, weil ich die drei Tugenden, die schon einzeln so selten sind, in einer Person vereinigt zu finden kaum für möglich hielt. Gepriesen sei der Herr, und das sage ich mit überströmendem Herzen, der mich eines Besseren belehrt und meine Bitte wider Erwarten erfüllt hat. So möge denn von nun ab vollstes Vertrauen zwischen uns walten, mit dem Unterschied freilich, daß es von meiner Seite, da ich der jüngere bin, ehrfürchtig und von der Ihren ganz ungezwungen ist!

Um nun, so gut ich kann, auf Ihre gütigen Fragen zu erwidern, sage ich: meine Konstitution ist wirklich nicht nur zart, sondern sehr zart. Ich will auch nicht leugnen, daß sie durch die ihr sechs Jahre lang zugemuteten Anstrengungen gelitten hat. Aber ich bin vorsichtiger geworden, arbeite nicht mehr als sechs Stunden täglich, oft auch weniger, schreibe fast gar nichts, treibe meine regelmäßige Lektüre der Klassiker der drei Sprachen aus Bänden von kleinem Format, die man bequem in der Hand trägt, und unterziehe mich oft stundenlang der grausamen Qual, mit den Händen in den Taschen dazustehen.

Wer hätte je gedacht, daß Giordani die Verteidigung von Recanati übernehmen würde! Leider ist der Fall so verzweifelt, daß ihm der gute Fürsprecher nichts nützt und ihm sogar hundert gute Anwälte nichts nützen würden. Freilich klingt es nicht übel, wenn einer sagt, daß Plutarch sein Chäronea[90] und Alfieri sein Asti[91] geliebt haben. Er müßte jedoch hinzusetzen: Diese Städte waren nicht ihr Wohnort. Wenn ich ihr einmal fern bin, will auch ich meine Heimat gern haben. Jetzt hasse ich sie, nur weil ich nicht fort kann; denn das einzige, was ich ihr zum Vorwurf machen muß, ist, daß sie mir außer meiner Familie nichts Gutes geschenkt hat.

Ja, und glauben Sie wirklich, in den Marken und dem südlichen Teil des römischen Staates sähe es so aus wie in der Romagna und dem Norden Italiens? Dort ist das Wort Literatur in aller Munde; dort gibt es Zeitungen, Klubs, Akademien und eine Menge Buchhändler. Hier herrschen Dummheit und Stumpfsinn. Die Menschen kennen auch keinen Ehrgeiz und sind keineswegs gekränkt, wenn man sie der Unwissenheit bezichtigt. Von Büchern will keiner etwas wissen; dabei bin ich nicht anmaßend, wenn ich behaupte, daß es in der Provinz keine Bibliothek gibt, die es mit der unseren aufzunehmen vermag, und überhaupt nur zwei, die ihr nachstehen. Über der Tür steht geschrieben[92], sie sei auch für die Bürger der Stadt eingerichtet und jedermann zugänglich. Aber was meinen Sie wohl, wie viele kommen? Niemals auch nur ein einziger. Vielleicht glauben Sie, man könne hier gut arbeiten? Ich will nicht davon sprechen, daß ich oft die Bücher nicht habe, die ich am dringendsten benötige. Wundern Sie sich also nicht, wenn Ihnen ab und zu auffällt, daß mir ein Klassiker fehlt! Brauche ich ein Buch, das bei uns nicht vorhanden ist, und wäre es nur zum Nachsehen, muß ich's anschaffen, muß es von weither kommen lassen, ohne mich vorher orientieren zu können, ob es das richtige ist, von den Schwierigkeiten und Umständen des Schickens gar nicht zu reden. Ich habe fortlaufend Ausgaben und wende eine verzweifelte Mühe auf, um nur halbwegs zum Ziel zu gelangen. Und glauben Sie, daß es ein Vergnügen ist, keinen gebildeten Menschen zu haben, mit dem man sich unterhalten kann, die besten Gedanken für sich behalten zu müssen, seine Ansichten nicht äußern, die eigenen Arbeiten nicht unschuldig herauskehren, nicht um Rat und Hilfe bitten zu dürfen, und oft, wenn man müde und überdrüssig ist, weder Trost noch Zuspruch zu finden?

Anfangs habe ich durchaus der Mode gehuldigt. Ich verachtete das Studium der eigenen Sprache und lehnte es ab. Mein eigenes Geschreibsel bestand in Nachahmungen der französischen Literatur. Ich verachtete Homer, Dante und die Klassiker. Ich wollte sie nicht lesen und erging mich in der Lektüre, die ich jetzt verabscheue. Wer hat mich zur Umkehr gebracht? Die Gnade Gottes – aber ganz gewiß kein Mensch. Wer hat mir den Weg zur Erlernung der Sprachen gewiesen, die mir nötig waren? Die Gnade Gottes. Wer gibt mir die Sicherheit, daß ich nicht fortwährend Schnitzer begehe? Niemand. Aber gesetzt, dies alles sei ohne Bedeutung: was gibt es Schönes in Recanati, das man gern sehen oder kennenlernen möchte? Nichts! Dabei hat Gott, der Herr, diese unsere Welt so schön geschaffen, so viele schöne Dinge haben die Menschen gemacht, es gibt so viele Menschen, die zu sehen und mit denen zu sprechen brennt, wer bei Sinnen ist; die Erde ist voller Wunder, und ich soll mir mit achtzehn Jahren gestehen, daß ich bestimmt bin, in dieser Hölle zu leben und zu sterben? Auch haben Sie nicht recht, wenn Sie unser Klima für gut halten. Es ist feucht, schlecht für die Nerven und für gewisse Konstitutionen durchaus ungesund. Und dann fügen Sie dem allen die hartnäckige, düstere, abscheuliche, barbarische Melancholie hinzu, die an mir zehrt und mich aufreibt, die meine Arbeit erschwert und ohne Arbeit noch ärger wird!

Begeistert habe ich festgestellt, daß Sie sich in Ihrem außerordentlich liebevollen Brief vom 15. April dazu herbeilassen, über meine Arbeiten mit mir zu sprechen. Ich will Ihnen genauestens erwidern und gern gestehen, daß meine Ansichten mit den Ihrigen nicht in jedem Punkt übereinstimmen. Daß Eigenheit der Erfindung und Präzision des Ausdrucks den klassischen Schriftsteller vom andern unterscheiden, ist eine unbestrittene Wahrheit, über die ich mir schon im klaren war, als ich anfing, über dichterische Probleme nachzudenken. Und dann begriff ich auch bald, daß das beste und sicherste Mittel, mit diesen Eigenschaften vertraut zu werden, das Übertragen guter Schriftsteller sei. Warum man aber, wenn man einmal zu einer gewissen geistigen Gediegenheit und Reife gelangt ist und den Weg der eigenen Begabung kennt, durchaus zuerst Prosa und dann Verse schreiben soll, will mir nicht recht einleuchten. Da ich von mir selbst spreche, kann ich mich täuschen; trotzdem will ich versuchen, meine Erfahrungen wiederzugeben. Seitdem ich ein wenig mit dem Schönen vertraut bin, hat mich nur die Poesie dazu getrieben, den Geheimnissen der Dichter nachzugehen; und nur die Natur und mein inneres Erleben haben den Wunsch in mir geweckt, selbst schöpferisch zu sein. Und zwar ist dies auf eine so mächtige und erhabene Weise geschehen, daß meine Seele gleichsam ins Riesige wuchs. Damit wußte ich auf einmal, was Dichtung ist, wußte, daß ich, um meine Empfindungen auszudrücken, der Poesie und nicht der Prosa bedürfe; und dann begann ich, Verse zu schreiben. Wollen Sie mir jetzt nun nicht zugestehen, Homer, Vergil, Dante und die anderen Großen zu lesen? Und wenn Sie mir's zugestehen, glauben Sie wirklich, daß ich mich mit den Gesetzen der großen Kunst beschäftigen kann, ohne mein eigenes Können zu erproben?

Betrachte ich die Lieblichkeit dieser Gegend, das einzig Gute, das meine Heimat hat, zumal in dieser Jahreszeit, gerate ich außer mir; und ich würde glauben, eine Todsünde zu begehen, wenn ich mich nicht ergreifen ließe und mein Feuer begrübe und mich anstrengte, zuerst ein guter Prosaist zu werden und es dann erst mit der Poesie versuchte. Damit will ich jedoch nicht der Überschwenglichkeit das Wort reden. Es steht für mich fest: in der Kunst wird ohne Bemühung nichts erreicht; das Ziel der Vollkommenheit rückt immer ferner, je mehr man glaubt, sich ihm zu nähern. Aber die Kunst soll der Natur auch nicht den Garaus machen; und es ist entschieden wider die Natur, wenn man meint, es lohne sich nicht, mit der Poesie zu beginnen, bevor man die Prosa beherrscht.

Übrigens bin ich der Ansicht, daß, was Sprache und Stil anbelangt, die Eigenheit zu bewahren, ohne der Manier zu verfallen und den Ton locker und ungezwungen zu gestalten, in Prosa sehr viel schwerer ist als im Vers, weil dort manches künstlich und geschraubt wirkt, das hier natürlich klingt, und manches wirklich Gekünstelte hinterm Wohlklang der poetischen Sprache verschwindet. Jedenfalls gelingt es mir beim Übersetzen von Versen verhältnismäßig leicht, dem Ausdruck die Kraft des Originals und damit wenigstens einen Hauch von Ursprünglichkeit zu erhalten, während es mir bei der Prosa schwerer fällt, den Leser über das Maß meiner Anstrengungen hinwegzutäuschen...

An den Vater, Recanati

Recanati, im Juli 1819

Mein lieber Herr Vater!

Wenn Sie erfahren, was ich getan habe, werden Sie diese Blätter vielleicht nicht mehr lesen wollen. Ich hoffe freilich, daß Ihre Güte sich's abgewinnen wird, den ersten und letzten Klagen eines Sohnes Gehör zu schenken, der

Sie immer geliebt hat und noch liebt und den es unendlich betrübt, Ihnen Kummer bereiten zu müssen. Sie kennen mich und kennen das Betragen, das ich mir bis zur Stunde zur Richtschnur gemacht habe. Wenn Sie über die örtlichen Verhältnisse hinausblicken wollen, so werden Sie, glaube ich, in ganz Italien, ja, ich stehe nicht an zu sagen, in ganz Europa, keinen zweiten jungen Menschen meines Standes finden, und mag er noch jünger und weniger begabt sein als ich, der sich so zurückhaltend, allen lärmenden Freuden so abhold und den Eltern gegenüber so gehorsam, ja unterwürfig gezeigt hätte wie ich. Und mögen Sie diejenigen Gaben, die der Himmel mir verliehen hat, noch so niedrig einschätzen, Sie werden das Urteil mancher Männer von Rang und Ansehen, die mich kennengelernt und die Äußerungen getan haben, die Ihnen bekannt sind und die ich nicht zu wiederholen brauche, nicht völlig in den Wind schlagen. Sie wissen recht gut, daß jeder, der auf mich aufmerksam wurde, selbst wenn er Ihre Grundsätze voll und ganz teilte, der Meinung war, ich müsse es weiter als der Durchschnitt bringen, wenn mir die Mittel gegeben würden, die zu jeder Zeit und unter den heutigen Verhältnissen erst recht unerläßlich sind, um einen jungen Menschen, der überhaupt zu Hoffnungen berechtigt, etwas werden zu lassen. Es war erstaunlich, wie sich selbst bei oberflächlicher Bekanntschaft jeder wunderte, daß ich mich immer noch in dieser Stadt aufhalte, während Sie als einziger die entgegengesetzte Ansicht vertraten und durchaus nicht von ihr lassen wollten. Während andere Familien, auch weniger bemittelte, vor keinem Opfer zurückschrecken, um einen der ihrigen so unterzubringen, daß er seine Gaben nutzen konnte, wurde mir mit Gelächter erwidert, wenn ich Sie bat, Ihre Beziehungen oder andere Bemühungen, welcher Art auch immer, für mich einzusetzen. Es kommt hinzu, daß

Sie den jammervollen Zustand, der eine Folge meiner schrecklichen Schwermut ist, und die neuartige Pein, die mit meinen seltsamen Einbildungen zusammenhängt, ständig vor Augen hatten. Sie mußten daher auch wissen: für die elende Konstitution, mit der ich behaftet bin, seitdem dieser Körper sich gebildet hat, gibt es nur *eine* Hilfe, nämlich eine gründliche Ablenkung, also etwas, das Recanati nie und nimmer zu bieten vermag.

Trotz alledem haben Sie mitangesehen, wie ein Mensch meiner Art sich entweder durch mörderische Arbeit zugrunde richtete oder einer tödlichen Langenweile anheimfiel. Es bedurfte keines sonderlichen Scharfblicks, um zu begreifen, daß selbst der schlagendste Einwand nicht die Kraft besitzen würde, Ihre Entschlossenheit zu erschüttern; und noch geringer war die Hoffnung, weil Sie Ihre außergewöhnliche Unbeugsamkeit ständig hinter einer scheinbaren Nachgiebigkeit zu verbergen pflegen. So bin ich denn – und die Ergebnisse meines Nachdenkens über die Menschen im allgemeinen haben mich darin bestärkt – zu der Überzeugung gelangt, daß ich nur der eigenen Kraft vertrauen darf; und daß ich, nachdem ich durch das Gesetz mein eigener Herr geworden bin, ohne Säumen mein Schicksal selbst in die Hand nehmen muß. Ich weiß, zum Glück des Menschen gehört Zufriedenheit; und darum werde ich mein Glück eher als Bettler finden als unter dem Schutz von noch so großer Bequemlichkeit an diesem Ort. Ich hasse die niederträchtige Vorsicht, die lähmt, zu jedem freien, großen Tun unbrauchbar macht und uns auf die Ebene des Tieres herabdrückt, das stumpfsinnig auf nichts anderes bedacht ist als auf die Erhaltung dieses kümmerlichen Daseins. Ich weiß, man wird mich für verrückt halten; ich weiß aber auch, daß man jeden großen Mann mit dieser Bezeichnung beehrt hat. Und da die Laufbahn aller genialen Männer mit Verzweiflung angefangen hat, soll mich's nicht erschrecken, daß die meine nicht anders beginnt. Ich will lieber unglücklich sein als klein, lieber leiden als mich langweilen, zumal die Langeweile, die Ursache meiner tödlichsten Melancholien, mir sehr viel mehr schadet als jedes physische Unbehagen.

Nachdem ich Ihnen die Gründe für meinen Entschluß auseinandergesetzt habe, soweit sie mir bewußt sind, bleibt noch die Pflicht, Sie um Vergebung zu bitten, daß ich Sie habe kränken müssen... Das einzige, was mich angesichts meines Vorhabens bedrückt, ist der Gedanke, Ihr Mißfallen zu erregen. Denn ich weiß, wie gut Ihr Herz ist, und daß Sie auf Ihre Weise alles getan haben, um uns mit unserer Lage auszusöhnen. Das werde ich bis zu meinem letzten Atemzuge nicht vergessen; und nichts bedrückt mich so wie die Vorstellung, in Ihren Augen gerade mit dem Laster behaftet zu erscheinen, das ich am allermeisten verabscheue: mit Undankbarkeit. Einzig der auf keine Art auszugleichende Gegensatz unserer Gesinnungen, der mir nur die Wahl ließ, hier den Verzweiflungstod zu sterben oder so zu handeln, wie ich jetzt tue, ist mir zum Verhängnis geworden... Mich tröstet jedoch die Gewißheit, daß dies der letzte Kummer ist, den ich Ihnen zufüge; er wird Sie von dem ständigen Ärgernis meiner Anwesenheit und mancher Unbequemlichkeiten befreien, die ich Ihnen bereitet habe, und mit denen ich Sie in Zukunft noch viel weniger hätte verschonen können...[93]

An Pietro Giordani, Mailand

Recanati, den 19. November 1819

Ich bin von dem Nichts, das mich umgibt, derart überwältigt, daß ich nicht weiß, woher ich die Kraft nehmen soll, um die Feder zu halten, mit der ich Deinen Brief vom 1. November beantworten möchte. Wenn in diesem Augenblick der Wahnsinn in mir ausbräche, würde er sich, glaube ich, so äußern: ich säße mit starren Blikken, offenem Munde und den Händen zwischen den Knien da und könnte weder weinen noch lachen noch mich regen, es sei denn, man entfernte mich gewaltsam von meinem Platz. Ich habe nicht den Mut, mir überhaupt noch etwas zu wünschen, nicht einmal den Tod, obschon ich ihn nicht im geringsten fürchte; denn ich sehe keinen Unterschied zwischen ihm und einem Dasein, in dem selbst die Pein nicht mehr imstande ist, mir einen Halt zu geben. Es ist das erstemal, daß die Leere nicht nur wie ein Alp auf mir lastet, sondern mich wie der wildeste Schmerz quält und in Stücke reißt; und ich bin über die Wesenlosigkeit des Seins und über das, was der Mensch Leben nennt, derart bestürzt, daß mein ganzes Empfindungsvermögen erloschen ist. Und wenn mir dann klar wird, sogar die Verzweiflung ist ohne Substanz, weiß ich nicht mehr aus noch ein.

Du legst mir mit aller Liebe ans Herz, meine Arbeiten fortzusetzen. Leider weiß ich seit acht Monaten nicht mehr, was Arbeiten heißt; denn meine Augen- und Kopfnerven sind so geschwächt, daß ich weder lesen noch zuhören noch einen halbwegs wichtigen Gedanken fassen kann.

Obschon auch die Vorstellungen von Freundschaft und Liebe mir nicht mehr deutlich sind, bitte ich Dich dennoch, mein Teuerer, mir Dein Wohlwollen zu erhalten! Laß mich nicht im Stich und glaube mir, daß ich Dich, soweit ich dazu überhaupt noch imstande bin, liebe und immer lieben werde. Auch sehne ich mich sehr nach einem Brief von Dir.

Leb wohl!

An den Vater, Recanati

Rom, den 29. November 1822

Obschon Gewöhnung und viele neue Bekanntschaften mich allmählich zu einem anderen Menschen gemacht haben, sind doch die Nähe und die ständige Gegenwart und Liebe meiner Eltern und Geschwister durch nichts zu ersetzen. Sehr tröstet mich die Vorstellung, daß Sie zu Gott, dem Herrn, beten, er möge mich vor den Gefahren dieser Welt schützen, deren in der Tat nicht wenige sind; und daß Sie mir als Ihrem guten, treuen, zärtlich ergebenen Sohn aus der Ferne den Segen erteilen. Damit Sie sich, soweit Ihre sorgende Liebe es vermag, meinetwegen beruhigen, will ich Ihnen berichten, daß ich in Rom sehr viel mehr Dummheit, Fadheit und Eitelkeit und sehr viel weniger Schlechtigkeit gefunden habe, als ich erwartet hatte. Auch wiederhole ich Ihnen gern, was ich im Augenblick der Abreise versichert habe: mein Charakter ist ziemlich fest und mein Wesen eigentlich nicht flatterhaft, und ich bin im ganzen eher geneigt, den anderen gering zu schätzen, als ihn in den Himmel zu heben. Und obschon ich wenig Übung im Umgang mit Menschen habe, mache ich mich anheischig, den meisten Schlichen auf die Spur zu kommen, die man anzuwenden pflegt, um den lieben Nächsten – und zumal den jungen – zu hintergehen, einzufangen, anzuschwärzen und zugrunde zu richten...

An den Bruder Carlo, Recanati

Rom, den 16. Dezember 1822

... Bisher habe ich nur von Frauen gesprochen, weil ich gar nicht weiß, was ich von der Welt der Literatur erzählen soll. Sie ist ein einziges Grauen. Die heiligsten Namen werden in den Schmutz gezogen, der offenkundigste Unsinn wird gepriesen, die kümmerlichsten römischen Literaten gelten mehr als die edelsten Ingenien, die Philosophie hält man für eine Art Kinderspiel; Genie, Phantasie und Eindrucksfähigkeit sind für die hiesigen Dichter und Dichterinnen von Profession Worte ohne Bedeutung. Höchstes Ziel alles Strebens, ja, einziges menschenwürdiges Studium ist die Archäologie. Ich übertreibe nicht; es ist sogar unmöglich, dick genug aufzutragen. Schriftsteller und Archäologe sind in Rom durchaus ein und dasselbe...

Und dann solltest Du die Literaturbeflissenen sehen – nie bin ich auch nur annähernd so fanatisch gewesen. Und das lächerliche Ringen um Erfolg! Und wie man sich jede Palme mißgönnt, sich um sie rauft und sie sich gewissermaßen vom Munde reißt! Dann all die Cliquen, die sich gegenseitig befehden! Unmöglich, sich draußen eine Vorstellung davon zu machen! Das unablässige Reden von Literatur, und zwar in der Form des läppischsten Geschwätzes, als ginge es um das Banalste von der Welt; die ewigen Projekte und Versprechungen, das Heruntermachen anderer, das Selbstlob und das Anpreisen von Machwerken, die zum Erbarmen sind: das alles widert mich an; und könnte ich mich mit meiner Hoffnung nicht an die Nachwelt und an die Gewißheit klammern, daß die Zeit alles zurecht rückt – eine Hoffnung, die freilich trügerisch, für den wahren Dichter aber unentbehrlich ist –, hätte ich die Literatur schon tausendmal zum Teufel geschickt...

An den Bruder Carlo, Recanati

Rom, den 12. März 1823

... Hier hast Du einen von mir publizierten Artikel[94]. Er ist eine Lappalie. Stell Dir aber vor, daß auf ihn hin der preußische Minister[95] den Wunsch geäußert hat, meine Bekanntschaft zu machen! Zuerst hat er mir durch eine Reihe von Personen allerhand Komplimente übermitteln lassen. Dann bin ich bei ihm gewesen, und er hat mir gesagt, ich hätte durchaus die richtige Art, einen philologischen Gegenstand zu behandeln. Ich solle mich nur nicht entmutigen lassen, auch wenn ich in Italien keinen Beifall ernte; alle Italiener seien auf falschem Wege. Draußen würde es mir an Zustimmung nicht fehlen. Darauf erklärte er ganz unvermittelt, er wolle die hier von mir entdeckte Handschrift[96] in Deutschland drukken lassen; und schließlich ging seine Teilnahme so weit, daß er mich fragte, ob ich dort nicht eine Tätigkeit annehmen wolle. Und so sind wir denn übereingekommen, daß ich ihm ein Gesuch an den Staatssekretär schikken soll, das er selbst mit einer nachdrücklichen Empfehlung überreichen will...

An den Bruder Carlo, Recanati

Rom, den 22. März 1823

... Ich lebe hier, ohne mich viel um andere Menschen zu kümmern. Mit Frauen pflege ich keinen Umgang. Unterhaltung, ob geistvoll oder nicht, ist mir bis in den Tod verhaßt. Es gibt nun einmal kein Leben, wenn das Herz nicht sprechen darf. Und hier kommt das Herz nicht zu seinem Recht. Deshalb hole der Teufel die sogenannte Gesellschaft!...

An Herrn A. Jacopsen, Brügge

Recanati, den 23. Juni 1823

... Es gab eine Zeit, in der ich das Scheinhafte des Daseins wie etwas Wirkliches gespürt habe, das schwer auf meiner Seele lastete. Die Nichtigkeit aller Dinge war für mich das einzig Existente. Es war stets gegenwärtig wie ein furchtbares Schreckbild; ich sah um mich nichts als Leere und begriff nicht, wie man die Mühen auf sich nehmen kann, die das tägliche Leben von einem fordert, da kein Bemühen je zu irgendeinem Ziele führt. Diese Einsicht bedrückte mich derart, daß ich darüber fast den Verstand zu verlieren meinte.

Die Menschen wissen wirklich nicht, wo ihre Vorteile sind. Ich bin überzeugt: die Tugend wie alles Schöne und Große sind Illusion. Aber wenn diese Illusion Allgemeingut wäre, wenn alle Menschen an die Tugend glaubten und sich bemühten, nach diesem Glauben zu leben, wenn sie barmherzig, wohltätig, edel, großmütig, begeisterungsfähig wären, mit anderen Worten, wenn die Welt empfinden könnte – denn ich mache keinen Unterschied zwischen der Fähigkeit zu empfinden und dem, was man Tugend nennt –, würden wir dann nicht glücklicher sein? Würde der einzelne nicht vielfach in der Gemeinschaft wirken können? Und müßte diese es sich nicht angelegen sein lassen, die Illusionen nach Möglichkeit zu verwirklichen, da der Mensch sein Glück nun einmal nur in etwas Realem zu finden vermag?

Was die Liebe angeht, so wiegen die Genüsse, die durchschnittliche Seelen empfinden, die Freude nicht auf, die auch nur ein einziger Augenblick echten Entzückens und wirklicher Erschütterung gewährt. Aber wie kann man erreichen, daß so ein Erlebnis dauert oder sich wenigstens ab und zu erneuert? In manchen Fällen habe ich tagelang vermieden, dem Wesen zu begegnen, das mich in

einem schönen Traum beglückt hatte. Ich wußte, der Zauber würde vergehen, wenn er mit der Realität zusammenstieße. Inzwischen war ich mit meinen Gedanken immer bei der Betreffenden; aber ich sah sie nicht, wie sie wirklich war, sondern im Gewande, das meine Phantasie ihr verlieh, das mein Traum ihr gegeben hatte. War das Wahnsinn? Bin ich ein Romantiker? Das können Sie am besten entscheiden.
Es ist wahr, daß die Gewohnheit nachzudenken, ohne die empfindliche Seelen nun mal nicht leben können, meistens unfähig zum Handeln und sogar unfähig zur Freude macht. Ein Übermaß an innerem Leben dringt stets nach außen, bewirkt aber gleichzeitig, daß der Betreffende nicht weiß, wie er mit der Realität fertig werden soll. Er möchte alles an sich reißen, sich mit allem durchdringen; dabei entziehen sich ihm die Dinge, weil sie seinen Wünschen nicht genügen. Er fordert aber auch bei allem, was er tut, von sich selbst mehr Anmut und Vollkommenheit, als ein Mensch zu erreichen vermag. Infolgedessen ist er nie mit sich zufrieden, hört er nie auf, sich unter die Lupe zu nehmen, mißtraut er unablässig seinen Kräften und begreift nicht, wie andere leben können.
Worin besteht also das Glück, lieber Freund? Und wenn es kein Glück gibt, was für einen Sinn hat dann das Leben? Ich weiß es nicht. Ich hänge an Ihnen und werde immer mit derselben Zärtlichkeit und so sehr an Ihnen hängen wie früher an den Gebilden meiner Phantasie und an den holden Träumen, die Ihrer Meinung nach zum wesentlichen Teil unser Glück ausmachen. Sie haben recht. Es ist Sache der Einbildungskraft, dem Menschen die einzige Art von wirklichem Glück zu verschaffen, die ihm beschieden ist; und wahre Weisheit besteht darin, stets dem Ideal nachzugehen, so wie Sie es tun. Was mich betrifft, so sehne ich mich nach der Zeit,

in der dieser Weg mir vergönnt war; und mit einem gewissen Entsetzen beobachte ich, daß meine Phantasie erlahmt und mir den Beistand versagt, mit dem sie mich früher getröstet hat...

An den Marchese Giuseppe Melchiorri[97], *Rom*

Recanati, den 5. März 1824

... Ich habe in meinem Leben nur wenige und fast nur kurze Gedichte geschrieben. Dabei bin ich immer nur einer Eingebung – man könnte auch Raserei sagen – gefolgt. Wenn die mich überfällt, habe ich Entwurf und Disposition des Ganzen in wenigen Minuten fertig. Dann warte ich, bis die Schaffenslust mich wieder ergreift. Tut sie das, was meistens erst nach Wochen geschieht, mache ich mich an die Ausführung, gehe dabei jedoch so langsam zu Werke, daß ich zum kleinsten Gedicht zwei bis drei Wochen brauche. Das ist mein Verfahren; und wenn die Eingebung nicht kommt, könnte man eher Wasser aus einem Baumstumpf schlagen als auch nur einen einzigen Vers aus meinem Gehirn. Andere können jederzeit dichten; aber mir ist diese Fähigkeit durchaus nicht gegeben...

An Giampietro Vieusseux[98], *Florenz*

Bologna, den 4. März 1826

...Mir haben zuerst die Umstände wider meinen Willen ein einsames Leben aufgezwungen; dann ist aus Gewohnheit Neigung geworden, und so ist es geblieben. Oft bin ich sogar mitten in der Unterhaltung mehr »absent« – um mich englisch auszudrücken – als ein Blinder oder Tauber; ja, das Laster der »absence« ist bei mir unheilbar und unausrottbar... Die Folge dieser zur Gewohnheit gewordenen Anlage ist, daß die Menschen für mich nur ein ganz winziger Teil des Universums sind, wie es ja auch den Tatsachen entspricht, daß meine Beziehungen zu ihnen und ihre Beziehungen zueinander mir gleichgültig sind und ich ihnen nicht viel Beachtung schenke. Und Ihr werdet mir auch glauben, wenn ich sage, ich bin in der Soziologie in jeder Hinsicht ein völliger Ignorant. Bei alledem bin ich gewohnt, mich ständig selbst zu beobachten, das heißt also, den Menschen als Individuum und in seinem Zusammenhang mit dem Weltganzen zu betrachten, aus dem er sich ja nicht zu lösen vermag. Haltet es daher für eine ausgemachte Tatsache, daß meine Philosophie – sofern Ihr sie überhaupt mit diesem Namen beehren wollt – nicht von der Art ist, die man in unserem Jahrhundert würdigt oder gar schätzt! Für mich ist sie vorteilhaft, weil ich durch sie lerne, daß man am besten tut, das Leben gering zu schätzen und das Wirkliche für Einbildung zu nehmen; denn nur auf diese Weise wird das Dasein für mich erträglich. Freilich sehe ich nicht recht, wieweit sie imstande ist, der Gesellschaft zu nützen, und was sie dem taugen soll, der für ein Journal schreibt...

An den Bruder Carlo, Recanati

Bologna, den 30. Mai 1826

... Zwischen einer Dame[99] – einer geborenen Florentinerin, die durch ihre Heirat zu einer der angesehensten Familien der Stadt gehört – und mir hat sich eine Beziehung angebahnt, die meinem Leben einen neuen Inhalt gibt. Die Dame ist nicht mehr jung, aber so anmutig und geistreich – Eigenschaften, die ich in dem Grade bisher für unmöglich gehalten habe –, daß sie für jung gilt. Daher schafft sie wahre Wunder an Illusionen. In den ersten Tagen unserer Bekanntschaft war ich wie im Fieber oder im Rausch. Von Liebe haben wir immer nur im Scherz geredet. Was uns verbindet, ist das Wissen um eine zarte Freundschaft, eine wechselseitige Teilnahme und Hingabe ohne die Leiden, die sonst bei der Liebe niemals fehlen... Mit dieser Bekanntschaft beginnt für mich ein neuer Lebensabschnitt, und sie wird immer ein deutlich abgegrenzter Zeitraum bleiben, weil sie mich bekehrt und von meinem Irrtum geheilt hat. Denn heute weiß ich, daß es in der Welt Freuden gibt, an die ich nicht mehr geglaubt habe; weiß auch, daß ich noch zu kräftigen Illusionen imstande bin, obschon sich längst völlig entgegengesetzte Einsichten bei mir heimisch gemacht hatten. Nach jahrelangem Schlaf, ja nach völligem Erstarrtsein, ist mein Herz wieder erwacht...

An den Grafen Carlo Pepoli[100], Bologna

Bologna... 1826

... Hier hast Du die wenigen, unbedeutenden Lebensdaten: Geboren als Sohn des Grafen Monaldo Leopardi aus Recanati, einer Stadt in den Marken, unfern Ancona, und der Markgräfin Adelaide Antici aus derselben Stadt, am 29. Juni 1798 ebendort.

Lebte bis zum vierundzwanzigsten Jahre ohne Unterbrechung in der Heimatstadt.

Lehrer hatte er nur für die ersten Grundlagen, und zwar wurde er von Erziehern unterrichtet, die sein Vater eigens zu diesem Zwecke hielt. Überdies stand die Bibliothek, die sein Vater, ein hochgebildeter Mann, zusammengebracht hatte, zu seiner Verfügung.

In dieser Bibliothek verbrachte er den größten Teil seines Lebens, so lange und so weit seine Gesundheit es zuließ, die er schließlich durch Überanstrengung zerstörte. Mit den Studien begann er, unabhängig von seinen Lehrern, als Zehnjähriger und betrieb sie ruhelos, ohne eine andere Beschäftigung zu kennen.

Als Vierundzwanzigjähriger ging er nach Rom. Dort lehnte er die Prälatenwürde ab und ließ sich auch nicht auf den raschen Aufstieg ein, den Kardinal Consalvi ihm auf Grund einer dringenden Befürwortung von seiten des Geheimen Rats Niebuhr, des damaligen außerordentlichen preußischen Gesandten in Rom, zugesagt hatte.

Er kehrte in die Heimat zurück. Von dort begab er sich nach Bologna.

[Es folgt eine Liste der bis 1826 veröffentlichten Schriften. Diese bringen wir im Anhang, siehe Zeittafel – Anmerkung des Übersetzers.]

An Doktor Francesco Puccinotti[101], *Macerata*

Florenz, den 12. Juni 1828

... Ich bin zur Annahme eines Lehrstuhls in Preußen aufgefordert worden. Aber wie soll ich's über mich bringen, meine Angehörigen zu verlassen? Und würde ich das deutsche Klima vertragen?...

An Madame Antonietta Tommasini[102], *Parma*

Florenz, den 19. Juni 1828

... Nach Ansicht der Ärzte sind meine sämtlichen Organe gesund. Allein infolge einer außerordentlichen, kaum vorstellbaren Empfindlichkeit, die seit drei Jahren täglich erbarmungslos zunimmt, funktioniert kein einziges Organ, ohne mir erhebliche Schmerzen zu bereiten. Fast jedes Tun, fast jede aufregende Nachricht bedeutet eine Qual für mich... Ich bleibe hier, bis meine geringen Geldmittel erschöpft sind. Dann erwartet mich das Grauen von Recanati.

An Pietro Giordani, Mailand

Florenz, den 14. Juli 1828

... Schließlich fängt die dünkelhafte Verachtung, mit der man hier gegen Schönheit und Geist loszieht, an, mir auf die Nerven zu gehen. Besonders will mir durchaus nicht in den Kopf, daß menschliches Wissen kein höheres Ziel haben soll als Politik und Statistik. Ja, wenn ich ganz unvoreingenommen feststelle, daß sämtliche Anstrengungen, die man von Solons Zeiten bis heute unternommen hat, um Staaten und Völkern zum Glück zu verhelfen, fehlgeschlagen sind, dann muß ich beim Gedanken an all das wilde Rechnen und die vielen politischen und gesetzgeberischen Tricks doch ein wenig lachen und mir die ganz bescheidene Frage erlauben, ob es denn überhaupt ein Glück von Völkern gibt, wenn die zu ihnen gehörenden Individuen nicht glücklich sind. Ich meine nämlich, das Unglück, das den einzelnen trifft, geht nicht vom Nächsten und nicht vom Schicksal, sondern von der Natur aus. Um dem Unglück zu Leibe zu rücken, scheint es mir daher unerläßlich, vor allem das Schöne, das Gefühlsleben, die Phantasie, die Illusionen zu pflegen. Deshalb ist auch alles, was Freude bereitet, wichtiger als das, was man gemeinhin nützlich nennt; und Kunst und Dichtung sind in einem viel tieferen Sinne nützlich als die trockenen Lehrfächer. Denn diese würden, selbst wenn sie zum Ziel führten, außerordentlich wenig zum Segen der Menschen beitragen, die Individuen und nicht Völker sind. Und wann erreichen sie dieses Ziel? Und können sie es überhaupt erreichen?...

An Madame Adelaide Maëstri[103], *Parma*

... 14. März 1829?

... Wenn Ihr eine ehrlich gemeinte, flehentliche Bitte von mir erfüllen wollt, dann bringt mich nicht gleich mit Berühmtheiten zusammen; denn der Umgang mit ihnen würde weder zu mir passen noch mir angenehm sein.

An Ritter Karl von Bunsen[104], *Rom*

Recanati, den 5. September 1829

... Gegen Ende des vorigen Winters habe ich in einer englischen Übersetzung endlich Niebuhrs »Römische Geschichte« lesen dürfen. Während meines ganzen Lebens habe ich kaum ein Werk mit so großem und anhaltendem Genuß in mich aufgenommen; und ich wüßte kein modernes Buch, das mich mit der gleichen Hochachtung und Bewunderung für den Verfasser erfüllt hätte. Ich kann mich nicht ausführlicher äußern, versichere Sie jedoch, daß den Autor dieser Geschichte persönlich kennengelernt zu haben, zu den wenigen glücklichen Begebenheiten meines Daseins gehört...

An Pietro Colletta[105], *Livorno*

Recanati, den 22. November 1829

... Ich schwöre Euch, daß ich keine Möglichkeit und keine Hoffnung habe, diesem verfluchten Ort den Rükken zu kehren, obschon meine Verzweiflung mir es jetzt leicht machen würde, die frühere Zurückhaltung abzulegen und alles nur Erdenkliche auf mich zu nehmen, nur um aus dieser Hölle herauszukommen. Da ich jedoch zu nichts mehr tauge, sehe ich keinen anderen Weg als den Tod. Inzwischen danke ich Euch von ganzem Herzen, daß Ihr so lieb seid, mich einzuladen...

An Giampietro Vieusseux, Florenz

Recanati, den 21. März 1830

... Bitte, schreibt mir ganz aufrichtig, ob Ihr glaubt, daß ich mich dort durch wissenschaftlichen Unterricht oder mit Hilfe von Vorträgen in Privathäusern durchs Leben schlagen könnte und ob sich so etwas bald finden ließe! Ich nehme auch die bescheidenste Form des Unterrichtes auf mich, sogar Sprachstunden...

An seine Freunde in Toscana

Florenz, den 15. Dezember 1830

Euch, meine teuren Freunde, soll das Buch[106] zugeeignet sein, mit dem ich versucht habe – ein Versuch, den der Dichter oft unternimmt –, mich von meinem Leiden zu befreien, und das statt dessen – ich kann es nicht ohne Tränen sagen – meinen Abschied von Poesie und Wissenschaft bedeutet. Ich hatte gehofft, daß meine geliebten Studien mich im Alter trösten würden und mir nach dem Verlust aller Freuden und alles Schönen, die zu Kindheit und Jugend gehören, ein Schatz bliebe, den keine Gewalt und kein Mißgeschick mir würden entreißen können. Aber ich war kaum zwanzig, da erkrankten meine Nerven und meine inneren Organe so, daß mein Leben zerstört wurde, ohne daß ich auf den Tod hätte hoffen können; und als mir noch zwei Jahre an dreißig fehlten, wurde mir auch, was mir noch an Gutem geblieben war, und zwar, wenn ich mich nicht täusche, für immer genommen. Ihr wißt selbst, daß ich diese Seiten nicht habe lesen können und ich mich bei der Durchsicht der Augen und Hände anderer habe bedienen müssen. Aber ich bin nicht mehr fähig, mich deswegen zu grämen. Seitdem ich weiß, wie groß mein Unglück ist, klage ich nicht mehr. Ich habe alles verloren. Ich gleiche einem Baum, den man gefällt hat, und der trotzdem von Qual nicht frei ist. Und doch hat mir diese Zeit *einen* Gewinn gebracht: das seid Ihr. Ja, Euer Umgang, der an die Stelle von Arbeit und von jeder anderen Freude und Hoffnung getreten ist, könnte all das Entsetzliche vielleicht ausgleichen, verböte mein Siechtum selbst mir nicht, ihn so auszukosten, wie ich mir's wünsche; und wüßte ich vor allem nicht, daß mein böser Stern mich seiner schon sehr bald berauben wird. Der zwingt mich nämlich, die Jahre, die ich noch vor mir habe, fern jeder Kultur an einem Ort zu verbringen, an dem die Abgeschiedenen besser aufgehoben sind als die Atmenden. Euere Liebe bleibt mir trotzdem und vergeht vielleicht auch nicht, wenn mein Leib, der schon heute nicht mehr eigentlich lebt, zu Asche geworden ist. Lebt wohl!

An den Vater, Recanati

Florenz, den 3. Juli 1832

... Nur mit größter Überwindung komme ich zu folgendem: Sie wissen, was für Anstrengungen ich sieben Jahre lang auf mich genommen habe, um mich aus eigener Kraft zu erhalten; wissen auch, daß die endgültige Zerstörung meiner Gesundheit eine Folge der vier Jahre hindurch für »Stella« geleisteten Arbeiten ist. Obschon

es so weit mit mir gekommen war, daß ich weder lesen noch schreiben noch denken, zeitweilig sogar nicht einmal mehr sprechen konnte, habe ich doch den Mut nicht verloren und, da ich keine neuen Arbeiten hatte, mit früheren versucht, mir die nötigsten Existenzmittel zu verschaffen, wobei mir freilich die Unterstützung von seiten meiner Freunde nicht gefehlt hat. Vielleicht hätte ich auch, wenn nicht in Italien, dann im Auslande etwas erreicht, wären nicht zu allem andern Unglück noch die außerordentlich ungünstigen Zeitumstände gekommen. Mit der europäischen Literatur ist es zu Ende[107]. Der eine Verleger ist bankrott, der zweite steht kurz vor dem Ruin, der dritte ist auf eine einzige Presse beschränkt, der vierte muß ein Unternehmen, das sich gut angelassen hat, aufgeben. Die Annahme, man könne in Italien etwas auf den Markt bringen, ohne seiner Ehre Abbruch zu tun, oder könne einem Verleger gar mit neuen Vorschlägen kommen, ist lächerlich. Aus Frankreich, Deutschland und Holland, wohin ich eine ganze Anzahl philologischer Arbeiten mit begründeter Aussicht auf Erfolg geschickt habe[108], erhalte ich statt eines Ertrages nichts als Versprechungen, Berichte über meine Person und Übersetzungen. So können Sie sich also selbst ein Bild von meiner verzweifelten Lage machen.
Wenn je ein Mensch den Tod so aufrichtig und so leidenschaftlich herbeigesehnt hat, wie ich es seit langem tue, dann gibt es doch gewiß keinen, dem ich nachstehe. Ich rufe Gott zum Zeugen dieser Worte an. Er kennt die glühenden Gebete, die ich an Ihn gerichtet, und weiß, daß ich mich den drei- und sogar den neuntägigen Fasten unterzogen habe, um dieser Gnade teilhaftig zu werden. Er weiß auch, wie ich aufjuble, sobald die leiseste Gefahr im Anzug ist. Hätte ich über den Tod zu gebieten – und wieder rufe ich Gott zum Zeugen an –, würde ich diese Worte nicht an Sie richten; denn das Dasein ist für mich

an jedem Ort und unter allen Umständen eine Qual. Da es Gottes Wille jedoch nicht ist, mich heute schon zu erhören, würde ich zu Ihnen reisen, um meine Tage in Recanati zu beschließen, wüßte ich nicht, daß die Anstrengungen, die ich aufbieten müßte, um dort nicht alsbald zu erliegen, meine Kräfte bei weitem übersteigen. Diese Überzeugung, von der ich annehmen darf, daß Sie sie nach den letzten bitteren Erfahrungen teilen, wurzelt in mir so fest, daß ich trotz des unendlichen Kummers, den das Getrenntsein von Ihnen, von der Mutter und von den Geschwistern mir bedeutet, unweigerlich entschlossen bin, für die Dauer nur als Toter in die Heimat zurückzukehren...

Ich weiß nicht, ob die finanzielle Lage der Familie es zuläßt, daß Sie den bescheidenen Betrag von monatlich zwölf Talern für mich aussetzen. Mit zwölf Talern kann man selbst in Florenz, der billigsten Stadt Italiens, kein menschenwürdiges Dasein führen. Aber es liegt mir auch nichts an einem menschenwürdigen Dasein. Ich werde mich derart einschränken, daß mir bei genauester Rechnung zwölf Taler genügen[109]...

An den Vater, Recanati

Auf dem Lande bei Neapel, den 30. Oktober 1836

... Ich lese keine Zeitungen; und meine Freunde haben auf das sorgfältigste vor mir verheimlicht, daß in Ancona die Cholera herrscht. Hätte ich es gewußt, hätte mich sicherlich nichts davon abgehalten, zu Ihnen zu eilen und hätte ich zu Fuß gehen müssen, um die Stunden der Gefahr mit Ihnen zu teilen. Wenn ich den Nachrichten trauen darf, die zuletzt zu mir gelangt sind, muß Ihre Gegend vom Übel frei sein. Trotzdem bin ich keineswegs beruhigt; denn bei der Verwirrung, die in einer so großen und dicht bevölkerten Stadt wie Neapel durch die Cholera entstanden ist, hat keiner den richtigen Blick für das, was draußen geschieht. Ich persönlich habe das Glück gehabt, mich vor dem Ausbruch der Seuche aufs Land retten zu können. Ich wohne zwölf Meilen außerhalb Neapels und bewege mich in der gesündesten Luft und in der besten Gesellschaft. Was mich angeht, dürfen Sie also völlig beruhigt sein. Ich treffe alle erdenklichen Vorsichtsmaßnahmen; und nach menschlichem Ermessen müssen alle übrigen vor mir zugrunde gehen…

An den Vater, Recanati

Neapel, den 27. Mai 1837

… Seitdem ich in die Stadt zurückgekehrt bin – es war am 16. Februar –, habe ich bis Ende März das Zimmer gehütet; und von da ab bis heute war ich kaum fünfzehnmal im Freien und ohne mit anderen in Berührung zu kommen… Wenn ich der Cholera entgehe, und mein Zustand mir's nicht verbietet, werde ich alles, was in meiner Kraft steht, tun, um zu Ihnen zu gelangen. Es ist mir völlig klar, daß ich keine Zeit zu verlieren habe; denn die Wirklichkeit belehrt mich immer eindringlicher, daß meine Befürchtung zu Recht besteht und das von Gott meinen Tagen bestimmte Ende nicht mehr fern ist. Die Martern, die mein unheilbares Leiden mir täglich und stündlich zufügt, können nicht noch größer werden. Möge mein hinsiechender Leib, wenn der geringe Widerstand, den er noch leistet, gebrochen ist, in die ewige Ruhe eingehen, die ich, nicht aus Heroismus, aber, um all der bittren Pein wegen, die ich zu erdulden habe, Tag für Tag leidenschaftlich herbeisehne!… [110]

ANHANG

Nachwort

Der Wahn und die Würde: Giacomo Leopardi

Man kann nicht sagen, daß Giacomo Leopardi den deutschen Lesern aus dem Bewußtsein entschwunden sei – er ist dort nie gewesen. Leopardi ist in Deutschland trotz gelegentlicher Hinweise und wiederholter Übersetzungsversuche, vor allem seiner Gedichte, nur wenig bekannt; Ludwig Kannegießer, Robert Hamerling, Paul Heyse, Ludwig Wolde und andere – auch Rilke hat sich an ihm versucht – haben die »Canti«, einige auch Prosa von ihm übersetzt. Doch hat man ihn zuweilen, wie Karl Vossler dies bereits tat, mit Hölderlin zusammen genannt. Es haben sich auch Karl Hillebrand, Arthur Schopenhauer insbesondere wie auch Nietzsche, der ihn mit Chamfort verknüpft, wiederholt zustimmend, ja bewundernd, auf ihn berufen. In einer Notiz des jungen Nietzsche wird er als »vielleicht der größte Stilist des Jahrhunderts« bezeichnet. Leopardi gehört aber auch in die Geschichte des europäischen Pessimismus, so daß sich in seiner Gestalt, wenn man dergleichen Charakterisierung überhaupt wagen darf, Hölderlin und Schopenhauer zusammenfinden. Der Autor von »Die Welt als Wille und Vorstellung« äußerte einmal sein Erstaunen, das, wie so oft bei ihm, nicht frei von Hochmut ist, wie sehr dieser Italiener sich seine Philosophie angeeignet und wie wohl er sie verstanden habe: »er exzerpiert nicht, wie die deutschen Professoren (...) meine Schriften ohne wahres Verständnis und nach der Seitenzahl. Nein, er hat sie in succum et sanguinem vertiert und hat alles an der Schnur, wo er es gerade braucht.« (Brief v. 23. 2. 1859)

Nun ist Leopardi mehr und anderes als nur angeeigneter

und ins Italienische übertragener Schopenhauer, und es ist zweifellos richtig, wenn Walter Benjamin den Pessimismus Leopardis, wodurch er ihn von dem Schopenhauers unterscheidet, als rebellisch zu deuten wagt. So heißt es mit einer Anspielung auf Gracian in einer Rezension der Übersetzung der »Pensieri«, die Richard Peters veröffentlicht hatte: »Denn in der schlechtesten Welt das Rechte durchsetzen, ist bei ihm nicht nur Sache des Heroismus, sondern der Ausdauer und des Scharfsinns, der Verschlagenheit und der Neugier. Es ist dies todesmutige Experimentieren mit dem Explosionsstoffe ›Welt‹, was die ›Pensieri‹ so hinreißend macht. Sie sind ein Handorakel, eine Kunst der Weltklugheit für Rebellen.« (1928)

Den Ruhm hat er kaum, die Liebe, das Glück hat Leopardi nicht erfahren; an den romantisch-nationalen Literaturtendenzen seiner Gegenwart hat er, trotz einiger Verse an das Vaterland, keinen Anteil. In Recanati, Rom, Florenz und anderen Städten, dann des Klimas wegen in und bei Neapel lebend, schwach, stets kränkelnd, ja leidend, philosophischen Überlegungen und philologischen Studien wie stilbildenden Übersetzungen hingegeben – man wollte ihm sogar eine Professur in Deutschland verschaffen –, alles einer Umgebung abringend, die nur Einengung und Druck, moralisch, finanziell wie religiös, sein sollte, erscheint Leopardi als Typus des gelehrten Dichters. So sieht ihn Nietzsche einmal anerkennend mit Goethe zusammen als Philologen-Poeten, aber was ist eine solche ›Gelehrsamkeit‹ wohl anderes als eine Erscheinungsform der modernen, d. h. der nachantiken Bildung, der eine Naivität versagt bleiben muß, nach der sie sich doch sehnt?

Philologie, Philosophie und Poesie, das ist eine recht moderne Zusammenstellung, und modern ist Leopardi auch in anderer Hinsicht: seine Poesie ist trotz der Reinheit ihrer

Linienführung in besonderem Sinne Reflexionspoesie; wie wenig von Naivität die Rede sein kann, zeigen dann abermals die »Pensieri«, die Studien- und Tagebuchnotizen seiner »Sudelbücher« (»Zibaldone« = Sammelsurium) und nicht zuletzt die geistvollen, skeptischen, hochbedeutenden Dialoge, locker und witzig wie die schönsten Sachen des 18. Jahrhunderts. Denn Leopardi ist nun einmal nicht allein der Dichter der vielgerühmten »Canti«, sondern nicht minder auch der Verfasser der strengen und sprühenden »Operette morali«.

Nicht zufällig bezieht sich Cesare Pavese in seinem Journal »Il mestiere di vivere« wiederholt auf Leopardi; er denkt und schreibt nicht selten mit dem Blick auf den bewunderten Landsmann, der, wie er einmal sagt, sich nach 1824 wenig mehr über das Leben beklagte, fast gesund und gleichsam senatorisch tätig war: »Scriveva le Operette morali. Nel '25-26 si lagna poco della vita, sta quasi bene di salute e se la gode. Viveva a Milano e Bologna e lavorava da senatore.«[1] (14. 6. 1944)

Ist es unsinnig, zu denken, daß das Werk Leopardis auch einmal hierzulande seine Leser finden sollte? Leser, die mehr darin sehen als den »Spott und den Jammer der Existenz« (Schopenhauer), die sich dabei an Nietzsche, an den Schopenhauer der »Parerga und Paralipomena«, an La Rochefoucauld und an Chamfort erinnert fühlen? Es wären dies Leser, welche mit Leopardi die Größe darin sehen, gegen den trügerischen Verstand zu denken und zu handeln.

Der Mann, der in jungen Jahren in einem langen und eher zurückhaltenden, sehr disziplinierten Schreiben an einen älteren Schriftsteller sich das Geständnis entschlüpfen läßt: »...perchè io oramai non mi curo di leggere

1 Er schrieb die Operette morali, 1825–26 beklagt er sich wenig über das Leben, ist so gut wie gesund und genießt das. Er lebt in Mailand und Bologna und schaffte mit der Würde eines Senators. (übers. v. Charlotte Birnbaum)

nè di vedere se non quello che mi puó esser utile veramente, perchè il tempo è corto e la messe vastissima.«[1] (30. 4. 1817) an Pietro Giordani), nennt sich oder sieht sich doch nur acht Jahre später, noch nicht 28jährig, als ein wandelndes Grab: »che porto dentro di me un uomo morto, un cuore già sensibilissimo che più non sente ec.«[2] (»Zibaldone«, 3. 11. 1825). Was wie Petrarca und als erneuerter Humanismus anzufangen schien, findet zu den Tönen eines Baudelaire, eines Nietzsche, und fast zu einem pessimistischen Ästhetizismus. So erblickt man in Leopardis Dialog zwischen dem Kobold und dem Gnom über die Welt nach dem selbstverschuldeten Untergange des Menschengeschlechts den engsten Zusammenhang mit einzelnen Abschnitten aus Nietzsches frühem Aufsatz »Über Wahrheit und Lüge im außermoralischen Sinne« (1873). Das Entsprechende gilt auch von der Rolle des Wahns, der notwendigen, das Leben erhaltenden Illusion in der skeptischen Skizze Leopardis über die Geschichte des Menschengeschlechts, dem Jupiter die tröstlichen Träume beschert. Hier stellt sich ein Zusammenhang zu Nietzsches Frühschriften her, ohne daß der Deutsche deswegen von Leopardi beeinflußt gewesen sein muß. So heißt es bei diesem über das gnädige Geschenk des Gottes: »Creò similmente il popolo de' sogni, e commise loro che ingannando sotto più forme il pensiero degli uomini, figurassero loro quella pienezza di non intelligibile felicità, che egli non vedeva modo a ridurre in atto, e quelle immagini perplesse e indeterminate, delle quali esso medesimo, se bene avrebbe voluto farlo, e gli uomini lo sospiravano ardentemente, non poveta produrre alcun esempio reale.

Fu per questi provvedimenti di Giove ricreato ed eretto

1 Ich möchte in Zukunft nur noch lesen und sehen, was mir wirklich nützen kann; denn die Zeit ist kurz, und unermeßlich ist, was ich einzubringen habe.
2 Ich trage einen toten Menschen in mir, ein früher überaus stark empfindendes Herz, das nun nichts mehr empfindet.

l'animo degli uomini, e rintegrata in ciascuno di loro la grazia e la carità della vita, non altrimenti che l'opinione, il diletto e lo stupore della bellezza e dell' immensità delle cose terrene.«[3] (»Storia del genere umano«)
Die Einbildungen allein, identisch mit seinem Hochmut, die erste Kreatur des Gottes und fast ihm gleich zu sein, so daß die Welt um seinetwillen scheint geschaffen worden zu sein, hält den Menschen im Dasein. Tritt er heraus aus dem Gespinst seiner Illusionen, so wird er frei von allen Begierden, frei auch vom herrschenden Betrug, sieht hinter sich Vergänglichkeit und vor sich nur das Nichts. So endet das Gedicht »L'Infinito« mit den Versen:

»(...)
e mi sovvien l'eterno,
E le morte stagioni, e la presente
E viva, e il suon di lei. Cosi tra questa
Immensità s'annega il pensier mio:
E il naufragar m'è dolce in questo mare.«[4]

Das Gedicht »A se stesso«, eine Anrede an das eigene müdegewordene Herz wird zur Absage an den Widersinn des Daseins: »(...) Assai

3 So schuf er auch das Volk der Träume, gab ihnen den Auftrag, unter vielfältigen Formen den Menschengeist zu täuschen und den Menschen jene Fülle unbegreiflichen Glücks vorzuspiegeln, die wirklich werden zu lassen er keine Möglichkeit erblickte, und jene verschatteten, undeutlichen Bilder, von denen er, wiewohl er es gern getan hätte und die Menschen es inständig erflehten, kein wirkliches Beispiel hervorzubringen vermochte.
Durch solche Maßnahmen des Jupiter wurde die Seele der Menschen und ihr Geist gestärkt und erhoben, in jedem wurde die Freude und der Wert des Lebens wiedergewonnen, genau wie die Ansicht, die Lust und das Erstaunen vor der Schönheit und der Unermeßlichkeit der irdischen Dinge.

4 Wend ich mich dem Ewigen zu
Und dem Gewesenen und der heutigen Zeit,
Die lebt und mich umlärmt. Und so inmitten
Den Unermeßlichen ertrinkt mein Denken,
Und Schiffbruch leid' ich gern in solchem Meere. (übers. v. Ludwig Wolde)

Palpitasti. Non val cosa nessuna
I moti tuoi, né di sospiri è degna
La terra. Amaro e noia
La vita, altro mai nulla; e fango è il mondo.
T'acqueta omai. Dispera
L'ultima volta. Al gener nostro il fato
Non donò che il morire. Omai disprezza
Te, la natura, il brutto
Poter che, ascoso, a commun danno impera,
E l'infinita vanità del tutto.«[5]

Auch Sappho beklagt sich in Leopardis Gedicht, daß aus dem Gefäß des geizigen Jupiter kein süßer Tropfen sie je erquickte, seit Wahn und Träume ihrer Mädchenzeit dahingeschwunden. So nimmt sie Abschied:

»(...) Ogni più lieto
Giorno di nostra età primo s'invola.
Sottentra il morbo, e la vecchiezza, e l'ombra
Della gelida morte. Ecco di tante
Sperate palme e dilettosi errori,
Il Tartaro m'avanza; e il prode ingegno
Han la tenaria Diva,
E l'atra notte, e la silente riva.«[6]

5 Hast
Genug geklopft. Kein Ding belohnt dein Schlagen,
Und keinen Seufzer ist die Erde wert.
Leben ist Pein und Unlust,
Nichts andres; nichts als Unflat ist die Welt.
Getrost! Ein einzig Mal
Verzweifle noch! Eins gönnt' uns das Geschick:
Den Tod. Für klein nimm dich und die Natur,
Und sie, die keinen schont,
Die Macht, die heimlich herrscht zu aller Qual,
Und alles Nichtige, das in allem wohnt! (übers. v. Ludwig Wolde)
6 Der frohste Tag des Lebens fliegt zuerst davon.
Herein schlüpft Krankheit, Alter und der Schatten
Eisigen Todes. Ach, was bleibt von allen
Erhofften Palmen, allem schönen Wahn?

Dies ist eines der Grundmotive seiner Gedichte wie seines Denkens, also auch seiner Prosa, eben deshalb ist es mehr als jugendlicher Weltschmerz und bloß schwermütig-schwelgerische Stimmung. Vielmehr herrscht hier die Klarheit über den Wahn und die Würde im Schmerz. Alles, so erkennt Leopardi, ist von Übel; das heißt, alles Seiende ist von Übel, eben daß alle Dinge sind, ist ein Übel. Das Übel aber, »was so viel heißt wie die Wahrheit«, soll vergessen werden, und es ist gut, »der Welt einen Inhalt zu geben, den sie in Wirklichkeit nicht hat«, heißt es im »Zibaldone« (13. 9. 1821). Wahn (inganno) und Lebensüberdruß (noia) stehen im Zentrum dieses enttäuschten Denkens; Nichtigkeit (vanità) ist eines der wichtigsten Themen, da sich in ihr Schmerz und Verzweiflung gleichsam auflösen als in einem nicht körperlichen, sondern ›geistigen Tod‹.

Die »Pensieri« hat Leopardi selbst als Kette durchgearbeiteter Einsichten und Formulierungen aus den Notizen des »Zibaldone« herausgelöst und als Folge von Aphorismen präsentiert, während die Notizbücher, aus denen sie hervorgegangen sind, eher als Gedankenwerkstatt, als Sammlung von Überlegungen im Rohzustand zu betrachten sind, die er selbst nicht mehr hat durcharbeiten können, was im übrigen ihren Wert nicht schmälert. Man muß aber doch einen Unterschied zwischen beiden Werken machen; wie sehr sie thematisch verwandt sind, stilistisch sind sie es eben etwas weniger. Auch ist das »Zibaldone« viel weiter ausgreifend angelegt und noch nicht in dieser Weise zugespitzt auf die aphoristische Knappheit des bedeutenden Moralisten.

Er beginnt damit, daß er gesteht, er habe sich lange gesträubt, an die von ihm nun ausgesprochenen Wahr-

Der Tartaros. Bald ist der dunklen Göttin
Mein kühner Geist zu eigen;
Das Dunkel wird, der stille Strom ihn beugen. (übers. v. Ludwig Wolde)

heiten zu glauben. Doch habe ihn, wider seine besseren Absichten und seine Neigung, den Menschen wohlzuwollen, die Erfahrung überzeugt. So werde, wer die Menschen kennt, ihm beistimmen. Menschenkenntnis als Erfahrung also liegt den »Pensieri« zugrunde. Und nach solcher Einleitung beginnt die Folge von stets erneuten Angriffen, die ein verletzlicher und hellsichtiger Mensch gegen die Menschheit führt: die Welt erscheint als Verschwörung der Halunken gegen die Rechtschaffenen, der Verächtlichen gegen alle von edlerer Gesinnung. Die Solidarität der Halunken untereinander und ihre Vorherrschaft über die Anständigen erscheint als der eigentliche Weltzustand; wir kennen diese Ein- und Ansichten in oftmals prägnanterer Form bereits bei Chamfort, bitterer freilich klingen sie bei Leopardi; er spottet nicht mehr. Überhaupt ist er als Aphoristiker, verglichen mit Chamfort, nicht geistreich, nicht verschwenderisch mit Wortspielen und brillanten Antithesen. Viel eher herrschen bei Leopardi ein zuweilen fast antik anmutender Ernst und eine sécheresse des Tones, die unverwechselbar sind. Anstelle des Glänzenden, Spielerischen und Blendenden erkennt man einen schwermütigen Tiefsinn.

Damit steht Leopardi auch dem Tode wesentlich positiv gegenüber: der Tod kann kein Übel sein, da er doch von allen Übeln befreit – mit allen Besitztümern nimmt er dem Menschen die Begierden. Hingegen ist das Alter von Übel: es hält keine Freuden mehr bereit, erstickt aber nicht das Verlangen danach. »Nondimeno gli uomini temono la morte, e desiderano la vecchiezza.«[7] (VI)

Eigentlich ist die Welt nur ein Gefängnis, deshalb sind die Vergleiche, die Leopardi boshaft verwendet, eben in ihrer Bosheit durchaus hintersinnig: »Come le prigioni e

7 Trotzdem fürchten die Menschen den Tod und ersehnen ein hohes Alter.

le galee sono piene di genti, al dir loro, innocentissime, cosi gli uffizi pubblici e le dignità d'ogni sorte non sono tenute se non da persone chiamate e costrette a ciò loro mal grado. È quasi impossibile trovare alcuno che confessi di avere o meritato pene che soffra, o cercato né desiderato onori che goda: ma forse meno possibile questo, che quello.«[8] (XVII)

In dieser Situation, wo die Welt als Gefängnis erscheint oder als Spital, spielt als Heil- oder doch als trügerisches Hilfs- und Linderungsmittel die Illusion oder der Wahn eine entscheidende Rolle. Immer wieder kommt Leopardi auf sie zurück; keiner, das erkennt er, ist von der Welt so sehr enttäuscht, keiner verschließt sich so sehr in seinem Haß, daß er sich nicht wieder ein wenig versöhnt fühlte, wenn sie ihn gütig anzulächeln scheint. So ist auch kein Mensch so gemein, daß er nicht, wo er uns höflich grüßt, schon weniger gemein erschiene. Er erklärt dann auch, wozu solche Beobachtungen dienen: »Le quali osservazioni vagliono a dimostrare la debolezza dell' uomo, non a giustificare né i malvagi né il mondo.«[9] (XXV)

Die hier genannte Schwäche ist die grundsätzliche Nachgiebigkeit gegenüber aller Illusion, die Neigung zur Selbsttäuschung, das Verlangen, sich im Unklaren aufzuhalten statt bei der nüchternen und kalten Wahrheit, die dann das Leben unlebbar machen würde.

Es überrascht bei solchen scharfen Zugriffen, daß die aktuelle politische und soziale Welt von Leopardi niemals

8 Wie die Gefängnisse und Galeeren voll von Menschen sind, die nach ihrer Behauptung ganz unschuldig sind, genauso werden die Staats- und Ehrenämter jeder Art von keinen anderen Leuten bekleidet als solchen, die gegen ihren Willen dazu berufen oder gedrängt worden sind. Es ist fast unmöglich, auch nur einen einzigen zu finden, der offen eingestünde, daß er die Pein, die er erleidet, verdient oder die Ehren, deren er sich erfreut, herbeigewünscht habe: und das letztere ist vielleicht noch unmöglicher als das erste.

9 Diese Beobachtungen dienen dazu, die Schwäche des Menschen aufzuzeigen, nicht aber die Gemeinen oder gar die Welt zu rechtfertigen.

als solche behandelt wird. Immer wieder sucht er in einem fast stoischen Sinne und ohne geschichtsphilosophische Reflexion Konstanten der conditio humana auszumachen und unterscheidet dabei jene, welche die Willkür üben, von jenen, die sie erdulden. Keine Macht, kein Denken, kein Kulturzustand kann verhindern, daß man der einen oder der anderen Gruppe zugehört. Ohne deswegen damit einverstanden zu sein, deutet er so die sozialen Verhältnisse als Schicksals- oder Naturzusammenhänge, die vor dem Zauberwort ›Veränderung‹ ihre Immunität bewahren sollen. Das aber ist eine typisch konservative Denkfigur. Oder drückt Leopardi damit nur seine Verzweiflung über die Beharrlichkeit längst überlebter Herrschaftsverhältnisse aus? Die Antwort zu geben, ist nicht leicht, so wenig wie im Hinblick auf seine wahre Auffassung vom Auftrag des Schriftstellers, dessen Beruf er als eigentlich unproduktiv zu empfinden vorgibt: »Nessuna professione è si sterile come quella delle lettere. Pure tanto è al mondo il valore dell' impostura, che con l'aiuto di essa anche le lettere diventano fruttifere. L'impostura è anima, per dir cosí, della vita sociale, ed arte senza cui veramente nessun' arte e nessuna facoltà, considerandola in quanto agli effetti suoi negli animi umani, è perfetta.« Der Betrug eben gilt und hat seinen eigenen Welt-Wert, d. h. Erfolg. Er wirkt auch ohne das Echte, das seinerseits ohne ihn nichts auszurichten vermag. Und nun wieder die grundsätzliche Feststellung: »La natura medesima è impostura verso l'uomo, né gli rende la vita amabile o sopportabile, se non per mezzo principalmente d'immaginazione e d'inganno.«[10] (XXIX)

10 Kein Beruf ist so unfruchtbar wie die Schriftstellerei. Dennoch vermag Betrug derartig viel in der Welt, daß mit seiner Hilfe selbst die Schriftstellerei fruchtbringend werden kann. Der Betrug ist, um es so auszudrücken, die Seele des gesellschaftlichen Lebens. Und es ist eine Kunst, ohne die wahrlich keine Kunst und kein Können vollkommen sind, wenn man sie in ihrer Wirkung auf

Man sieht rasch, was Schopenhauer an solchen Gedankengängen muß angezogen haben. Schein und Wahn als Heilmittel gegen den Schmerz des Daseins, das ist die eine Seite. Die andere ist die der Niedertracht des Menschengeschlechts. »Molti vogliono e condursi teco vilmente, e che tu ad un tempo, sotto pena del loro odio, da un lato sii tanto accorto, che tu non dia impedimento alla loro viltà, dall' altro non li conosca per vili.«[11] (XXXVI)

Die große Paradoxie des Lebens besteht darin, daß seine schönsten Phasen sinnlos werden angesichts des Gebrauchs, den man von ihnen zu machen hat oder zu machen versäumt. So wird die Jugend entweder planlos vergeudet, statt sinnvolle Vorbereitung zu sein oder aber sie wird dafür benutzt, den Lebensgenuß in einer Zeit zu ermöglichen, da der Mensch des wahren Genießens nicht mehr fähig – was auch geschehe, die Jugend wird vertan.

Noch einmal klingt Chamfort in der Mahnung an, die Leopardi den Nachdenklichen und Selbständigen zu geben wagt: »Chi non cerca dagli uomini utilità o grido, né anche cerchi amore, che non si ottiene: e, se vuole dire il mio consiglio, mantenga la propria dignità intera, rendendo non più che il debito a ciascheduno. Alquanto più odiato e perseguitato sarà cosí che altrimenti, ma non molte volte disprezzato.«[12] (XLIX) Dazu gehört freilich

die menschlichen Seelen betrachtet. (...) Die Natur selbst ist eine Betrügerin: sie macht dem Menschen das Leben liebenswert oder erträglich durch nichts anderes als durch Einbildung und Täuschung.

11 Viele Menschen wollen dich niederträchtig behandeln und verlangen gleichzeitig von dir, daß du – bei Strafe ihres Hasses – ihrer Gemeinheit aus Klugheit nichts in den Weg legst und zugleich aus Dummheit ihre Niedertracht nicht merkst.

12 Wer von den Menschen weder Nutzen noch Anerkennung erwartet, der suche auch nicht die Liebe der Menschen, die er doch niemals erhält. Wer auf meinen Rat hören will, der achte auf seine eigene Ehre und gebe den andern nicht mehr, als ihnen gebührt. Er wird dann vielleicht etwas mehr gehaßt und verfolgt werden als sonst, aber man wird ihm nur selten die Achtung versagen.

ein beinah untrüglicher Wertmaßstab, eine aus überlegener Einsicht gewonnene fast heitere Haltung, wie sie Chamfort dem honnête homme zuspricht. Im Gegensatz zu den in der ›Welt‹ herrschenden Grundsätzen geht er auf das, was diese am wenigsten bekümmert: das Wesen der Sache. Denn nur er ist mit den herrschenden Gesinnungen nicht einverstanden. So ist die Entwicklung des Menschengeschlechts in den Augen Leopardis eher ein Niedergang: die Menschen der Antike wollten lieber ehrenhaft sein als scheinen, aber in der modernen Welt gilt der umgekehrte Grundsatz. Deshalb kommt Leopardi auch zu der entmutigenden Feststellung: »La schiettezza allora può giovare, quando è usata ad arte, o quando, per la sua rarità, non l'è data fede.«[13] (LVI) Das aber heißt wohl, daß die Aufrichtigkeit eigentlich nur schädlich ist: traut man ihr aufgrund ihrer Seltenheit nicht, so erscheint sie eben als Verstellung, oder aber, was sehr gut geschehen kann, die Aufrichtigkeit wird Funktion und Moment innerhalb eines strategischen Vorgehens in der Gesellschaft, wird also bestimmter Erfolge wegen kalkuliert eingesetzt, denn sie kann, eben weil sie die Ausnahme ist, dazu verwendet werden, gewünschte und geplante Wirkungen hervorzurufen.

Gültig ist deshalb allein der berechtigte Selbstwert, die Selbstachtung, die dafür steht, daß ein Mensch nicht in seiner Charakterlosigkeit zur bloßen Sache und zum Instrument herabsinkt. Wer sich seines Wertes bewußt wird, der wird sich auch nicht vergeuden. So kann das wahre Selbstbewußtsein nicht aus dem Ansehen kommen, das man in den Augen anderer genießt, das wäre nur das Angesehen-Werden der Eitelkeit, sondern einzig aus dem Individium selbst, das sich damit für unabhängig erklärt.

13 Ehrlichkeit kann dann dienlich sein, wenn sie kunstgerecht benutzt wird oder aber, wenn ihr wegen ihrer Seltenheit kein Glaube geschenkt wird.

Leopardi reflektiert aber auch schon ein neues, für das 19. Jahrhundert charakteristisches Phänomen: den ennui, die Langeweile, la noia, Thema der europäischen Literatur von Tieck und Chateaubriand, Lord Byron und Büchner zu Kierkegaard, Baudelaire, Huysmans und Gontscharow bis in den Ästhetizismus des fin de siècle hinein. Leopardi will sie nicht als allgemein verbreitet anerkennen, denn die meisten Menschen verwechseln sie mit dem Nichtstun, mit der bloßen Faulheit. Die Erklärung für die so vorgenommene Korrektur ist plausibel: Nur unter geistigen Menschen ist der ennui möglich: »Più può lo spirito in alcuno, più la noia è frequente, penosa e terribile.«[14] (LXVII) Da ihnen die leeren Beschaftigungen der anderen nichts sagen, werden sie von diesen auch nicht verstanden.
Damit wird der noia wie dem ennui bei Baudelaire ein hoher Rang zugesprochen, sie ist der Schwermut verschwistert und dem Schmerz. So bezeichnet sie Leopardi sogar als das in gewissem Sinne »più sublime dei sentimenti umani«, und »il maggior segno di grandezza e di nobilità, che si vegga della natura umana«.[15] Denn es ergibt sich, daß eben in dieser Form des zerrissenen Bewußtseins (LXIX) dem Geist nichts Endliches, aber auch die Unermeßlichkeit des Raumes, die grenzenlose Weite des Weltalls nicht mehr genügen kann. Das alles ist gering angesichts der Weite und Stärke der Gedanken; der Geist übersteigt in seiner Sehnsucht das Weltall selbst, denn das alles läßt in ihm nichts zurück als Leere und Langeweile – und darin werden die Größe und der Adel der Seele erkennbar, in jenem Anspruch also, der dem Menschen eigen ist.

14 Je geistiger jemand ist, um so häufiger, qualvoller und schrecklicher ist ihm die Langeweile.

15 (...) erhabenste aller menschlichen Gefühle (...) das deutlichste Zeichen von Größe und Seelenadel, dessen die menschliche Natur fähig ist.

Ein solcher Anspruch bestimmt dann auch die Forderung, die Leopardi an die Menschen richtet, eine Forderung, die in ihrer unbarmherzigen Strenge schon durch die Formulierung als unerfüllbar kenntlich gemacht wird: »Nulla è più raro al mondo, che una persona abitualmente sopportabile.«[16] (LXXVI)
All unser Zuwachs und Gewinn ist schließlich negativ, und nur wer mit dieser Negativität zurechtzukommen weiß, der lernt zu leben. Das spricht Leopardi, der schon in frühen Jahren allen Überschwang verloren hat – sollte er ihn je besessen haben! – so aus, daß der Jüngling, wenn er die Heftigkeit seiner Wünsche und Begierden nicht herunterstimmt, niemals zu leben lernen wird und also auch in der Gesellschaft weder Erfolg noch Freude finden kann. Wenn seine Heftigkeit schwindet, wird er lernen, sowohl die Menschen als auch sich selbst richtig zu behandeln. Die Natur hat in ihrer Güte dafür gesorgt, daß der Mensch in eben dem Maße zu leben lernt, wie er die Gründe zu leben verliert; erst wenn er aufgehört hat, seine Ziele zu verfolgen, lernt er die Wege kennen, auf denen er sie hätte erreichen können, das aber bedeutet, daß er erst genießen kann, wenn er des Genusses nicht mehr fähig ist – »non goda se non divenuto incapace di godimenti vivi.«[17] (LXXIX). Die Natur hat das Leben offenkundig nicht geschaffen, um genossen zu werden, und diejenigen, deren starke Empfindungskräfte und deren Verlangen im Laufe des Lebens nicht nachlassen, erscheinen in ihrer Beziehung zur Welt wie Kinder, denen es nicht gegeben ist, etwas zu lernen. So fordert Leopardi – sich – dazu auf, rechtzeitig in seiner Seele die Erfahrung der Welt und den Geist des Mannesalters vorwegzunehmen. Hier scheint Leopardi, der sich durch unge-

16 Nichts ist seltener auf Erden als ein Mensch, der auf die Dauer erträglich ist.
17 (...) daß der Mensch erst dann genießen kann, wenn er zum Genießen nicht mehr fähig ist.

wöhnliche Zurückhaltung, ja durch Verschweigen des Ich hervortut, einmal doch von sich selbst zu sprechen.

Er tut dies dann auch dort, wo er mit dem Blick auf die Antike die veränderten Formen des Lebens und damit der Möglichkeiten und Bedingungen von Erfahrung ins Auge faßt. Denn er erklärt uns, daß niemand ein Mann wird, bevor er nicht wichtige Erfahrungen über sich selbst gemacht hat, durch welche er sich erkennt wie auch das, was seine Stellung im Leben, also damit sein Geschick bestimmt. Hierin liegt seine Würde – ohne solche Erfahrung bleibt der Mensch in seiner Kindheit stehen. Nun liefert das antike Leben – und Leopardi kannte sich in der Antike aus wie wenige seiner Zeitgenossen! – dem Menschen für eben diese Erfahrungen eine Fülle von Möglichkeiten, aber in der Gegenwart ist das Privatleben auf furchtbare Weise verarmt und so beschaffen, daß die meisten Menschen keine Gelegenheit mehr finden, diese Erfahrungen zu machen und vorher schon sterben, daher sie für die Dauer ihres Lebens Kinder bleiben wie zur Zeit ihrer Geburt. Not, Unglück, auch eine große Leidenschaft, eine Liebe vor allem, verhelfen allerdings zu solcher Selbsterkenntnis, um die es hier geht. Dann lernt der Mensch sich und seinesgleichen erkennen und begreifen, so auch die Natur der Leidenschaften, d. h. weiter das eigene Temperament, die eigene Natur, das was Alfieri die materialità genannt hat. So nur erfährt er auch die Grenzen seiner Fähigkeiten und Kräfte, weiß also, was er von sich und vom Leben erwarten könnte. Es erhält aber dann das Leben selbst ein anderes Gesicht; was einer früher nur vom Hörensagen wußte, das hat er jetzt selbst gesehen, was vormals Phantasie gewesen war, das ist nun eigene Erfahrung geworden, das Verhältnis zum Leben hat sich gewandelt, damit der Mensch selbst: »In fine la vita a' suoi occhi ha un aspetto nuovo, già mutata per lui di cosa udita in veduta, e d'immaginata in reale; ed egli si sente in mezzo ad essa, forse non più felice, ma per dir cosí, più potente di prima, cioè più atto a far uso di se e degli altri.«[18] (LXXXII) Was Pavese das Senatorische bei Leopardi nannte, wird hier vielleicht für uns erkennbar.

Auch die folgende Reflexion ist charakteristisch für Leopardi selbst und resümiert noch einmal die Grundzüge und die Prinzipien seines Denkens: »È curioso a vedere che quasi tutti gli uomini che vagliono molto, hanno le maniere semplici; e che quasi sempre le maniere semplici sono prese per indizio di poco valore.«[19] (CX) Hier taucht noch einmal die Polarität auf, die sein Ethos bestimmt: Selbstachtung als Würde im Gegensatz zu jenem Ansehen, das eigentlich Wahn ist und das die Welt uns leiht, ohne uns doch etwas geben zu können. –

Was Leopardi notiert, und es gilt dies in demselben Maße für das umfangreiche »Zibaldone«, das seine Entwicklung erkennen läßt, sind nicht flüchtige Bemerkungen, die der Selbstkontrolle dienen, Erwähnungen persönlicher Lebensumstände und Empfindungen, es sind keine geistreichen Einfälle, sondern Einsichten und Materialien aus einem größeren Denkzusammenhang. Dieser scheint auf eine Art Phänomenologie des Lebensüberdrusses, der noia, und eine Rechtfertigung der notwendigen Täuschungen, der illusione, und des herrschenden

18 Das Leben selbst hat in seinen Augen ein neues Gesicht bekommen: wovon früher nur andere reden hörte, das hat er selbst gesehen, was er sich früher in seiner Phantasie vorstellte, das hat er selbst erfahren. Er fühlt sich mitten im Leben stehend, vielleicht nicht glücklicher, aber sozusagen mächtiger geworden als früher, d. h. besser in der Lage, von sich selbst und von anderen Gebrauch zu machen.

19 Es ist seltsam, zu beobachten, daß sich fast alle Menschen, die etwas gelten, einfach benehmen und daß einfaches Benehmen fast immer als ein Zeichen von geringem Wert gilt.

(Die »Gedanken« werden alle nach der Übersetzung von Richard Peters, Hamburg 1951, wiedergegeben.)

Wahns, inganno, gerichtet zu sein. In diesem Zusammenhang wird dann auch die Gegenwart analysiert und der antiken Vergangenheit gegenübergestellt. Verödung und Eintönigkeit kennzeichnen das Leben dieser Gegenwart; der Jugend sind weitreichende Wirkungsmöglichkeiten versagt, sie vermag nicht über den Kreis der individuellen, also privaten Existenz hinauszugreifen und ihre Lebenskraft voll zu entwickeln, und sie verkümmert angesichts der Ohnmacht, die entscheidenden Erfahrungen zu machen. Hier findet sich dann einer der wenigen Reflexe auf die Epoche der Unterdrückung und der Restauration; das Leben staut sich nach einem Wort Leopardis auf das Herz, auf Geist und innere Fähigkeiten zurück. Dieser »Stillstand des Lebens« läßt alles Glücksgefühl ersticken; es ist dies ein Kennzeichen der Moderne, den Alten war ein solcher Zustand unbekannt.

Er unterscheidet sodann zwei Arten der Verzweiflung: die eine führt zum Selbsthaß, läßt aber die Sorge um die Dinge und die Achtung vor ihnen noch fortdauern, wohingegen die andere zur Miß- und Verachtung der Dinge führt, ja zu einer vollkommenen Apathie, so daß es sogar an der unerläßlichen Selbstliebe fehlt. Alle Regungen, Kraft und Initiative sind verloren, die Leidenschaften gleichsam erstarrt. Der Mensch lebt dann nur noch, um den bestehenden Zustand zu erhalten – das Leben ist zur monotonen Wiederholung des Lebens geworden. Die Gegenwart nun ist voll von dieser stillen Verzweiflung, während die Antike nur jene andere Form gekannt hat. Leopardi schließt eine philosophische Reflexion an und macht ironisch darauf aufmerksam, wie viel der tätige Geist und das Leben in der Welt gewinnen müssen, da doch die Besten unfähig werden zur Tat und ihren Mitmenschen unnütz (6. 2. 1828).

Dementsprechend sind auch die Erfahrungen des Schmerzes und ihre Ausdrucksformen in der Antike von

der der Gegenwart und ihrer der Natur entfremdeten Reflexionskultur durchaus zu unterscheiden. Deshalb ist es konsequent, dem Dichter und dem Künstler nahezulegen, sich nur modernen Gegenständen zuzuwenden. Leopardi erklärt, daß die Entwicklung der Melancholie und der Empfindsamkeit wesentlich den Fortschritten der Philosophie zu verdanken ist, der entwickelten Kenntnis der Welt wie des Menschen, der Einsicht in die Eitelkeit der Dinge und das allgemeine Unglück, eine Erkenntnis, welche jenes Unglück geradezu hervorruft, das die Natur uns hatte verbergen wollen. Damit setzt Leopardi zu einer Kritik des modernen Empfindungslebens an, denn die Lust am Unglück und die heimliche Freude, als unglückselig zu gelten, dieser Selbstgenuß im Schmerz, war den Alten völlig unbekannt, da sie das Glück nicht als ein Wahngebilde, sondern als etwas Wirkliches suchten. Welche Rolle aber das Christentum mit seiner Weltabkehr und Erlösungserwartung in diesem Zusammenhang spielt, das erwähnt Leopardi zwar nicht, doch wird er es bedacht haben.
Auf seine Weise bestimmt der italienische Autor den Unterschied von antik und modern durchaus auch im Sinne Schillers und der deutschen Romantik als den Gegensatz von Natur und Bildung, von Naivität und Reflexionskultur und dementsprechend von Harmonie und Zerrissenheit. Diese Begriffe fallen nicht, aber es wird Vergeistigung gegen Natur gestellt, und der Fortschritt der Philosophie, der Wissenschaften wie der menschlichen Lebensverhältnisse durchaus schon als ein Prozeß der Abschaffung von Natur erkannt. Alle Kraft wird nicht mehr durch die Tat bewiesen – Napoleon wäre hier wohl die letzte große Ausnahme –, sondern durch die auf Abstraktionen beruhenden Machtverhältnisse, die jetzt zur Geltung kommen. Truppen etwa dienen nicht mehr dem Einsatz, der unmittelbaren Kon-

frontation, sondern der Berechnung, wie man sich zu verhalten habe. Die Herrschaft der Vernunft führt zur Verbannung der Natur; die fortschreitende Vergeistigung zeigt Züge der Vernichtung, und die Berechnung tritt an die Stelle der Tat. Man zählt und wägt, was man tun könnte, statt wirklich zu handeln, man wartet bis zum Tode auf die Tat und damit auf das Leben. Aber ein solches Leben wird schon zu einer Erscheinungsform des Todes (1. 5. 1821). Der Rationalismus, so könnte man sagen, ist eine Gestalt des Todes.
Erstaunlich ist die Konsequenz und die Präzision, mit der – noch mit dem Blick auf weitgehend agrarische Verhältnisse – das beschrieben wird, was später erst durch die Kategorie der Verdinglichung, Nietzsches Nihilismus also, auf den Begriff gebracht werden sollte. Von hier aus lassen sich auch die gegen die Aufklärung gerichteten Erwägungen, die keineswegs immer nur ›rückschrittlich‹ heißen müssen, denn Leopardi hat die Französische Revolution z. B. gut genug verstanden, begreifen. Der Mensch, so stellt Leopardi fest, könne nicht vollkommener, sondern nur noch mehr verdorben werden. Das klingt zunächst einmal nach Rousseau. Aber Leopardis Bezugspunkt bleibt die Antike, kein modellhaft entwickelter früher Kulturzustand, der als ›natürlich‹ ausgegeben wird. Und wenn die Antike glücklicher war, dann ist die Vorstellung von der Perfektibilität des Menschengeschlechts eben zu korrigieren. Der Geist als Regent des Physis wird von Leopardi der Natur zugeschlagen, das Selbstbewußtsein und die Freiheit moralischer Entscheidungen beiseitegeschoben, und noch die Akkumulation des Wissens wird in Frage gestellt. Die Menschen, so heißt es einmal, lernen von Tag zu Tag, aber das Menschengeschlecht vergißt, und Leopardi weiß nicht einmal anzugeben, ob Lernen und Vergessen nicht doch in gleichem Ausmaße stattfinden (23. 5. 1829).

Daß Lernprozesse auch Bewußtseinsprozesse sein können, will Leopardi offenbar nicht wahrhaben; es ging dem Menschen im Ursprung gut, aber diese Art von Wohlbefinden und Gut-Sein hat er aus seinem Wesen ausgeschieden, den Verstand isoliert und alles in Abstraktionen versteckt. Schließlich fand der Mensch nichts als die Erkenntnis, daß er das, was er begehrte, schon vor Anbeginn alles Fragens und Denkens besessen hatte. Aber Leopardi erwägt nicht, daß dieses dann ein nicht gewußtes Gutes war und also sozusagen nicht vorhanden für den Geist des Menschen, der es verlor, als er zu erwachen begann, um zu erwerben, was ihm bis dahin nur geschenkt war.

Freilich muß man in einem solchen Materialbuch eher auf Widersprüche eingehen als auf einfache Behauptungen oder evidente Irrtümer, handelt es sich doch um Überlegungen, nicht um ausformulierte Resultate des Denkens. Entscheidend sind vielmehr die dahinterstehenden Voraussetzungen, die Leopardis Fortschrittskritik als Einspruch gegen die Abschaffung der Natur, die entstehende Gleichförmigkeit der Welt, die Verminderung von Glück bei wachsendem Wohlstand erkennbar werden lassen. Wenn er die möglichen Erfindungen und Vervollkommnungen der bestehenden Errungenschaften ins Auge faßt, die den Lebensstil der Menschen verändern werden, dann, so sagt er, werden in tausend Jahren die Menschen dieses Zeitalter kaum zivilisiert nennen und in unseren Erwerbungen und Hervorbringungen nicht Mittel der Zivilisation, sondern der Bedrohung sehen, nicht Bequemlichkeit des Daseins, sondern eine Fülle von Schwierigkeiten (10. 9. 1826).

Dahinter steht die Einsicht, daß das Unvorstellbare nicht zum Bedürfnis wird, Vorhandenes aber das ›System der Bedürfnisse‹ (Hegel) zu immer rascherer Entwicklung treibt. Das alles scheint nicht notwendig zu sein. Er erkennt, daß die Fortschritte des Geistes und die Zivilisation die Zahl wie auch die Größe und Weite der menschlichen Fähigkeiten, seine Macht über die physische Welt auf eine erstaunliche Weise vermehrt und gesteigert haben; der Mensch ist nun mehr Geist als Körper. Aber es geht darum, ob diese Fertigkeiten und der erkennbare Machtzuwachs der Natur im allgemeinen und speziell der des Menschengeschlechts überhaupt entsprechen und ob sie des Menschen Glück vermehren oder ob sie ihm schaden. Ist das letztere der Fall, so entsprechen sie zweifellos nicht seiner Natur. Vom Naturstandpunkt aus führt Leopardi diesen skeptischen Gedanken im Hinblick auf die Dressur weiter, die er als Analogie benutzt, da sie doch die Tiere keineswegs glücklicher macht (11. 12. 1823).

Offenkundig dient die Vervollkommnung des Menschen nur der Vermehrung seiner Leiden, die mit seinen Bedürfnissen unauflöslich zusammenhängen, Leiden, die ohne diese Vervollkommnung dem Menschen unbekannt geblieben wären. So ist es für Leopardi unbezweifelbar, daß die Zivilisation dem Menschen neue Krankheiten beschert hat, die vorher nicht bekannt gewesen waren und ohne sie nicht aufgetreten wären. Hinzu kommt noch, daß die Zivilisation den Menschen auch körperlich schwächt, sie macht ihn anfällig, was der Mensch so wenig wie eine andere Gattung von Natur aus sein dürfte.

Erstaunlicherweise ist dann Leopardis Urteil über die Französische Revolution nicht negativ zu nennen; denn die geschehene Umwälzung hat alle Leidenschaften hervorgerufen, alle erdenklichen Wahnvorstellungen geweckt, die Zivilisation zurückgedrängt, so daß Frankreich der Natur wieder näher kam, wodurch es auch wieder Nation und Vaterland zu werden vermochte, was es unter seinen Königen nicht mehr war. Die gelokkerten Sitten wurden wieder gefestigt, Verdienst und Tüchtigkeit fanden ihren freien Lauf. Der Verderbnis, der sie entwachsen war, gebot die Revolution Einhalt, so wie die Barbarei, die aus übermäßiger Verfeinerung stammt, auf dem Umweg zurück zu natürlichen Zuständen zu führen vermag (6. 1. 1822).

Schließlich aber haben die leitenden Figuren der Revolution die Unvereinbarkeit von Vernunft und Leben nicht erkannt; so findet das rein vernünftige, gewissermaßen geometrische Verfahren der Revolution, das also, was in ihr als konsequenter Rationalismus zum Ausdruck kommt, der Versuch, alles auf Prinzipien einer reinen Vernunft zurückzuführen, nur noch das Mitleid Leopardis (8. 7. 1820).

So gesehen, ist sein Urteil doch ambivalent, sein Denken nicht eben dialektisch zu nennen, selbst wenn er Widersprüche wie die Rückfälle des Fortschritts, die Unvernunft der reinen Vernünftigkeit in sein Denken wiederholt einbezieht. Den Zusammenhang von Vernunftanspruch und Eigennützigkeit aber hat er durchschaut, er sieht, daß in diesem neuen Vernunftprinzip und der aus ihm folgenden rationalen persönlichen Zwecke und Zielvorstellungen, im Egoismus also, der doch ›vernünftig‹ ist, eine Gefahr ruht, die das Gemeinwesen zerstören und den einzelnen Menschen wieder zum Wilden machen kann (1818). Die Fortschritte der Vernunft haben das Verlöschen des schönen Wahns zur Folge, das aber untergräbt auch alle Würde und führt den Menschen geradewegs in die Barbarei, so daß ein ›erleuchtetes‹ Volk nicht auf einer hohen, sondern auf einer (moralisch) niedrigen Kulturstufe steht.

So gesehen, müßte er eigentlich den Fortschritt schon deshalb bejahen, weil dieser die Barbarei wieder heraufführt, in der, das deutet sich wiederholt an, eine Art von Glück liegen müßte. Aber diese Form von Barbarei meint Leopardi nicht, wenn er an das Glück der Antike oder früherer Kulturepochen denkt. Denn die moderne Barbarei, das ist eben die vollendete Entfernung von der Natur, moderne Bildung aber die stets wechselnde überraschende Mischung klassischer und romantischer Elemente. –

Es liegt in der Eigenart dieses ›Sammelsuriums‹, daß, abgesehen von Bruchstücken zu einer Lebenserinnerung, private Notizen, Bekenntnisse und Geständnisse weitgehend zurücktreten. Lektüre muß man aus Anspielungen und Zitaten erschließen. So nennt Leopardi immer wieder die Alten, Homer, Plato, Vergil und Cicero wie die griechischen Lyriker, von den älteren Italienern Tasso und Machiavelli, von den modernen Dichtern schließlich Alfieri, Goethe, Lord Byron, Chateaubriand, aber auch Madame de Staël, sodann philosophische Schriftsteller wie Montesquieu und Condorcet. Das aber sind nur Hinweise. –

Hinweise sind auch die Selbstbeobachtungen, spärliche, denn im allgemeinen spricht Leopardi von sich nur, soweit er dabei ein Beispiel liefern oder doch sehen kann. Er zeichnet sich nicht, er macht seine Erfahrungen zum Argument. Deshalb sieht er auch seine eigene geistige Entwicklung als Exempel für die allgemeine, selbst wo er dabei vor allem seine dichterische Entwicklung im Auge hat. So bemerkt er, daß zunächst die Phantasie in ihm die Übermacht hatte. Dann aber vollzog sich, mit einundzwanzig Jahren, was er den Übergang vom antiken zum modernen Wesen nennt, dies im Zusammenhang mit Krankheit und der Erfahrung des Leidens, so daß er nun, wie er meint, sich vom Dichter zum Denker wandelte – das sichere Unglück der Welt konnte er nun empfinden, statt es erleben zu müssen (1. 7. 1820). Er sieht in diesem Vorgang eine beispielhafte Veränderung, und er schließt: nur die Alten waren wirklich Dichter, moderne Poesie ist notwendig Poesie der Reflexion geworden, das denkerische Moment gewinnt überhand auch in der Dichtung.

Schließlich notiert Leopardi, dreißigjährig, was er als Einsicht in das künstlerische Verfahren, sicherlich nicht als ein privates Bekenntnis verstanden wissen möchte: »All' uomo sensibile e immaginoso, che viva, come io sono vissuto gran tempo, sentendo di continuo ed immaginando, il mondo e gli oggetti sono in certo modo doppi. Egli vedrà cogli occhi una torre, una campagna; udrà cogli orecchi un suono d'una campana; e nel tempo stesso coll' immaginazione vedrà un' altra torre, un' altra campagna, udrà un altro suono. In questo secondo genere di obbietti sta tutto il bello e il piacevole delle cose. Trista quella vita (ed è pur tale la vita comunemente) che non vede, non ode, non sente se non che oggetti semplici, quelli soli di cui gli occhi, gli orecchi e gli altri sentimenti ricevono la sensazione.«[20] (30. 11. 1828)

Hier nun beleuchtet Leopardi präzise die Besonderheit ästhetischer Wahrnehmung des Wirklichen, d. h. der Wahrnehmung im Dienste der künstlerischen Produktivität. An solchen Stellen wird deutlich, was das »Zibaldone« eigentlich auch ist, da es sich nicht allein als Materialsammlung geplanter moralistischer oder gar systematischer Schriften bestimmen läßt: hin und wieder aufgenommenes Selbstgespräch und Versuche der Selbsterkundung und -vergewisserung in der Rolle des

20 Einem empfindlichen und phantasiebegabten Menschen, dessen Leben wie das meine durch Gefühl und poetisches Schaffen bestimmt wird, erscheinen die die Welt und ihr Inhalt in gewissem Sinne doppelt. Seine Augen sehen einen Turm oder eine Fläche Landes, seine Ohren hören ein Glockenläuten; aber im gleichen Augenblick sieht er mit dem inneren Auge einen zweiten Turm, ein zweites Feld und vernimmt er ein zweites Geläut. In dieser zweiten Art von Geschautem liegt alles Schöne und Gefällige, das die Dinge an sich haben. Armselig ist das Dasein des Menschen – und doch ist es in der Regel so –, der nur die Oberfläche sieht, nur das, von dem Gesicht, Gehör und die übrigen Sinne einen Eindruck empfangen.

Dichters und Schriftstellers, der sich weniger als Person, eher aber sein Verfahren als Künstler beobachtet und seine Position zu bestimmen sucht. Entwurf, Skizze, aphoristische Prägung, die als solche auch in ihrer Widerrufbarkeit sichtbar werden können, gehören genau so in diesen Zusammenhang.

Das »Zibaldone« als Tagebuch und Studienheft Leopardis ist noch nicht das »Journal intime« der B. Constant und Henri Fréderic Amiel, enthält aber, wie auch das Platens bereits, manchen Vorklang davon. Was bald darauf zur Klage wird, ist hier noch objektiv, phänomenologisch eher als in der larmoyant-subjektivistischen Weise, aufgenommen worden, auch wenn es nicht die grandiose Objektivität der späten Tagebücher Goethes ist, der immer wieder auf gleichsam selbstverständliche Weise zu Generalisierungen gelangt, hinter denen die subjektiven Eindrücke, Erfahrungen und Empfindungen bereits verschwunden sind.

Aber es geht nicht um die Form des Tagebuchs, sondern um die Gestalt, die Konzeptionen, den Denkzusammenhang des Dichters Giacomo Leopardi, der ein elendes Leben führte und dennoch seinem Dasein, da er den allgemeinen Wahn durchschauen sollte, eine Würde abtrotzte, die in dem auf uns gekommen ist, was er geschrieben hat.

Ralph-Rainer Wuthenow

1 Der jüngere Brutus, Mörder Cäsars, der in der Schlacht bei Philippi von Oktavian und Antonius geschlagen wurde

2 bei Philippi

3 Leopardi vertritt die Meinung, daß sich mit Brutus' Tod Roms Herrlichkeit ihrem Ende zuneige. Schon taucht das Bild der Völkerwanderung und des Goteneinbruches auf, die den Untergang des Imperiums bedeuten.

4 Germaniens Wälder

5 Nach einem Bericht der Alten soll Brutus nach der Niederlage, bevor er sich den Tod gab, ausgerufen haben: »Elender Mannesmut, du bist nichts als leerer Schall; und ich bin dir nachgegangen, als wärest du etwas Wirkliches. Das Schicksal war jedenfalls stärker als du.«

6 Die Gottheit verfolgt den Gerechten, anstatt ihn zu schützen.

7 Hier wird der Mensch höher gewertet als die Götter.

8 Der Mensch lebte ursprünglich in engster Verbundenheit mit der Natur. Nachdem er sich dieses Paradies verscherzt hatte, wurden Elend und Entbehrung sein Los. Hat die Natur unter den veränderten Umständen das Recht, den Stärkeren, der sich nicht beugen will, zu befehden, weil er nicht wartet, bis ihr Pfeil ihn zu Boden streckt?

9 Das Tier ist schuldlos und geborgen; der Mensch ist nicht nur dem Unheil, sondern auch noch dem Haß der Götter ausgesetzt.

10 Steht für »italisch«. Die Ausonier waren ein latinischer Stamm.

11 die Gemahlin des Aeneas, also die Stammutter der Römer

12 die Götter der Ober- und der Unterwelt

13 der künftige Ruhm, der einzige Trost des untergehenden Helden

14 Spätere Klagen und Ehrengaben des Pöbels können den Makel des Selbstmörders nicht wegwaschen.

15 Wenn die Enkel schlecht sind, findet auch der Ruhm des Edlen – hier »die letzte Rache des Helden« genannt, weil er sich mit seiner Tat gewissermaßen für sein Unglück rächt – keinen guten Boden.

16 der Rabe

17 der Morgenstern

18 Phaon, den sie der Sage nach liebt, erwidert diese Liebe nicht. Deshalb tötet sie sich durch einen Sprung vom leukadischen Felsen. S. Anm. 78.

19 Zeus

20 Aus der Tatsache, daß Leopardi Sappho mißgestaltet nennt, geht besonders deutlich hervor, daß die Heldin seines Gesanges – wie fast bei jedem Gedicht – niemand anders ist als er selbst. Zur Zeit der Abfassung des Hymnus (1822) hatten sich die Folgen der ständigen physischen Überanstrengung schon eingestellt.

21 den grausamen Fehler des blinden Schicksals

22 die Abruzzen, die man von Recanati aus sieht

23 der Monte Tabor, heute »colle del Infinito« genannt

24 Vielleicht dasselbe Mädchen, das später Silvia und dann wieder Nerina heißt.

25 Silvia ist Deckname für ein im Jahre 1818 von der Schwindsucht hingerafftes Mädchen, das Teresa Fattorini hieß und die Tochter eines Angestellten der Leopardis war.

26 Recanati

27 Nerina ist wie Silvia ein Deckname für Teresa Fattorini.

28 Leopardi selbst gibt hier folgende Anmerkung: Baron de Meyendorff erzählt: »Plusieurs d'entre eux [er spricht von einem asiatischen Nomadenstamm] passent le nuit assis sur une pierre à regarder la lune et à improviser des parols assez tristes sur des airs qui ne le sont pas moins.«

29 Der Traumzustand der Kindheit ist wie der Samstag, an dem die Sorgen und Trübsal der Woche aufgehoben scheinen. Mit dem Sonntag beginnt zwar noch nicht die Plage selbst, aber Herz und Gedanken sind nicht mehr frei. Das »Fest« bedeutet also bei Weiterführung des Vergleiches den Anfang des Unglückes; und deshalb wünscht der Dichter dem Knaben, es möchte möglichst lange zögern, wie man dem arbeitenden Menschen nichts Schöneres wünschen kann, als daß der Samstag dauert und der Feiertag niemals anbricht.

30 Die Liebe ist eine Macht, die sich in jedem Liebenden schöpferisch auswirkt.

31 Der Liebende ist sich selbst und aller Furcht enthoben.

32 Auch ohne Verkörperung in einem Wesen aus Fleisch und Blut besitzt die Liebe mehr Kraft und Zauber als die übrigen Täuschungen.

33 die Florentinerin Fanny Targioni-Tozzetti

34 Der Liebende wünscht sich den Tod im übermäßigen Glück der Erfüllung oder in der Pein der nicht erwiderten Leidenschaft.

35 Leopardi erwartet den Tod ungebeugt und furchtlos, ja er huldigt ihm sogar wie einer Gottheit.

36 Eben die Hand des Schicksals.

37 Rom und die Campagna

38 Das 19. Jahrhundert hat den erleuchteten Weg der Aufklärung verlassen und ist zu dem dunklen Aberglauben des Mittelalters zurückgekehrt; zu al-

Iedem rühmt es sich des Fortschritts auf technischem und sozialem Gebiet.

39 Die Schriftsteller der Zeit preisen es, obschon sie seine Fehler kennen und seiner bisweilen heimlich spotten.

40 Was die Vergessenheit angeht, so darf sich der Dichter damit trösten, daß der Ruhm einer so lauten und aufgeblasenen Zeit wie der seinen ebenso rasch verblassen wird.

41 Der Rationalismus hat den Menschen der Finsternis des Mittelalters entrissen; ihn bis zur Höhe der antiken Kultur zurückzuführen, hat auch er nicht vermocht.

42 Durch den Zusammenbruch des geozentrischen Weltbildes wurde die Erde zu einer solchen Winzigkeit innerhalb des Kosmos, daß der Mensch den Glauben an seine Gottähnlichkeit von Rechts wegen aufgeben sollte.

43 Das 19. Jahrhundert, das zum Christentum zurückgekehrt ist, hält den Menschen für das höchste aller erschaffenen Wesen, verwirft infolgedessen die Anhänger rationalistischer Lehren und preist die Verherrlicher unseres Geschlechts, selbst wenn sie sich bewußt oder unbewußt der Torheit und der Lüge verschreiben.

44 die Vertreter einer optimistischen, untragischen Weltanschauung

45 Leopardi kommt zu der seltsamen Ansicht, an allem, was die Menschen einander Böses zufügen, sei das Christentum schuld, weil es durch die Lehre von der Erbsünde den einen wider den andern aufhetze und zu Haß, Rachsucht und Vernichtungswut treibe. Die Worte des Johannes-Evangeliums, die als Leitspruch vor dem Gesange stehen, haben bei unserem Dichter also den entgegengesetzten Sinn.

Was dort unter Finsternis verstanden wird, bedeutet bei ihm Licht und umgekehrt.

46 die Natur

47 Nach der Lehre des Aufklärungszeitalters ist der Mensch zu einem Bruderbunde gegen die feindlichen Naturmächte bestimmt.

48 Wenn es gelänge, diese Lehre, die aus dem Bewußtsein der Edlen niemals ganz geschwunden ist, auch der Menge zugänglich zu machen, dann wäre eine Rückkehr zu glücklicheren Zuständen möglich.

49 unser Sonnensystem

50 die Milchstraße

51 Eine Verspottung der antiken sowohl wie der christlichen Religion.

52 die von der Aufklärung als Aberglauben erkannten christlichen Lehren

53 Ameisen

54 Vorort von Neapel

55 Vergleiche die letzte Strophe von »Liebe und Tod«!

56 In der griechischen Sage trägt Atlas den Himmel. Herakles bittet ihn, die Äpfel der Hesperiden für ihn zu holen und nimmt die Last inzwischen auf seine Schultern.

57 Argonauten wurden die Helden genannt, die unter Jasons Oberbefehl auf dem Schiff Argo ausfuhren, um im Kolcherlande das Goldene Vlies zu holen.

58 Die thessalische Königstochter Daphne wurde von Apollo verfolgt, und, als sie um Hilfe bat, in einen Lorbeerbaum verwandelt.

59 Von dem kretischen Dichter und Propheten Epimenides wurde erzählt, daß er als Knabe in einer Berghöhle in einen tiefen Schlaf gesunken und erst nach 57 Jahren erwacht sei.

60 Das Menschengeschlecht verliert nach Leopardis

Meinung graduell an Mannhaftigkeit und Vitalität und fällt einer zunehmenden Schwäche anheim.

61 Phaëton, Sohn des Sonnengottes, erhielt nach langem Bitten von seinem Vater die Erlaubnis, einmal den Sonnenwagen lenken zu dürfen. Aber die Rosse gehorchten ihm nicht und kamen der Erde so nahe, daß sie in Brand geriet. Da erschlug ein Blitz des Zeus den Leichtfertigen und schleuderte ihn in den Po.

62 Andromeda, Perseus' Gemahlin, und Kallistho, eine arkadische Nymphe, wurden unter die Sterne versetzt.

63 den berühmten »trionfo della morte« (Triumph des Todes)

64 Leopardi denkt an die sog. Makrocephalen. Nach Hipokrates' Bericht pflegten diese die Köpfe ihrer Kinder in die Länge zu ziehen; aber auch als sie diesen Brauch aufgegeben hatten, kamen die Kinder noch mit langen Schädeln auf die Welt.

65 Die Bildsäule des Pompejus stand im Senatsgebäude, in dem Cäsar ermordet wurde.

66 Eine Reihe von philosophischen und religiösen griechischen Sekten führte sich auf den Sänger Orpheus als auf ihren Gründer zurück.

67 Joseph Jerôme de Lalande, französischer Astronom, 1732-1807

68 Ein protestantischer Pfarrer, der im sechzehnten Jahrhundert in Ostende lebte. Kepler lobt seine Marsbeobachtungen und seine Theorien über den Mond.

69 der seiner scharfen Augen wegen berühmte Held, der nach der Tötung Castors von dessen Zwillingsbruder Pollux erschlagen wurde

70 Im Lateinischen gibt es für das Wort Mond eine männliche und eine weibliche Form.

71 Die Arkadier hielten sich für die ältesten Bewohner von Hellas.

72 Anmerkung Leopardis: »That the moon is made of green cheese«, sagt ein englisches Sprichwort von Leuten, die Unmöglichkeiten erzählen.

73 Halbmond und Stern hatten für Mohammed noch keine Bedeutung, sind vielmehr erst das Wahrzeichen und Symbol des osmanischen Reiches und seiner Religion.

74 Beiram ist die Bezeichnung für ein türkisches Fest.

75 Die Namen sind Erfindungen des Dichters.

76 Leopardis übliches Polemisieren gegen den Optimismus und Fortschrittsglauben seiner Zeit.

77 Im Gegensatz zum »Ginster« belegt Leopardi in diesem Dialog die Philosophie und ihr Ziel, die Wahrheit, noch mit dem Bannfluch, während alle Werte, die auf Seite der Illusion stehen, aufs höchste gepriesen werden.

78 Der Leukadische Felsen ist ein Teil des südlichen Vorgebirges der Insel Leukas (heute Santa Maura). Von ihm soll sich Sappho herabgestürzt haben. Siehe das Gedicht: »Sapphos letzter Gesang«.

79 Almagestus, ein aus dem arabischen Artikel al und dem griechischen megistos (= sehr groß) gebildetes Wort (hinzuzudenken ist: biblos oder liber, Buch), war der von den Arabern ihrer Übersetzung des größten Werkes von Ptolemäus gegebene Name.

80 Sacroboscus, ein berühmter englischer Astronom des dreizehnten Jahrhunderts, so benannt nach seinem Heimatort Holywood

81 Die Nacht, die Zeus bei Alkmene verbrachte, dauerte auf sein Gebot hin länger als gewöhnlich.

82 ein Verbrechen wider die Majestät

83 Codices bedeutet in der römischen Rechtssprache eine Sammlung von kaiserlichen Gesetzen.

84 die Gesetzessammlung des Kaisers Justinian

85 De revolutionibus orbium celestium (Über die Umwälzung in den Himmelssphären). Das Buch erschien im Jahre 1543.

86 Hinter Tristan verbirgt sich, wie im früheren Gespräch hinter Eleander der Dichter selbst.

87 Leopardi wirft seinem Jahrhundert einen falschen, schwächlichen Optimismus, die Abkehr von den körperlichen und ethischen Vorzügen des Altertums, gleichzeitig aber auch, was ein Widerspruch ist, Untreue gegen die Errungenschaften der Aufklärung und schließlich ein allgemeines Dünnwerden der geistigen, sittlichen und menschlichen Substanz vor. Siehe das Gedicht »Der Ginster«!

88 Vergleiche hiermit die letzten Zeilen des Gedichtes »Liebe und Tod«, die letzten Verse des »Ginster« und den Brief an den Vater vom 27. Mai 1837.

89 Pietro Giordani aus Piacenza, 1774 bis 1848, war einer der berühmtesten vaterländischen Schriftsteller seiner Epoche. Er gehörte zu den Puristen, die Liebe und Pflege der eigenen Sprache und eines guten Stiles zu fördern trachteten.

90 Der griechische Historiker Plutarch kam im ersten nachchristlichen Jahrhundert in Chäronea in Böotien (Mittelgriechenland) zur Welt.

91 Der große Tragödiendichter Alfieri wurde im Jahre 1749 in Asti in Piemont geboren und starb 1803 in Florenz.

92

Filiis, amicis, civibus	Den Söhnen, Freunden,
Monaldus	Bürgern [stiftete]
de Leopardis	Monaldo Leopardi
Bibliotecam	[diese] Bibliothek
A.D. MDCCCXII	im Jahre 1812

93 Es sind verschiedene Dokumente erhalten, die auf den mißlungenen Fluchtversuch Bezug nehmen,

u. a. einige Zeilen des Vaters. Dieser vermerkt auf einem dem bereits ausgestellten Paß beigefügten Zettel, ein in der Verwaltung tätiger Freund habe das Vorhaben des Sohnes ganz arglos erwähnt, weil er nicht ahnen konnte, daß Giacomo ohne Einwilligung des Grafen reisen wollte. Eines Ausweises bedurfte Leopardi, weil Italien damals in eine Reihe von selbständigen Staaten zerfiel. Mailand, wohin er sich vermutlich begeben wollte, gehörte zu Österreich.

94 Über Ciceros »De re publica«. Der berühmte Altertumsforscher und Bibliothekar Angelo Mai hatte erhebliche Teile dieses Werkes gefunden.

95 Barthold Georg Niebuhr, Historiker und Sprachforscher, 1776 in Kopenhagen geboren, seit 1806 im preußischen Staatsdienst, 1816 bis 1823 preußischer Gesandter am päpstlichen Hof, Verfasser der »Römischen Geschichte«.

96 Ein bis dahin unbekanntes Bruchstück aus einem Werk des Libanius, eines griechischen Sophisten und Rhetors aus dem vierten Jahrhundert n. Chr.

97 ein Vetter des Dichters

98 Ein Schweizer, Schriftsteller und Begründer der Zeitschrift »Antologia«.

99 Teresa Carniani-Malvezzi

100 Graf Carlo Pepoli, Altersgenosse Leopardis, Vorsitzender einer Dichterakademie in Bologna. Leopardi hat im Jahre 1826 ein längeres Gedicht für ihn verfaßt und es sogar, was sonst nie geschehen ist, öffentlich vorgetragen.

101 Arzt in Recanati und später in Macerata, der Hauptstadt eines Verwaltungsbezirkes in den Provinzen.

102 Frau eines bekannten Universitätsprofessors in Parma

103 Das Ehepaar Maëstri gehört wie die Tommasinis zum engeren Freundeskreis des Dichters.

104 Karl Freiherr von Bunsen, Gelehrter und Staatsmann, 1791 bis 1867, Nachfolger Niebuhrs in Rom.

105 Schriftsteller, Verfasser einer Geschichte des Königreiches Neapel

106 Dichtungen des Grafen Giacomo Leopardi, Florenz bei Guglielmo Piati, 1831.

107 In einem Brief an die Schwester begründet Leopardi diese Behauptung mit einem Hinweis auf die Julirevolution.

108 Leopardi hatte seine sämtlichen wissenschaftlichen Arbeiten dem Philologen Ludwig de Sinner übergeben. Er sollte darüber nach seinem Gutdünken disponieren.

109 Der Vater entsprach seinem Wunsch. Giacomo mußte indes ein devotes Bitt- und ein noch unterwürfigeres Dankschreiben an die Mutter richten.

110 Leopardi starb am Nachmittag des 14. Juni. Über die letzten Stunden des Dichters berichtet Ranieri ausführlich in seinem Buch: »Sette anni di sodalizio con Giacomo Leopardi« (Sieben Jahre engster Verbundenheit mit Giacomo Leopardi).

1798 29. 6. Geburt in Recanati
1814 Plotins Leben, ins Lateinische übertragen und kommentiert
1814 Die Arbeit über das Leben einiger Schriftsteller und Rhetoren des zweiten Jahrhunderts nach Chr.
1815 Abhandlung über die verbreitetsten Irrtümer der Alten
1815 Zusammenstellung von Bruchstücken der Kirchenväter des zweiten Jahrhunderts und Kommentierung der Schriften des Julius Africanus (drittes Jahrhundert)
1816 Aufsatz über den griechischen Lyriker Moschos mit Übersetzung
1816 Abhandlung über die Batrachomyomachie mit Übertragung
1816 Aufsatz über den Ruhm des Horaz bei den Alten
1816/17 Manches hiervon wurde im »Spetatore« in Mailand veröffentlicht
1817 Der Hymnus an Poseidon und zwei anakreontische Oden (Nachahmungen)
1817 Übertragung von Vergils Moretum
1817 Übertragung von Teilen der Theogonie Hesiods
1817 Übertragung von Teilen des zweiten Gesanges der Aeneis
1817 Beginn des großen philosophischen Tagebuches
1818 Besuch Giordanis in Recanati
1818 Kanzonen »An Italien« und »Über ein Dantedenkmal«
1818 Die beiden Kanzonen erscheinen in Rom

1819 Juli: Fluchtversuch
1819 Die Gedichte »Die Blauamsel«, »Das Unendliche«, »Am Abend des Feiertages«, »An den Mond«, »Das einsame Leben«
1820 bis 1822 Sieben Kanzonen, unter diesen »Der jüngere Brutus« und »Sapphos letzter Gesang«
1822 November: Reise nach Rom
1823 Mai: Rückkehr nach Recanati
1823 Aufsatz über Ciceros »De re publica« und die Chronik des Eusebius
1823 Die beiden Aufsätze erscheinen in einer römischen Zeitschrift
1823 Der Hymnus »An seine Herrin«
1824 Der größte Teil der »Operette Morali«
1824 Sämtliche Kanzonen erscheinen in Bologna
1825 Juli: Reise nach Bologna
1826 Freundschaft mit Teresa Carniani-Malvezzi
1826 November: Rückkehr nach Recanati
1826 Sogenannte Übersetzung einer griechischen Heiligengeschichte, des Martyriums der Väter vom Berge Sinai, und zwar auf Grund eines angeblichen italienischen Textes aus dem vierzehnten Jahrhundert
1826 Herausgabe der gesammelten Gedichte Petrarcas
1826 Eine Sammlung der bisherigen Gedichte erscheint in Bologna; Petrarca erscheint bei Stella in Mailand
1827 April: Reise nach Bologna,
Juli: Reise nach Florenz,
November: Reise nach Pisa
1827 Mehrere Dialoge, darunter »Kopernikus«
1827 Die »Operetti Morali« bei Stella in Mailand
1828 Juni: Reise nach Florenz,
November: Rückkehr nach Recanati

1828 Italienische Chrestomathie
1828 Die Gedichte »An Silvia«, »Wiedergeburt«, »Erinnerungen«, »Scherz«
1828 Die italienische Chrestomathie bei Stella in Mailand
1829 Die Gedichte »Der nächtliche Gesang des Hirten«, »Ruhe nach dem Gewitter«, »Samstag im Dorf«
1830 Mai: Reise nach Florenz,
Freundschaft mit Fanny Targioni-Tozzetti
1830 Beginn der Freundschaft mit Antonio Ranieri
1831 Oktober: Reise nach Rom
1831 Der Hymnus »Das allmächtige Inbild«
1831 Ausgabe der Canti in Florenz
1832 März: Rückkehr nach Florenz
1832 Der Hymnus »Liebe und Tod«
1832 »Das Gespräch zwischen Tristan und einem Freund«
Letzte Eintragung im Großen Tagebuch
1832 Das Gedicht »An sich selbst«
1833 Oktober: Übersiedlung nach Neapel
1836 bis 1837: Auszug aus dem Großen Tagebuch unter dem Titel »Pensieri« (Gedanken)
das Gedicht »Monduntergang«
1837 Der Gesang »Der Ginster«
1837 14. Juni: Tod in Neapel

Zu dieser Ausgabe

Diesem Auswahlband liegt die bei Le Monnier in Florenz erschienene Ausgabe von Leopardis Werken (Opere complete di Giacomo Leopardi in 16 volumi, 1927 ff.) zugrunde. Für die Lyrik wurde überdies die von Siro Attilio Nulli (Giacomo Leopardi, Canti e Prose scelte, Ulrico Hoepli, Mailand 1944) besorgte Auswahl herangezogen, besonders des vorzüglichen Kommentars wegen, der für das Verständnis mancher inhaltlich wie sprachlich schwieriger Stellen unentbehrlich ist. Von den vierzig Gedichten bringen wir nur zwanzig, dafür die wichtigsten und schönsten. Mit dem »Jüngeren Brutus« wird, so glauben wir, dem Leser eine hinreichende Probe aus den frühen Kanzonen geboten.

Bei der Auswahl der übrigen Werke, vor allem bei dem »Zibaldone« und den Briefen, aber auch an einigen Stellen der Dialoge, mußte sich der Übersetzer zu unwesentlichen Kürzungen entschließen, um den Leser nicht mit allzu vielen Details zu belasten. Die Absätze des »Zibaldone« entsprechen nicht immer den Eintragungen des Originals; grundsätzlich wurde die chronologische Anordnung zugunsten einer sinnvolleren thematischen aufgegeben.

L. W.

Eine erste Ausgabe dieser Übersetzung erschien im Insel-Verlag zu Leipzig 1924. Die vorliegende Auswahl ist vom Übersetzer kurz vor seinem Tode überarbeitet und ergänzt worden.

Der Verlag.

Lyrik, Liedersammlungen

Allerleirauh
Viele schöne Kinderreime, versammelt von H. M. Enzensberger. Mit zahlreichen Abbildungen. it 115

Alte und neue Lieder
mit Bildern und Weisen. Herausgegeben von Johannes Bolte u. a. Mit Illustrationen von Ludwig Richter, Otto Ubbelohde, Moritz v. Schwind u. a. it 59

Achim von Arnim/Clemens Brentano. Des Knaben Wunderhorn
Alte deutsche Lieder. it 85

Charles Baudelaire. Die Blumen des Bösen
Übertragen von Carlo Schmid. it 120

William Blake. Lieder der Unschuld und Erfahrung
Nach einem handkolorierten Exemplar des British Museum. Herausgegeben und mit einem Nachwort versehen von W. Hofmann. Deutsch von W. Wilhelm. it 116

Bertolt Brechts Hauspostille
Mit Radierungen von Christoph Meckel. it 617

Wilhelm Busch. Kritisch-Allzukritisches
Gedichte. Ausgewählt von Theo Schlee. Mit Illustrationen von Wilhelm Busch und einem Nachwort des Herausgebers. it 52
– Sämtliche Bilderbogen. Mit einem Nachwort von Gert Ueding. it 620

Lewis Carroll. Die Jagd nach dem Schnark
Zweisprachige Ausgabe. Übersetzt und ausgeleitet von Klaus Reichert. Mit Illustrationen von Henry Holiday. it 598

Chinesische Liebesgedichte aus drei Jahrtausenden
Aus dem Chinesischen von Ernst Schwarz. Mit zeitgenössischen Illustrationen. it 442

Dante. Die göttliche Komödie
Mit Holzschnitten von Botticelli. Deutsch von Friedrich Freiherrn von Falkenhausen. it 94

Joseph Freiherr von Eichendorff. Gedichte
Mit Illustrationen von Otto Ubbelohde. Herausgegeben von Traude Dienel. it 255

Lyrik, Liedersammlungen

Geistliche Gedichte
Eine Auswahl deutscher religiöser Lyrik von den Anfängen bis zur Gegenwart. Herausgegeben von Hans Rüdiger Schwab. it 668

Johann Wolfgang Goethe. Gedichte in zeitlicher Folge
Eine Lebensgeschichte Goethes in seinen Gedichten. Herausgegeben von Heinz Nicolai. Zwei Bände. it 350
– Hermann und Dorothea
Mit Aufsätzen von August Wilhelm Schlegel, Wilhelm von Humboldt, Georg Wilhelm Friedrich Hegel und Hermann Hettner. Illustrationen von Chodowiecki u. a. it 225
– Liebesgedichte
Herausgegeben von Hans Gerhard Gräf. Mit einem Nachwort von Emil Staiger. it 275
– West-östlicher Divan
Herausgegeben und erläutert von Hans-J. Weitz. Mit Essays zum »Divan« von Hugo von Hofmannsthal, Oskar Loerke und Karl Krolow. Mit Abbildungen. it 75

Heinrich Heine. Atta Troll. Ein Sommernachtstraum. Mit zeitgenössischen Illustrationen und einem Nachwort von Bernd Korthänder. it 748
– Buch der Lieder. Mit zeitgenössischen Illustrationen. Mit einem Nachwort von Eberhard Galley. it 33
– Deutschland. Ein Wintermärchen
Mit einem Nachwort von Joseph Peter Strelka. it 723

Das Hohe Lied Salomos
Nachdichtungen und Übersetzungen aus sieben Jahrhunderten. Herausgegeben von Hermann Timm. Mit zwölf Bildern von Anatoli L. Kaplan. it 600

Indische Liebeslyrik
In Übertragungen von Friedrich Rückert. Herausgegeben und eingeleitet von Helmuth von Glasenapp. it 431

Gottfried Keller. Das Sinngedicht
Mit Illustrationen. Herausgegeben und mit einem Nachwort von Gerhard Kaiser. it 632

Dieter Kühn. Liederbuch für Neidhart. it 742

Lyrik, Liedersammlungen

Minnesinger
In Bildern der Manessischen Liederhandschrift. Mit Erläuterungen herausgegeben von Walter Koschorreck. Vierundzwanzig Abbildungen im Vierfarbendruck. it 88

Christian Morgenstern. Alle Galgenlieder
Mit Vignetten Morgensterns. it 6
– Palmström. it 314

Rainer Maria Rilke. Ausgesetzt auf den Bergen des Herzens
Gedichte aus den Jahren 1906 bis 1926. it 98
– Das Buch der Bilder. it 26
– Duineser Elegien. Die Sonette an Orpheus. it 80
– Die drei Liebenden. Die Sonette der Louize Labé. Die Liebe der Magdalena. Portugiesische Briefe. Die Briefe der Marianna Alcoforado. it 355
– Gedichte
Aus den Jahren 1902 bis 1917. Mit Illustrationen von Max Slevogt. it 701
– Neue Gedichte
und Der Neuen Gedichte anderer Teil. it 49
– Das Stunden-Buch
Mit einer Titelzeichnung von W. Tiemann. it 2

Sappho. Strophen und Verse
Übersetzt und herausgegeben von Joachim Schickel. it 309

Der tanzende Tod
Mittelalterliche Totentänze. Herausgegeben, übersetzt und kommentiert von Gert Kaiser. it 647

Die Wahrheiten des G. G. Belli. Von Otto Ernst Rock. it 754

Frank Wedekind. Ich hab meine Tante geschlachtet
Lautenlieder und Gedichte. Herausgegeben und eingeleitet von Manfred Hahn. it 655

Weihnachtsbuch der Lieder
Ausgewählt und zusammengestellt von Gottfried Natalis. Mit einem Nachwort von Ernst Klusen. it 157

Leben und Werk

Philipp Otto Runge. Leben und Werk in Daten und Bildern
Herausgegeben von Stella Wega Mathieu. Mit farbigen Abbildungen. it 316

George Sand. Leben und Werk in Daten und Bildern
Herausgegeben von Gisela Spies. it 565

Schiller. Leben und Werk in Daten und Bildern
Ausgewählt und erläutert von Bernhard Zeller und Walter Scheffler. it 226

Reinhold Schneider. Leben und Werk im Bild
In Selbstzeugnissen und Worten der Mitlebenden von Edwin Maria Landau, Maria van Look, Bruno Stephan Scherer. it 318

Richard Wagner. Leben und Werk in Daten und Bildern
Herausgegeben von Dietrich Mack und Egon Voss. it 334

Robert Walser. Leben und Werk in Daten und Bildern
Herausgegeben von Elio Fröhlich und Peter Hamm. it 246

Oscar Wilde. Leben und Werk in Daten und Bildern
Herausgegeben von Norbert Kohl. it 158

Stefan Zweig. Leben und Werk im Bild
Herausgegeben und eingeleitet von Donald Prater. Mit einem Essay von Volker Michels. it 528

Essays. Betrachtende Prosa

Honoré de Balzac. Über die Liebe
Sein Weltbild aus seinen Werken. Zusammengestellt und mit einem Essay herausgegeben von Stefan Zweig. it 715

Franz Blei. Das große Bestiarium der Literatur
Mit farbigen Karikaturen von Rudolf Großmann, Olaf Gulbransson und Th. Th. Heine. it 660

Seigneur de Brantôme. Das Leben der galanten Damen
Mit zeitgenössischen Portraits. Zwei Bände. it 586

Christop Columbus. Das Bordbuch
Mit einem Nachwort von Fraucke Gewecke und zeitgenössischen Abbildungen. it 476

Hernán Cortés. Die Eroberung Mexikos
Drei Berichte an den Kaiser Karl V. Herausgegeben von Claus Litterscheid. Übersetzungen von Mario Spiro und C. W. Kloppe. Mit 112 Federlithographien von Max Slevogt. it 393

Europa. Analysen und Visionen der Romantiker
Herausgegeben und eingeleitet von Paul Michael Lützeler. Mit zeitgenössischen Portraits. it 638

Paul Anselm Feuerbach. Merkwürdige Verbrechen
Herausgegeben von Rainer Schrage. Mit zeitgenössischen Illustrationen. it 512

Idyllen der Deutschen. Texte und Illustrationen
Herausgegeben von Helmut J. Schneider. it 551

Adolph Freiherr von Knigge. Über den Umgang mit Menschen
Herausgegeben von Gert Ueding. Mit Illustrationen von Chodowiecki. it 273

Bartholomé de Las Casas. Kurzgefaßter Bericht von der Verwüstung der Westindischen Länder
Herausgegeben von Hans Magnus Enzensberger. it 553

Carl von Linné. Lappländische Reise
Aus dem Schwedischen von H. C. Artmann. Mit Zeichnungen des Autors. it 102